**21** Coleção
Ciências e Culturas

Coordenação Científica da Colecção Ciências e Culturas
João Rui Pita e Ana Leonor Pereira

Os originais enviados são sujeitos a apreciação científica por *referees*

Coordenação Editorial
Maria João Padez Ferreira de Castro

Edição
Imprensa da Universidade de Coimbra
Email: imprensa@uc.pt
URL: http://www.uc.pt/imprensa_uc

Design
António Barros

Infografia da Capa
Carlos Costa

Infografia
Nelson Ferreira

Capa
Insónia • 2011 Encáustica sobre madeira 80x80cm © Avelino Sá

Print By
CreateSpace

ISBN
978-989-26-0818-1

ISBN Digital
978-989-26-0819-8

DOI
https://doi.org/10.14195/978-989-26-0819-8

Depósito Legal
380778/14

Os volumes desta coleção encontram-se indexados e catalogados
na Basedados da Web of Science.

A. M. Amorim da Costa

# Ciência
# no Singular

I
U
IMPRENSA DA UNIVERSIDADE DE COIMBRA
COIMBRA UNIVERSITY PRESS

• COIMBRA 2014

# SUMÁRIO

# 1. O SINGULAR DA CIÊNCIA

"Quem não conhece o tormento do desconhecido,
não pode ter a alegria da descoberta"
Claude Bernard

Abordar a ciência com base numa análise das realizações, teorias e descobertas factuais, deste ou daquele cientista, é abordar o processo da sua realização histórica. Falar e escrever sobre cientistas em concreto, como falar e escrever sobre alguns dos muitos passos concretos através dos quais a ciência se vai fazendo e desenvolvendo no complexo de muitos e diversificados passos, seguros uns, titubeantes e incertos, outros, todos, porém, marcando um rumo e indicando um caminho, é o que aqui queremos fazer, no conjunto de temas que escolhemos para esta publicação. Todos eles são registos de cientistas cujos feitos os tempos não conseguiram apagar; é a história do amadurecimento gradual da humanidade para a ciência, mostrada através de um conjunto de quadros que põem em relevo um pouco da história do processo como a humanidade foi amadurecendo para a ciência. É também contribuir para a necessária sistematização da matéria que a ciência vai criando dia a dia, muitas vezes sem grandes preocupações de imediata ordenação.

Cada cientista constitui um processo singular da ciência, um corte singular do seu cânon universal, efectuado sob uma perspectiva com carácter único e insubstituível.

A última descoberta da filosofia será a de conceber, não as substâncias a que os acontecimentos chegam, mas os próprios acontecimentos como organismos e processos que encarnam.

## 2. O *GAS*, O *BLAS* E O *MAGNAL**

> *O Homem não mede a Natureza;*
> *é a Natureza que mede o Homem*
> J. B. van Helmont, *Ortus*

## 1. Introdução

Nascido em Bruxelas, no ano de 1579, J. B. van Helmont estudou na Universidade de Lovaina onde terminou, em 1594, o curso de filosofia e teologia. Totalmente desiludido com o processo educativo que ali reinava, profundamente chocado com as práticas rituais que ali se praticavam, nomeadamente a obrigação do uso de um  hábito talar e de capelo nas provas de exame a que eram sujeitos os alunos, frequentemente tratados com sobranceria e ridicularizados pelos examinadores, e ainda  sentindo que muito do que ali se ensinava no domínio da filosofia natural eram autênticas excentricidades, J. B. van Helmont recusou o título de Mestre em Artes por se não querer submeter a uma cerimónia em que os Professores o tratassem com desprezo e em que o considerariam "Mestre nas sete Artes" quando se não tinha por mais que um simples Escolar[1].

Desiludido com o ensino que se ministrava nas Instituições universitárias, no domínio da filosofia, a sua avidez pelo saber levou J. B. van Helmont a dedicar-se com sofreguidão ao estudo do Estoicismo pagão e cristão.

---

* A. M. Amorim da Costa, in III Colóquio Internacional Discursos e Práticas Alquímicas, Odivelas, 2001.
[1] J. B. van Helmont, "Confessio authoris" in *Ortus Medicinae* (Amsterdão, Ludovicus Elzevier, 1648) p. 16.

Porém, em vez de o satisfazer, este estudo conduziu-o antes a uma atitude de desespero e vazio tal que, de acordo com o seu próprio testemunho, lhe fez sentir "a necessidade da morte iminente"[2].

Em desespero, voltou-se para o estudo de assuntos do foro médico, nomeadamente interessou-se pelo estudo das plantas e seus efeitos medicinais. Estudou as *Instituições* de Fuchius e Fernelius e os *Tratados* de Galeno, Hipócrates e Avicena até os saber quase de cor, e ainda muitos outros escritos sobre matéria médica de outros autores Gregos, Árabes e Modernos[3].

Embora continuasse com grandes reservas sobre o sistema de ensino em que desenvolveu estes seus estudos, aceitou o grau de Doutor em Medicina que lhe foi conferido em 1599[4].

Viajou, durante alguns anos (1600–1609) por diversos países da Europa; rejeitou todas as ofertas que lhe foram feitas na Inglaterra e na Alemanha para lugares de Médico das respectivas Casas reais. Em 1609, depois de casar, fixou residência permanente no seu país natal, em Viluord, "um lugar sossegado onde se poderia dedicar diligentemente à observação dos Reinos dos Vegetais, dos Animais e dos Minerais"[5]. Aí se devotou, durante sete anos, a uma investigação de análise experimental da composição dos mais diversos corpos, abrindo-os e separando os seus componentes, e acompanhando este estudo experimental com o estudo cuidado dos Livros de Paracelso.

As doutrinas interpretativas dos fenómenos naturais que desenvolveu durante estes sete anos de investigação, formulando uma "nova Filosofia", fizeram escola e influenciaram determinantemente o desenvolvimento da química durante longos anos, os anos da iatroquímica reinante no século XVII e grande parte do século XVIII. Na base dessas doutrinas, tal como na base de toda a filosofia natural de Paracelso, está o problema dos quatro elementos e a prática médica resultante do lugar que se lhes atribui na constituição e

---

[2] *Idem*, p. 17.

[3] *Idem*, p. 18.

[4] *Idem*, "promissa authoris" in *Ortus*, p. 12.

[5] *Idem*, p. 13.

ocorrência dos fenómenos naturais[6]. É pois, no discurso de J. B. van Helmont sobre os quatro elementos que encontramos as suas ideias sobre esses três "fluidos" que aqui nos propomos tratar, o *gás*, o *blas* e o *magnal*.

## 1. O espírito seminal de todas as coisas, o *gás*

Nas peugadas de Paracelso e da leitura que fazia das Sagradas Escrituras, para van Helmont a "vida" — que comparava com o fogo e a luz — está contida no sangue arterial tornado espírito vital pela introdução de um espírito do Ar no sangue venal: "o espírito vital é o sangue arterial resultante da força do fermento e do movimento do coração que vitalizam o espírito do Ar"[7].

Nesta convicção, van Helmont tentou por análise química determinar os componentes do sangue na procura da essência desse espírito vital e do espírito do Ar necessário à sua existência. A ele se devem provavelmente as primeiras destilações do sangue humano, em repetidas operações de refinamento e busca da essência das essências[8].

---

[6] A) – Escritos fundamentais de J. B. van Helmont:

(i)-*Ortus Medicinae. Id est initia physicae inaudita, Progressus medicinae novus, in morborum ultionem, ad vitam longam* (Amsterdão, Ludovicus Elzevier, 1648; reimpressão: Bruxelas, Culture et Civilisation, 1966).

(ii)-*Opuscula medica inaudita* (Amsterdão, Ludovicus Elzevier, 1648).

B) - Referências bibliográficas básicas relativas à Vida e Obra de J. B. van Helmont:

(i)- J. R. Partington, *Johann Baptista van Helmont* in *Ann. Sci.*, vol 1(1930), pp. 359-384; 373-375; Idem, *A History of Chemistry*, (Londres, MacMillan, 1961) vol. 2, pp. 209-232;

(ii)- A. G. Debus, *The Chemical Philosophy*, (Nova Iorque, Sci. Hist. Publ.,1977) vol. 2, pp. 297 ss;

(iii)-W. Pagel, *The Religious and Philosophical Aspects of van Helmont´s Science and Medicine* in Supplements to the Bulletin of the History of Medicine, n°2 (Baltimore, Johns Hopkins Press, 1944); Idem, *J. B.* van Helmont in *Dictionary of Scientific Biography*, (Nova Iorque, Charles Scribner´s Sons, 1972) vol. 6, pp. 253-259; Idem, *The "wild Spirit"(gas) of John Baptist van-Helmont and Paracelsus* in Ambix, vol. 10 (1962), pp. 1-13;

(iv)-Paul Nève de Mévergnies, *Jean-Baptiste van Helmont, Philosophe par le Feu* (Paris, Lib.E. Droz, 1935);

(v)-P. M. Rattansi, *The Helmontian-Galenist Controversy in Restoration England* in Ambix, vol. 12 (1964), pp. 1-23;

(vi)-T. L. Davies, *Boerhaave´s Account of Paracelsus and van Helmont* in J. Chem. Educ., vol. 5 (1928), pp. 671-681.

[7] J. B. van Helmont, "aura vitalis" in *Ortus*, p. 728.

[8] *Idem*, "de lithiasi" in *Ortus*, pp. 40-41.

Com o mesmo objectivo, analisou diversos sais procurando a essência do espírito do Ar que cria neles existir como uma forma espiritual de matéria em que se encontraria a sua semente e, consequentemente, o seu *archaeus*. Numa série de experiências para caracterizar esse espírito, queimou 62 libras (~28,123Kg) de carvão tendo verificado a formação de apenas uma libra (~ 0, 454 Kg) de cinza. Na sua interpretação do observado, as 61 libras desaparecidas corresponderiam a igual quantidade de um espírito invisível que se havia libertado durante o processo de combustão. Considerou tratar-se de um espírito até então desconhecido e para ele cunhou um nome próprio e novo; chamou-lhe "gás": "*hunc spiritus, incognitum hactenus, novo nomine* **gas** *voco*" (a este espírito, até agora desconhecido, designo pelo novo nome gás)[9].

Segundo J.B. van Helmont, na combustão de qualquer matéria seriam libertados espíritos invisíveis do mesmo género do espírito invisível que considerava ter-se libertado na combustão das 62 libras de carvão por si realizada, devendo também eles ser tidos como gases. Todas as coisas contêm o seu gás específico, no qual está contida a sua semente. Ele próprio no decurso dos seus trabalhos, descreveu diferentes gases que considerou característicos das diferentes substâncias a partir das quais os obteve. Em particular, deve referir-se o estudo pormenorizado e extenso que fez do dióxido de carbono, a que chamou "gás silvestre" por considerar que se tratava de um gás "selvagem" por sua indomabilidade. Detectou a sua formação quando queimava carvão, álcool ou qualquer matéria orgânica, como também na fermentação da cerveja e do vinho e, ainda, na acção do vinagre e dos ácidos em geral sobre material calcário. E detectou a sua presença em diversas nascentes e grutas.

Tendo em conta a paternidade do nome gás e o muito trabalho de investigação que J.B. van Helmont desenvolveu no estudo do estado gasoso, Ernest von Meyer considerou-o "o verdadeiro fundador da química pneumática"[10]. Deve, todavia, referir-se que o termo "gás" cunhado por J.B. van Helmont demorou a ser aceite pela comunidade científica.

---

[9] *Idem*, "complexionum atque mistionum elementalium figmentum" in *Ortus* p. 106.

[10] H. S. van Klooster, *Jan Baptist van Helmont* in *J. Chem. Educ.*, 24 (1947), 319.

Por exemplo, Boyle, Priestley e Boerhaave, pioneiros na identificação, caracterização e individualização da acção de diversos gases, em particular, nunca utilizaram o vocábulo. Só mais tarde, com as teorias de Lavoisier, a sua utilização se generalizou.

J. B. van Helmont não justificou nunca, em qualquer dos muitos escritos que deixou, compendiados, a seu pedido, por seu filho Francisco van Helmont (1614–1699) nas obras acima referenciadas, *Ortus Medicinae* e *Opuscula Medica Inaudita*, a escolha do vocábulo *gás* para designar esse "espírito silvestre" libertado na combustão do carvão. Há quem a justifique com base no interesse que J. B. van Helmont votava ao estudo do processo fermentativo, a partir do vocábulo alemão "gaesen" usado para descrever a efervescência que acompanha a fermentação do mosto vinhoso, ou a digestão dos alimentos no estômago com formação de sais tartáricos. Mas há também quem julgue que ela deriva do termo "Chaos" ou "gesen" dos escritos de Paracelso[11].

Tenha J. B. van Helmont cunhado o seu vocábulo *gás* por relação com a efervescência observada no processo fermentativo, ou por relação com o *chaos* dos escritos de Paracelso, impõe-se notar que a caracterização que fez desse "espírito até então desconhecido", apresenta um paralelismo flagrante com o *chaos* da filosofia de Paracelso, por mais ilegítima que seja a total identificação de ambos.

De facto, num caso e noutro, a realidade caracterizada reveste-se das mesmas virtudes fundamentais. O *gás* de J. B. van Helmont é um espírito invisível, selvagem e indomável, que existe na essência de todas as coisas e no qual está contida a sua semente. Ele é assim e também, o "espírito seminal" de cada coisa. Cada pedra, cada mineral, tem o seu espírito selvagem, o seu *gás* específico, do mesmo modo que cada organismo vivo tem o seu espírito vital em que se encontra a sua vida, que converte o espírito do ar existente no sangue venal em sangue arterial, por força do fermento e do movimento do coração[12]. Sem muitas características

---

[11] W. Pagel, *the "wild spirit" (gas) of John Baptist van Helmont (1579-1644) and Paracelsus* in Ambix, vol. 10 (1962), 1-13; Idem, *J. B. van Helmont's Reformation of the Galenic Doctrine of Digestion and Paracelsus* in Bull. Hist. Med., vol. 29 (1955), 563-568.

[12] J. B. van Helmont, "aura vitalis" in *Ortus*, p. 728.

substanciais diferentes, o *"chaos"* das doutrinas de Paracelso é por este afirmado como o meio ou habitação a que qualquer objecto deve a sua subsistência e as suas qualidades[13]. O ar seria o *chaos* por excelência na sua qualidade de atmosfera que actua como a fonte da vida dos organismos. Em particular, Paracelso serve-se do termo *chaos* para se referir ao meio acinzentado e transparente, quase invisível e duma "claridade miraculosa" que existe entre a terra e os céus e em que estão suspensos o fogo e os globos da terra e da água, à semelhança da gema do ovo imersa na clara[14]. Com a mesma terminologia, refere-se Paracelso ao *chaos mineralis*, o espírito invisível que "transporta e alimenta as coisas imóveis" e "alimenta as pedras"[15], ao *chaos urinae*, o espírito invisível a que se devem as propriedades visíveis, com relevo para a cor, que na urina existe[16]; e ao *chaos* existente no corpo humano, o *chaos do ar*, o ar disperso por todo o organismo do homem, causa da epilepsia e dos espasmos quando se movimenta violentamente, e causa da febre quando o seu movimento é obstruído, como causa de saúde e bem-estar quando o seu movimento circulatório não é perturbado, mantendo uma circulação perfeita dos quatro elementos pelos locais que cada um deles possui no organismo[17]. E assim, porque o estado de saúde ou de doença do ser humano tem a sua causa no *chaos do ar* que percorre o seu corpo, também os *arcana*, os verdadeiros medicamentos capazes de restabelecer a saúde alterada, estão também eles impregnados pelo mesmo *chaos*.

Realçado o paralelismo entre o *chaos* da filosofia química de Paracelso e o *gás* da filosofia química de J. B. van Helmont, pode dizer-se, resumindo, que para J. B. van Helmont o *gás* duma substância é o "espírito

---

[13] W. Pagel, *The "wild spirit" (gas) of John Baptist van Helmont (1579-1644) and Paracelsus* in *Ambix*, vol. 10 (1962), 4-6.

[14] Paracelsus, *Philosophia de Generationibus et Fructibus quatuor Elementorum*, lib. 1, cp. 10, vol XIII, p. 16 (Ed. Sudhoff).

[15] Paracelsus, *De Modo Pharmacandi*, lib.I, trat. 2, vol. IV, p. 448; Idem, *Fragm.De modo Pharmacandi,*, lib. I ,trat. 1, vol. IV, p. 473 (Ed. Sudhoff).

[16] Paracelsus, *Chaos Urinae* in *Kurtzes Büchlein de Urinis*, vol. IV, p. 623 (Ed. Sudhoff).

[17] Paracelsus, *De caducis* in *Scholia in lib.Paragraph*, cap. 2, vol. V, p. 200 (Ed. Sudhoff); Idem, *De febribus* in *Theoricae Figurae Universal Morbor*, vol. V, p. 453 (Ed.Sudhoff); Idem, *Ursprung der frantzosen*, lib. II ,cap. 2, vol. VII, p. 211 (Ed. Sudhoff); Idem, *Bergsucht*, lib. I, cap. 2, vol. IX, p. 465 (Ed. Sudhoff).

selvagem" que nela está aprisionado e que dela se liberta quando ela é forçada a abandonar o seu estado fixo que é precisamente o que acontece quando uma substância é suficientemente aquecida sem lhe deixar a possibilidade de se converter na água elementar que constitui a base material de que todas as coisas terrestres derivam[18].

## 2. O poder motriz universal, o *blas*

Referimos já quanto o ensino universitário então reinante desiludiu o jovem estudante J. B. van Helmont. Para além de muitas das tradições académicas vigentes que considerava totalmente desprovidas de sentido, a principal causa da sua desilusão deve-se ao facto de os curriculos universitários serem totalmente dominados pela Filosofia Natural dos Antigos, com muito pouca abertura às doutrinas dos Modernos.

Paracelsiano convicto, J. B. van Helmont professava, sem quaisquer restricções, os princípios de Hipócrates, tecendo duras críticas e pondo sérias reservas a muitos dos princípios da doutrina de Aristóteles e Galeno. Criticando duramente o uso das matemáticas a que um e outro haviam recorrido no estudo da natureza, em geral, e do ser humano, em particular, criticou também, e sobretudo, as implicações teológicas decorrentes da filosofia aristotélica sobre o movimento que considerava verdadeiramente ignóbeis, no domínio da Física[19]. A afirmação aristotélica da natureza como princípio ou começo do movimento e do repouso dos Corpos, que neles existe como parte da sua essência e não apenas como simples acidente, levara os Escolásticos a admitir que em qualquer movimento local estaria necessariamente subjacente um primeiro motor imóvel. E sendo a vida movimento, na definição do próprio Aristóteles, toda a medicina e filosofia da natureza dos organismos vivos não poderiam prescindir desse primeiro motor imóvel. Identificado este, pelos Escolásticos, com o Criador, J. B. van Helmont considerou intolerável e absurdo admitir que,

---

[18] J. B. van Helmont, "de lithiasi" in *Ortus* p. 830.
[19] *Idem*, "physica Aristotelis et Galeni ignara" in *Ortus*, p. 46.

sendo Deus inteiramente livre, quer nos seus movimentos, quer no seu repouso, pudesse de algum modo ser considerado como primeiro motor que, tudo movendo, era de si imóvel[20].

Crente que de facto, todo o movimento e a vida resultam do querer divino, na tentativa de se livrar da assim considerada absurda implicação teológica da filosofia aristotélica sobre o movimento, J. B. van Helmont foi levado a admitir a existência de um poder motriz universal criado pelo próprio Deus, mas dele inteiramente diferente, sediado nas estrelas e no homem, que actua sobre tudo quanto efectivamente se move. A existência deste poder motriz universal diferente do próprio Deus, ainda que por ele criado directamente, era para J. B. van Helmont a tentativa de libertar o Criador das algemas em que a filosofia aristoteliana o acorrentava ao exigir que o primeiro Motor fosse de si mesmo perpetuamente imóvel[21].

Para esse poder motriz universal cunhou J. B. van Helmont o nome *blas*[22]. Nas estrelas residiria o *blas meteórico*, directamente responsável através do seu próprio movimento pela chuva, a neve, o granizo, os ventos e as marés, e também da acção do calor e do frio, da humidade e da secura, e ainda, do estado acinzentado ou azul-cristalino dos céus conforme ao estado do tempo[23]. No homem residiria um outro *blas*, o *blas humano*, independente do *blas* existente nas estrelas, responsável pelos movimentos que ocorrem nos seus diferentes órgãos. E também os diferentes seres vivos teriam o seu *blas* próprio, que o Criador teria implantado nas suas sementes[24]. Da independência do *blas humano* relativamente ao *blas meteórico* decorreria que as estrelas não poderiam ser causa directa de qualquer dos movimentos que ocorrem no corpo humano, mas apenas indirectamente, influenciando-os através dos estados atmosféricos[25]. Essa mesma independência foi para J. B. van Helmont

---

[20] *Idem*, p. 49.

[21] A. G. Debus, *loc. cit.*, p. 317.

[22] J. B. van Helmont, "blas meteoron" in *Ortus* pp. 81-82.

[23] *Idem, Ortus* p. 82.

[24] *Idem*, "de tempore" in *Ortus*, p. 632.

[25] *Idem*, "blas humano" in *Ortus*, p. 181.

o argumento conclusivo para rejeitar a ideia reinante e particularmente típica da filosofia de Paracelso da analogia microcosmo-macrocosmo, o homem um microcosmo réplica do macrocosmo constituído pelos corpos celestes[26]. Reconhecia, todavia, dada a acção indirecta do *blas meteórico* sobre o *blas humano* e o *blas* dos seres vivos em geral, que para bem diagnosticar sobre a doença de seus pacientes, o bom médico não poderia deixar de analisar a acção de todos eles.

### 3. O envólucro do Ar, fácil de fazer e desfazer, o *magnal*

Nos diversos estudos que fez sobre gases a que já nos referimos, J. B. van Helmont notou a variação do volume do ar quando uma vela arde num espaço fechado. Colocando uma vela a flutuar sobre água e a arder fechada dentro de um balão de vidro verifica-se que à medida que ela arde, a água sobe no balão, significando que há uma diminuição no volume de ar que lá existia. A sua observação não era inédita. Muitos outros antes dele, desde a Antiguidade Clássica, a haviam notado e tentado explicar. Em particular, não muitos anos antes, R. Fludd (1574-1637) havia dedicado especial atenção ao fenómeno. A explicação do fenómeno estava, todavia, longe de merecer o consenso dos estudiosos. Era o comportamento dos elementos Água, Ar e Fogo que estava em causa, no possível jogo em que se envolvem quando em contacto mútuo, decorrente da sua própria natureza.

Para os discípulos de Aristóteles, o Fogo que consumia a vela daria origem a um vácuo a que a natureza tem horror e que, por isso mesmo o faria ocupar com o Ar presente que nele se perderia e com a água que subiria para ocupar o seu lugar.

Uma vez mais, pouco admirador de Aristóteles, J. B. van Helmont rejeitou por completo este tipo de explicação[27]. E avançou com a sua própria explicação baseada na sua concepção dos Elementos e Princípios de todas

---

[26] *Idem*, "scabies and ulcera scholarum" in *Ortus* p. 328.
[27] *Idem*, "vacuum naturae" in *Ortus*, p. 84.

as coisas. Para melhor compreendermos essa explicação, impõe-se fazer aqui uma breve referência aos pontos fundamentais dessa concepção.

Apoiando-se muito mais nas Sagradas Escrituras do que nas doutrinas dos Filósofos Antigos, J. B. van Helmont foi buscar ao relato bíblico do Génesis o fundamento da sua afirmação do carácter primordial e hierarquia dos quatro Elementos, Terra, Água, Ar e Fogo. Porque nesse relato se diz que no princípio as "águas estavam contidas nos céus e não na terra", J. B. van Helmont, identificando os céus com o próprio Ar, considerou que a Água e o Ar são os dois elementos primogénitos que estão na origem da constituição de todos os corpos[28]. O Fogo não deve ser considerado como tal pois não é referido nesse relato bíblico que descreve a ordem por que ocorreu a criação[29]. Com base no mesmo relato, a Terra deve ser tida como elemento constitutivo dos corpos, mas um elemento que não é verdadeiramente primordial pois foi criado a partir da Água. Porque dos dois elementos primogénitos, a Água e o Ar, foi da Água que a Terra foi criada, na hierarquia dos três elementos, Água, Ar e Terra, é ao elemento Água que cabe a primazia; ele é o mais simples, o mais firme e o mais indivisível, o mais puro e constante de todos.

É por demais célebre a experiência com que J. B. van Helmont quis demonstrar essa primazia do elemento Água: tomou um pequeno rebento de salgueiro que pesou rigorosamente (5 libras = 2, 268 Kg) e plantou-o num vaso que continha duzentas libras (=90,718 Kg) de terra, pesada também com todo o cuidado e rigor. Regou o rebento regularmente durante cinco anos, com água pura, ao fim dos quais o voltou a pesar devidamente limpo de toda a terra que a ele aderia, tendo verificado que pesava agora 164 libras, isto é, 74,389 Kg. Pesada a terra do vaso, verificou que esta diminuíra apenas cerca de duas onças (=56,7 g). Destes resultados concluiu que o aumento total do peso do arbusto se devia essencialmente à água com que fora regado, da qual se teriam formado todos os demais elementos necessários ao crescimento do pequeno salgueiro[30].

---

[28] *Idem*, "elementa" in *Ortus*, pp. 52-53.
[29] *Idem*, p. 53.
[30] *Idem*, "complexionum atque mistionum elementalium figmentum" in *Ortus*, pp. 108-109.

Num processo inverso ao deduzido desta experiência de que concluiu a transformação da Água na Terra que entra na composição do arbusto estudado, também a Terra que entra na composição das pedras, dos metais, da areia, da argila ou da matéria orgânica animal e vegetal poderia sempre ser transformada em Água insípida de peso igual ao sal usado no processo transformativo[31].

A rejeição do Fogo como elemento primordial na constituição de todos os corpos, confinando a três o número dos elementos a partir dos quais todas as coisas são feitas, insere-se, por um lado, na tradição paracelsiana dos três princípios de que todas as coisas seriam compostas, o enxofre, o mercúrio e o sal e, por outro lado, na doutrina alquímica da "Água, o Óleo e o Sal" de Basílo Valentim, como os componentes resultantes da destilação dos corpos, observando que na destilação da maioria das substâncias vegetais, sob a acção do fogo aplicado, se não consegue extrair nem enxofre nem mercúrio, mas sim, em proporções variáveis, óleo e cinzas, um e outras constituídas, em última análise, de Água elementar.

Água, Ar e Terra seriam pois, para J. B. van Helmont os três elementos ou princípios químicos universais e primeiros de todas as coisas, a ter realmente em conta na explicação dos fenómenos que nelas ocorrem[32].

Porque na acima referenciada experiência com uma vela a arder num vaso fechado imerso em água não parecia haver qualquer interferência do elemento Terra e posto de lado o princípio dos discípulos de Aristóteles de que a Natureza tem horror ao vácuo, pareceu a J. B. van Helmont que a explicação do que se observava se devia buscar na acção do Fogo sobre os elementos Água e Ar à medida que ia consumindo a vela. À subida da água no vaso fechado em que a vela ardia corresponderia uma contracção do Ar no seio do qual a combustão se dava. E sendo o Ar um elemento primordial não composto de quaisquer outros elementos, essa contracção só era possível se no seu interior existissem espaços vazios, buracos ou poros que iriam sendo diminuídos ou mesmo totalmente aniquilados

---

[31] *Idem,* "terra" in *Ortus* pp. 54, 56.

[32] *Idem,* "tria prima chymoicorum principia, neque eorundem essentia de morborum exercitu esse" in *Ortus*, pp. 398-409.

por acção do Fogo que queimava a vela. Se estes não existissem, o calor desenvolvido pela vela a arder, deveria levar a um aumento do espaço ocupado pelo Ar e não a uma diminuição como a decorrente da subida da água; a diminuição desse espaço só seria possível por diminuição do espaço interior do próprio Ar. A diminuição ou aniquilação dos poros do Ar diminuiria o seu espaço interior, causa da diminuição do espaço total ocupado pelo mesmo elemento: o calor alarga o espaço em que o ar se encontra e os fumos resultantes do arder da vela vão-se alojar nos poros do mesmo ar, reduzindo e aniquilando muitos deles, não permitindo que seja o Ar a ir ocupar o espaço alargado, deixando que seja a água a fazê-lo. No caso dos fumos produzidos durante o arder da vela aniquilarem todos os poros do Ar presente, deixará de haver espaço para os acomodar e os mesmos não tendo onde se anichar, sufocarão e extinguirão o fogo e a vela apagar-se-á[33].

Foi admitindo a porosidade do elemento Ar que J. B. van Helmont afirmou a existência do *magnal*. Em condições normais, as porosidades do ar mais não seriam que vazios de matéria que conteriam um ser cuja natureza seria algo entre a matéria e o espírito. Foi a esse ser que J. B. van Helmont chamou *magnal*, o envólucro ou bainha do ar[34]. É através do *magnal* que o *blas* existente nas estrelas actua no homem e nas demais coisas, numa acção distinta e independente da acção do próprio *blas* que no homem e nas demais coisas existe. Quando aquecido ou arrefecido, o *magnal* do Ar leva a um aumento ou a uma diminuição do vácuo que no Ar existe, com poros mais alargados ou mais apertados, respectivamente. Daí o Ar se poder apresentar em diferentes graus de rarefacção[35].

Não foi fácil para J. B. van Helmont conciliar a existência do *magnal* no Ar com a natureza simples e elementar do mesmo Ar tido como princípio constitutivo dos corpos. Por mais que afirmado como um vazio de matéria, fácil de poder ser aumentado quase indefinidamente, como também fácil de ser reduzido a quase nada, as dificuldades de conciliação

---

[33] *Idem*, "Vacuum naturae" in *Ortus*, p. 85-86.
[34] *Idem*, p. 87.
[35] *Idem*, p. 88.

eram óbvias. O Padre M. Mersenne (1588-1648) com quem manteve vasta correspondência, depois de por ele ter sido contactado, em 1630, por causa de um caso de *herpes mordax*, fez-lhe notar essas dificuldades, até ao ponto de o interrogar sobre se a coexistência do *magnal* com o Ar num só todo seria de algum modo análoga à existência da alma e do corpo no ser humano.

As dificuldades referidas por M. Mersenne relativas à natureza do *magnal* decorriam do tipo de explicação que R. Fludd avançara para as apontadas observações duma vela a arder, num balão fechado, pairando sobre uma camada de água. De facto, na sua explicação, R. Fludd afirmara que o ar continha em si um sopro divino que seria consumido como alimento do fogo em que a vela ardia, deixando lugar a um vácuo que seria ocupado pela água[36]. Respondendo às dificuldades levantadas, J. B. van Helmont reafirmou as suas considerações sobre o *magnal*, em longa carta, datada de 21 de Fevereiro de 1631, tentando deixar bem claro o que antes sobre ele afirmara[37].

## 4. Conclusão

O "espírito seminal de todas as coisas", "o poder motriz universal" e o "envólucro ou bainha do elemento Ar", o *gás*, o *blas* e o *magnal* do sistema químico de J. B. van Helmont serviram-lhe de base do exame que fez das coisas que rodeiam o homem e condicionam a sua existência. Médico, titular do grau de Doutor em Medicina, deles se serviu também para tentar compreender a natureza do próprio homem, certo de que nunca poderia medicamentar apropriadamente os seus pacientes se não conhecesse bem a sua natureza. Rejeitando a analogia então reinante do macrocosmo-microcosmo, da conexão entre esses três fluidos em que se traduz o mais íntimo da sua natureza, neles assentou J. B. van

---

[36] R. Fludd, *Tratactus secundus de naturae simia seu technica macrocos historia*, (Frankfurt, 2ª ed., J. T. De Bry, 1624), pp. 471-472.

[37] M. Mersenne, *Correspondance*, (Paris, Ed.Cornelis de Waard, P.U.F., 10 vols, 1932-1967) in vol. III, pp. 110-130.

Helmont o fundamento dos componentes astrológico e médico dos seus prognósticos. O *archeus*, a força vital que governa a formação de todas as coisas a partir da sua base elementar que é a Água, o *fermento* e as *sementes* que nesse processo de formação actuam, envolvem-nos de um modo ou outro. Assim sendo, nem a Natureza, nem o Homem são passíveis duma cabal compreensão sem os ter em devida conta. Se queremos compreender a formação das Pedras e dos Metais, o nascimento, a vida e a morte dos seres vivos, da planta ao animal e ao Homem, impõe-se considerar a sua acção e presença. Dessa acção e presença nos falam os dois grandes livros em que todo o conhecimento pode ser bebido, as Sagradas Escrituras e o Livro da Natureza.

# 3. DA TRANSMUTABILIDADE E SIMPLICIDADE DA ÁGUA[1]

*A mais prolífica invenção da química moderna,*

*a descoberta da composição da água*

F. Arago

## 1. A água, fonte de vida e elemento primordial

Foi na água que há muitos e muitos milhões de anos, surgiu a vida na Terra. E a primeira coisa que procuramos noutros sítios do Universo em busca de possível existência de vida é por vestígios da existência de água. É que sem ela não pode haver vida. Como usamos dizer, ela é a fonte da vida.

Na cultura Ocidental, na sua descrição religiosa, no texto bíblico do Génesis que descreve a criação do Mundo, a Água aparece-nos como a imagem da indiferenciação primordial do Universo. Foi a sua separação em as águas inferiores das águas superiores, após a criação do Firmamento para separar umas das outras que se deu a diferenciação do Universo criado: no Céu estão as águas superiores; na terra firme, as águas inferiores. Entre as duas, está a terra e o ar (Gen.I, 8).

---

[1] A. M. Amorim da Costa, *Da água princípio primordial à água substância composta: uma história de filosofia e ciência* in Actas do XIV Encontro Nacional de Educação em Ciências (Universidade do Minho, Braga, 2011) pp. 33-43; A. M. Amorim da Costa, *Da Transmutabilidade e Simplicidade da Água* in *Química*, Bol. Soc. Port. Química, 52 (1994), pp.16-23; Beatriz L. A. Magalhães, *O Flogisto na Génese das Teorias de Lavoisier* in *Química*, Bol. Soc. Port. Química, 53 (1994), pp. 9-14.

Filosoficamente, Tales (640?–546 a.C), em Mileto, na Jónia, berço da civilização grega, no século sexto antes da era cristã, reconhecendo o papel de primordial importância que a água desempenha na natureza, proclamou que a substância universal de que todas as coisas são feitas é a água, a matéria-prima única de que tudo derivaria graças a combinações infinitas, por rarefacção e condensação. Para ele, a Terra flutuaria "como uma acha de lenha", com formato de um cilindro achatado, sobre a água cósmica. Seus discípulos, Anaximandro (610–546? a.C) e Anaxímenes (585–528 a.C) discordariam do mestre não aceitando, nem um, nem outro, que a água pudesse ser considerada como a matéria-prima do Universo, devendo antes ser considerada como o resultado de sucessivas e variadas transformações, duma outra substância natural primeira, no caso de Anaximandro, o *apeiron*, o indefinido; no caso de Anaxímenes, o *Ar*. Dessas transformações resultariam não apenas a água, como também as nuvens, as pedras, a terra e o fogo, formando uma pluralidade de mundos distintos uns dos outros, não no espaço, mas sim no tempo.

Dois séculos mais tarde, em Abdera, na colónia grega da Trácia, Empédocles (490–430 a.C.), numa concepção mais vasta e abrangente, tentando explicar o ciclo evolutivo da vida e da morte, do Uno para o Múltiplo e do Múltiplo para o Uno, sob a influência do Amor que tende a tudo unir, e do Ódio que tende a tudo separar, defenderia que tudo se iniciava e acabava numa esfera primordial formada de quatro esferas concêntricas, raízes de todas as coisas: no centro, a esfera da Terra; em seguida, a da Água; depois, a do Ar; e a do Fogo. Terra, Água, Ar e Fogo eram os elementos imutáveis e homogéneos de todo o Universo que nunca se modificariam no decurso das muitas e diferentes combinações em que participam.

Já em Atenas, Platão (428–347 a.C.) e (Aristóteles (384–322 a. C.) assumiriam estes quatro elementos como os elementos da constituição última de tudo quanto forma a região sublunar do Universo. Todo o Universo seria uma esfera perfeita na periferia da qual se localizava o firmamento celeste com as estrelas fixas; e no centro, a Terra. Mais próximas das estrelas fixas, as esferas celestes da região supra-lunar, participariam maximamente da imutabilidade eterna, encontrando-se animadas de um movimento circular, absolutamente uniforme, o movimento mais perfeito possível. Todos os corpos nelas existentes seriam constituídos pela quinta-essência do Universo, o éter celeste, onde não é possível ocorrer qualquer alteração, corrupção ou geração. Na região sublunar, todos os corpos seriam constituídos na base dos quatro elementos de Empédocles, a Terra, a Água, o Ar e o Fogo. Na sua elaborada filosofia, Aristóteles justificou a escolha destes elementos com base nas quatro qualidades que podemos sentir, o *calor*, o *frio*, o *seco* e o *húmido*. A terra é seca e fria; a água, húmida e fria; o ar, húmido e quente; o fogo, quente e seco. O lugar natural do ar e do fogo é a esfera da Lua; o lugar natural da terra e da água é o centro do mundo.

Esta explicação de Aristóteles compendiada no esquema quadrangular que relaciona os quatro elementos Terra, Água, Ar e Fogo com as quatro qualidades fundamentais dos nossos sentidos, fez escola por séculos, perdurando por toda a Idade-Média. Só com a contestação a Aristóteles que informou a Revolução Científica dos séculos XV-XVI viria a ser posta em causa[2].


## 2. A Água que não molha as mãos

Mais do que ninguém, contestatário de Aristóteles, Paracelso (1493–1541), no século XV da nossa era, correu o mundo à procura de Médicos e Alquimistas que dedicavam suas vidas à busca de quanto pudesse servir de remédio na cura das muitas e variadas doenças dos enfermos que a eles se dirigiam. Pelo muito que escreveu sobre as suas observações neste domínio, e as conclusões a que elas o levaram, tornou-se "o pai da espagírica", a *iatroquímica*, a química ao serviço da medicina, propondo uma reviravolta completa nas práticas médica e alquímicas então reinantes, o que o tornou também conhecido como "o *Lutero da medicina*".

---

[2] Amorim da Costa, A. M. - *Introdução à História e Filosofia das Ciências* (publ. Europa-América, Lisboa, 1986, Col. Saber, nº 189), pp. 26-61.

Desligada da tradição aristotélica, a iatroquímica de Paracelso defendia a composição primordial da matéria, com origem no Uno, a partir de dois únicos princípios, o **enxofre** (o princípio activo) e o **mercúrio** (o princípio passivo), a que se viria juntar, mais tarde, a afirmação de um terceiro, o **sal**, causa do sabor e solubilidade dos corpos. Sem pôr de lado os quatro elementos primordiais da física de Aristóteles, Paracelso afirmava que cada um desses quatro elementos era dotado dum arquê próprio, uma quinta-essência da matéria, sopro divino emanado do sistema solar que vivificava os três princípios dos alquimistas. Há um arquê da Terra, um arquê da Água, um arquê do Fogo, e um arquê do Ar. A doença é uma rotura no equilíbrio dos três princípios constitutivos de cada um dos elementos Terra, Água, Fogo e Ar, por perturbação do respectivo arquê. Só é possível curá-la restabelecendo o equilíbrio alterado. Para tanto torna-se necessário conhecer o arquê de cada elemento, a sua quinta-essência, utilizando remédios devidamente preparados para o efeito[3].

Apesar do seu carácter polémico, a filosofia química de Paracelso conquistou rapidamente a maioria dos químicos que se lhe seguiram. No número de seus sequazes é possível incluir, entre muitos outros, os nomes de J. B. van Helmont (1577–1644), Robert Fludd (1574–1637). J. Rudolfo Glauber (1604–1670), Thomas Willis (1621–1675), Francisco de le Boë Sylvius (1614–1672) e Michael Sendivogius (1566–1636). Todos eles discorreram largamente sobre a natureza do cosmos de que o ser humano faz parte, a sua composição e o modo de utilizar os elementos que o compõem na cura da doença. Os três Princípios Enxofre, Mercúrio e Sal mereceram-lhes especial atenção. Para todos eles, o Enxofre e o Mercúrio são um enxofre e um mercúrio filosóficos, distintos das substâncias enxofre e mercúrio usadas no Laboratório. E também o Sal não deveria ser confundido nem identificado com nenhum dos muitos sais manuseados nas preparações do dia a dia.

É no tratado *Novum Lumen Chymicum* (1604), particularmente conhecido através da sua tradução inglesa publicada com o título *A New Light of Alchymy*, em 1764, do Polaco Michael Sendivogius que deparamos com a

---

[3] Idem, pp. 137-140

afirmação de "uma água que não molha as mãos". Pelo carácter paradoxal desta afirmação quando nos confrontamos com a água do nosso dia a dia, impõe-se fazer aqui algumas considerações sobre o que esta água possa ser. Sendivogius conviveu com os célebres alquimistas ingleses John Dee (1527–1608), Edward Kelly (1555–1597) e Alexandre Sethon (?–1604). Este último, conhecido por o *Cosmopolita*, tornou-se famoso por constar que operou várias transmutações de metais vis em ouro em casa de Haussen, na Holanda, em Basileia, em Estrasburgo, em Colónia e em Munique, acabando, todavia, por ser preso às ordens do duque da Saxónia por se negar a revelar o segredo dessas transmutações. Sendivogius visitou-o na prisão e dele terá herdado uma pequena porção do pó de projecção e, sobretudo, um manuscrito intitulado *Os Doze Tratados* contendo o *Diálogo de Mercúrio e o Alquimista*. Na posse destes elementos, tornou-se ele próprio o alquimista famoso do Imperador Rodolfo II.

Em Cracóvia, ao serviço do rei Sigismundo III, no castelo de Wawel, criou o seu laboratório onde procedeu aos mais variados estudos de processos químicos. Esse laboratório ainda hoje se mantém praticamente intacto. O pintor Polaco Jan Matejko (1838–1893) num quadro que se encontra hoje no Museu de Arte de Lodz, intitulado *O Alquimista Sendivogius* dá-nos conta de Sendivogius a mostrá-lo ao rei Sigismundo III na presença do Jesuíta Piotr Skarga.

Neste seu laboratório, Sendivogius estudou e desenvolveu várias formas de purificação e criação de diversos ácidos, metais e outros compostos químicos. No seu estudo do ar que tinha como elemento fundamental e básico da vida, mereceu-lhe especial atenção o estudo do salitre ao verificar que nele havia um 'sal central' que era verdadeiro "elixir da vida". A força revigorante que esse sal possuía, tornava-o o ingrediente vital do ar e fazia dele a matéria a partir da qual seria possível preparar o *solvente universal* necessário para operar qualquer transmutação, nomeadamente a transmutação dos metais. Esta sua convicção tornou-se a chave de toda a sua prática de Alquimia devidamente enquadrada na filosofia de Paracelso e numa relação muito directa da componente nitrosa do salitre com o espírito e a alma do mundo, a chama vital de tudo quanto vive, o fogo celestial.

No seu tratado *Novum Lumen Chymicum*[4], Sendivogius refere este Fogo celestial como *"um fogo aquoso ou uma água ígnea"*, *"uma água que não molha as mãos"*.

Em 1994, o seu compatriota Zbigniew Szydlo serviu-se desta última expressão para título dum seu estudo sobre a alquimia de Sendivogius, achando que ela sintetiza, de algum modo, muito da concepção de Sendivogius sobre a natureza do nosso mundo.

Na sua filosofia alquimista, Sendivogius afirmava que todos os corpos proviriam de 'sementes'. Na sua tentativa de transmutar uns metais noutros, nomeadamente os metais vis em ouro, considerava que "o ouro vulgar é como uma erva sem semente; só quando amadurece, produz a semente". Porém, normalmente, ele não consegue amadurecer devido à 'crueza' do ar, uma vez que este não tem o 'calor' suficiente para que o processo vá por diante. Para que tal aconteça é preciso a intervenção dum 'artífice' que usando do fogo em grau conveniente ajude a natureza naquilo que ela não é capaz de fazer sozinha[5]. O primeiro passo para permitir o necessário amadurecimento do ouro seria 'abrir seus poros', dissolvendo-o no salitre fundido, uma 'água' muito especial, precisamente essa água que ele considera ser "uma água que não molha as mãos'. A mistura que neste processo com ela se forma é uma mistura que levada ao fogo se transformaria num 'licor seco'[6].

Baseado na analogia entre o macrocosmo (o Universo como um todo) e o microcosmo (o ser humano), centro da filosofia paracelsiana, para Sendivogius existiria uma simetria entre o Sol e o 'fogo central' residente no interior da Terra; e também uma simetria entre o mar ligado ao sol central (isto é, as águas comuns da terra) e o mar ligado ao Sol celestial, a atmosfera. Na superfície da Terra, os raios de um se unem aos raios do outro e produzem as flores e todas as outras coisas: quando se formam as

---

[4] M. Sendivogius, *Novum Lumen Chymicum*, Praga, 1604.

[5] *Idem*, p. 90.

[6] *Idem*, p. 33.

chuvas, estas recebem do ar o poder da vida e o juntam com o salitre da terra..."[7]. Da simetria entre o Sol e o 'fogo central' residente no interior da Terra' decorre a analogia fundamental entre o 'poder da vida' residente no ar e governado pelo Sol celestial e o 'salitre da terra' em que reside a capacidade de atrair o 'poder da vida', à semelhança do íman que atrai o ferro. A água que não molha as mãos seria a água de salitre, o "salitre residente no mar do mundo", a "água sem a qual nenhum mortal pode viver, e sem a qual nada cresce ou é gerado no mundo inteiro".

Nesta sua identificação da "água que não molha as mãos", Sendivogius reafirmava a omnipresença do seu 'salitre', o 'elemento da vida': volátil no ar, o salitre aéreo; fixo, na terra ou em qualquer outro corpo, o salitre da terra[8].

A omnipresença do "salitre" como "elemento de vida" afirmada por Sendivogius tornou-se uma ideia muito bem acolhida pelo rumo que a iatroquímica entretanto assumiu.


## 3. O carácter primordial e elementar da Água, da Terra, do Fogo e do Ar

Na explicação do ciclo evolutivo da vida e da morte, do Uno para o Múltiplo e do Múltiplo para o Uno, Empédocles ( 490-430 a.C.) admitia haver algo que não perece nunca, a saber, os quatro elementos Água, Terra, Ar e Fogo, as *raízes de todas as coisas*. No decurso das diferentes combinações em que participam, estes quatro elementos caracterizar-se-iam por sua homogeneidade e imutabilidade.

Afirmando que o constitutivo último de tudo é número e triângulo, Platão associaria os quatro princípios elementares de Empédocles às duas espécies fundamentais de triângulos definidos a partir do quadrado de lados unitários e do triângulo isósceles, os triângulos cujos lados são definidos pelas relações 1,1, $\sqrt{2}$ e 2, 1, $\sqrt{3}$. O único elemento formado a partir de triângulos do primeiro tipo seria a terra; por isso, ela não se transforma-

---

[7] *Idem*, p. 44.

[8] P. Alves Porto, *Michael Sendivogius on Nitre and the Preparation of the Philosophers' Stone* , in *Ambix*, 48 (2011), Part. I, pp. 1-16; pp. 3-5.

ria nunca em nenhum dos outros três elementos, o Fogo, o Ar e a Água, elementos formados todos eles a partir de triângulos do segundo tipo e, como tais, susceptíveis de se transformarem mutuamente uns nos outros.

Justificada a escolha dos quatro princípios elementares de Empédocles e Platão pelo sensualismo, Aristóteles consagrou a doutrina que sobre eles dominou a filosofia natural da Antiguidade ao Renascimento e, incluindo os tempos da iatroquímica de Paracelso. Só com a teoria do Flogisto esta concepção começaria a modificar-se.

Concretamente, segundo ela a Água seria um elemento simples que nada podia decompor; seria, sim, possível transformá-lo nos outros elementos simples. Em particular, era possível transformar a água em terra, já pelo processo de vegetação inerente ao crescimento das plantas, já por destilação repetida[9].

## 4. A Teoria do Flogisto, uma teoria tão importante quanto a teoria da queda dos graves?

Ao tempo em que o *Novum Lumen Chymicum* de Sendivogius despertava grande interesse entre os estudiosos dos fenómenos naturais, John J.Becher (1635-1682), iatroquímico de formação, defenderia, na sua *Physica Subterrânea*[10] a redução dos princípios constitutivos da matéria da iatroquímica paracelsiana a apenas dois, a **terra** e a **água**, o primeiro para tudo o que fosse seco, e o segundo para tudo o que fosse húmido. Distinguia, todavia, três diferentes tipos de terra, a *terra vitrificável*, princípio da dureza, fixidez e infusibilidade; a *terra inflamável*, princípio da incombustibilidade; e a *terra mercurial*, princípio da volatibilidade e peso.

Trabalhando sobre o sistema de Becher, G. E. Stahl (1660–1734), professor de medicina na Universidade de Halle – Alemanha, primeiramente

---

[9] A. L. Lavoisier, *Première Mémoire sur la nature de l´eau et sur les Expériences par lesquelles on a prétendu prouver la possibilité de son changement en terre* in Mém. Acad. R. Sci. (Paris), 1770, (1773), 73-82; Oeuvres de Lavoisier (Paris, Imprimerie Impériale, 1862), vol. 2, 1-11.

[10] J. J. Becher, *Physica Subterranea*, 1669 (Leipzig, Joh. Ludov. Gleditschium, 1703).

na sua *Fundamenta chemiae Dogmaticae et Experimentalis*[11], de 1723 e, depois, nos seus tratados *Specimen Beccherianum*[12] e *Traité du Soufre*[13] de 1717 negaria a existência da terra mercurial, como não suficientemente demonstrada, e identificaria a terra inflamável com um princípio particular a que deu o nome de flogisto, para explicar os fenómenos da combustão.

Baseando-se no exame e discussão dos processos associados à preparação de bebidas fermentadas e do pão e procurando uma explicação para um grande número de processos metalúrgicos por que estava altamente interessado, em particular sobre a função do carvão na extracção dos metais, Stahl defendeu haver total semelhança entre as calcinações metálicas e as combustões e que a redução das *caes* (a designação que então era dada aos óxidos obtidos por aquecimento prolongado de um metal) e as calcinações mais não eram que processos inversos.

Em termos simples, Stahl considerava que:

– Todos os corpos combustíveis eram constituídos por um princípio inflamável ou combustível que não era mais que o fogo fixado, ou combinado, ao qual deu o nome de flogisto, palavra derivada do grego *phlogistós*, inflamável.

– Este princípio combustível só era perceptível quando retomava as suas propriedades próprias, isto é, quando abandonava o corpo com o qual estava unido, constituindo então o fogo propriamente dito, acompanhado de luz e calor.

– Este princípio combustível ou flogisto tinha a propriedade de se poder transmitir de um corpo para outro, de acordo com um certo número de leis, a que deu o nome de afinidades.

– A calcinação dos metais era uma verdadeira combustão.

Considerava ainda o flogisto sempre o mesmo, unido a outro elemento variável de acordo com a natureza do corpo. Quanto mais rico em

---

[11] E. Sthal, *Fundamenta Chemiae Dogmaticae et Experimentalis,* (Nuremberg, 1723)

[12] E. Sthal, *Specimen Beccherianum*, Becher (1737).

[13] E. Sthal, *Traité du Soufre*, Chez P. François Didot (Paris, 1737).

flogisto fosse um corpo, mais facilmente se inflamava e maior era a sua capacidade para o transmitir a outro corpo, que o não contivesse, ou o contivesse em pequena quantidade.

Os metais eram, segundo Stahl, constituídos pela combinação de uma matéria terrosa, variável de metal para metal, com o flogisto. Durante a calcinação o flogisto era libertado e restava a cal com a qual se encontrava combinado. Se à cal resultante fosse fornecido o flogisto que perdera para o que bastava aquecê-la em contacto com um corpo rico neste princípio, o carvão, por exemplo, passava novamente ao estado metálico.

Para Stahl, o flogisto era ainda o princípio da cor e do odor, embora não tenha demonstrado a sua presença em corpos coloridos ou odoríferos.

O flogisto era um princípio terroso ou, no mínimo, resultante da união de um princípio terroso com o fogo elementar e, portanto, um princípio pesado. Apesar disso, Stahl não se preocupou em explicar um facto sobejamente conhecido na época, o do aumento do peso dos metais durante a calcinação, o qual viria a ser um dos aspectos em que a sua teoria seria mais atacada; o que se explica pelos factos de o uso da balança no laboratório estar ainda pouco divulgado e os químicos de então estarem mais preocupados com a semelhança de processos baseados na alteração de forma e aspecto dos materiais, do que em aspectos ponderais.

Era também do conhecimento de Stahl que o ar intervinha nas combustões e calcinações, mas atribuía-lhe um papel puramente mecânico. Segundo ele, o ar comunicava um movimento tão rápido ao flogisto, pelo choque, que este, ficando livre de todo o entrave, se libertava no estado de fogo o qual durava enquanto as partículas do flogisto estavam animadas de um movimento rápido de rotação. Depois de perdido o movimento de rotação que o mantinha luminoso, o flogisto reduzia-se a partículas extremamente ténues e invisíveis e só era detectado sensorialmente pelo calor derivado de um ligeiro movimento que parecia conservar. O calor é então considerado um fogo invisível e muito dividido.

Stahl foi ainda mais longe ao considerar o flogisto não somente como a essência da combustibilidade, da cor e do odor, mas atribuindo-lhe também o *princípio material comum* que estabelecia a ligação entre os reinos animal, vegetal e mineral, concebendo mesmo um *ciclo do flogisto*[14]. Para Stahl, a maior parte das substâncias continha flogisto em graus variáveis; as gorduras animais e as plantas estavam completamente impregnadas dele (só nas plantas é que o flogisto se misturava com a água com a qual não tinha afinidade). A matéria circulava entre os três reinos através do ciclo do flogisto; os animais e as plantas (ricos em flogisto) ao morrerem, transmitiam-no ao solo (onde cresciam os minerais e os metais); por sua vez, as plantas crescem no solo e os animais alimentam-se das plantas. Considerava ainda que as plantas podiam ganhar flogisto, não só através do solo, mas também através do ar, onde ocorrem as combustões, fermentações e putrefacções. Em 1723 Stahl avança mais, atribuindo à atmosfera um papel ainda mais activo, através da qual não só o flogisto mas também a terra, o sal e a água, estabelecem a ligação entre os reinos. Reinos esses a que acrescenta o do ar, vapores e odores.

Esta teoria considerada por Kant[15] tão importante como a teoria da queda dos graves de Galileu, foi suficiente para a interpretação dos fenómenos da combustão e calcinação, enquanto sobre eles apenas se considerava a libertação de luz e calor.

## 5. Contra a transmutabilidade e simplicidade dos elementos de Aristóteles

### 5.1 – A não transmutabilidade da Água

Ao atribuir à atmosfera um papel muito activo, através da qual não só o flogisto mas também a terra, o sal e a água, estabelecem a ligação

---

[14] M. Teich, *Circulation, transformation, conservation of mater and the balancing of the biological world in eighteenth century*, in Ambix, **29** (1982), 17-28.

[15] Citado por R. Jagnoux in *Histoire de la Chimie* (Paris, Ed. Baudry et Cie, 1891), Tom. I, pg. 73.

entre os diferentes reinos da natureza, incluindo o do ar, o dos vapores e o dos odores, a teoria do Flogisto permitia explicar com certa facilidade a transforamação de uns elementos nos outros. Nos seus *Fundamenta Chymiae Dogmaticae et Experimentalis*, Stahl anotou que a água ao ser destilada repetidamente adquiria um certo carácter corrosivo; sob a acção do flogisto, circulando entre os diferentes elementos.

Todavia, pouco a pouco, a negação da conversão da água em terra durante o processo de vegetação, como também no processo de destilação sucessiva foi perdendo os seus defensores, na medida mesma em que não conseguiam explicar como a circulação do flogisto poderia explicá-la.

J. B. van Helmont (1579-1644), um dos grandes discípulos da iatro-química de Paracelso, seria dos primeiros a fazê-lo. As suas celebradas experiências com um pequeno rebento de salgueiro, rigorosamente pe-sado e apenas regado regularmente com água pura durante cinco anos, findos os quais se achou que esse rebento havia aumentado 74.388, 76 gramas, enquanto que a terra em que fora plantado diminuíra apenas 56,7 gramas, dá-nos conta da crença profunda da transformação da água nos demais elementos necessários ao crescimento das plantas no processo de vegetação[16].

A negação da transformação da água em terra no processo de vegeta-ção, defendida por J. B. van Helmont que dava como provada com a sua experiência, foi-se tornando cada vez mais comum entre os estudiosos da natureza e as experiências realizadas para a suportar cientificamente tornaram-se cada vez mais comuns.

Lavoisier refere-se ao assunto na sua Primeira Memória sobre a natu-reza da água[17], uma espécie de introdução histórica à Segunda Memória

---

[16] J. B. van Helmont, *Ortus Medicinae. Id est Initia Physical Inaudita. Progressus Medicinae novus, in morborum ultionem, ad vitam longam*, (Amsterdam, Ludovicus Elzevier, 1648), pp. 104-110.

[17] A. L. Lavoisier, *Première Mémoire sur la nature de l´eau et sur les Expériences par lesquelles on a prétendu prouver la possibilité de son changement en terre* in Mém. Acad. R.Sci. (Paris), 1770, (1773), 73-82; Oeuvres de Lavoisier (Paris, Imprimerie Impériale, 1862), vol. 2, 1-11.

sobre o mesmo assunto[18]. Nesta Memória menciona, concretamente, as experiências descritas por R. Boyle nas pp.95 e seguintes do seu *Chemist Scepticus* e na secção segunda da sua obra *De origine formarum*; e também as experiências relatadas por Trieval, Miller, Eller, Gleditsche Bonnet, Krafft, Charles Alston e Valerius.

Para os físicos que não acreditavam na transmutação da água em terra, quer no processo de vegetação, quer na sucessiva destilação de uma mesma porção de água, as experiências referidas não eram de todo conclusivas por não entrarem em consideração com factores os mais diversos, tais como, por exemplo, a intervenção do ar em todo o processo de vegetação, e o pó da atmosfera ou a solubilidade do vidro, no processo da destilação repetida.

Não acreditando ele próprio nessa transformação da água em terra, Lavoisier planeou e executou uma série de experiências cujos resultados e conclusões delas extraídas constituiram o objecto do manuscrito que entregou, em primeira versão, na Academia de Ciências de Paris, em 1769, registado pelo Secretário da mesma Academia, Grandjean de Fouchy, em dez de Maio desse ano, e hoje, genericamente conhecido como Segunda Memória sobre a Natureza da Água, na forma como foi publicado nas Memórias da Academia Real das Ciências de Paris[17].

Cuidadosamente, preparou uma amostra de água para submeter a um processo de destilação sucessiva. Nesta preparação, recorreu à água da chuva, na convicção de que a água da chuva não é senão uma água destilada pela natureza, na qual a elevação prodigiosa, comparativamente com os aparelhos de destilação usados no laboratório, a que os vapores aquosos são levados na atmosfera, parece ser meio adequado para os separar de todas as componentes salinas e terrosas que neles possam existir dissolvidos. De notar que o cuidado posto na recolha desta água da chuva se estendeu a pormenores tais como: que não fosse água da chuva caída dos telhados, nem através de qualquer vegetação, nem das

---

[18] A. L. Lavoisier, *Deuxième Mémoire sur la nature de l´eau et sur les Expériences par lesquelles on a prétendu prouver la possibilité de son changement en terre* in Mém. Acad. R. Sci. (Paris), 1770, (1773), 90-107; Oeuvres de Lavoisier (Paris, Imprimerie Impériale, 1862), vol. 2, 11-28.

primeiras precipitações, na certeza de que estas arrastam consigo numerosas impurezas que flutuam na atmosfera, em tempo seco, e aquelas, impurezas que revestem as superfícies minerais e vegetais, sobre que passam.

Por pesagens rigorosas, até peso constante, comparou a densidade da água recolhida com a densidade de uma amostra de água natural mono-destilada, sendo a diferença de densidades constante. Submetendo a água da chuva recolhida a sucessivas destilações, verificou que após cada destilação se formava um resíduo composto de terra insípida e sal marinho, muito embora o seu peso específico se mantivesse constante.

Na busca de uma explicação para esta verificação experimental, pôs-se a si próprio várias hipóteses de trabalho a que procurou, depois, dar uma resposta. Nomeadamente, admitiu que (i) a terra separada após cada destilação fosse de tal natureza que pudesse estar dissolvida na água sem aumentar o seu peso; (ii) a terra separada fosse uma terra que não existia na água antes de se proceder à destilação, formando-se durante a própria destilação como produto da operação.

Na primeira hipótese, estaríamos perante uma substância imponderável, um pressuposto que se tornava cada vez mais obsoleto para os físicos da época, pouco à vontade com um flogisto sem peso, e cada vez mais convencidos de que a própria matéria do fogo aumentaria o peso dos corpos com que se combinasse, embora o não pudessem determinar experimentalmente. A segunda hipótese seria o caminho aberto à tese da transformação da água em terra por efeito da destilação, a menos que conseguisse demonstrar que, embora ocorrida durante a destilação, tal formação o não era a partir da própria água.

Tentando uma resposta a tais hipóteses, Lavoisier procedeu a uma destilação sucessiva duma mesma quantidade de água em estudo, em selado pelicano de vidro, tipo do usado pelos alquimistas, durante vários meses, com início a 24 de Outubro de 1768 e termo a 1 de Fevereiro de 1769.

Com uma balança de grande precisão, construída por Chemin, da Casa da Moeda, em Paris, pesou com todo o rigor, até peso constante, o pelicano e a quantidade de água a destilar, antes de iniciada a operação de "cohobação" (a designaçao usada para uma destilação sucessiva no tipo de destilador usado). Durante o processo, foi tentando detectar quaisquer modificações observáveis visualmente, munido de lupa apropriada. Como ele próprio o relata, durante os primeiros vinte e cinco dias não se conseguiu aperceber de qualquer modificação apreciável. A 20 de Novembro[19], quando começava já a desesperar sobre o sucesso da experiência, observou o aparecimento de pequenos corpos flutuantes, em forma de lamela, que se moviam com grande rapidez no seio da água sob destilação. Estes pequenos corpos foram aumentado com o tempo, em número e tamanho, até princípios de Dezembro, mantendo-se, a partir de então, praticamente constantes, num aspecto e noutro.

Terminada a operação, voltou a pesar com todo o rigor, até peso constante, o conjunto pelicano-água, o pelicano com o resíduo ferroso que nele se depositara durante o processo, e a própria quantidade de água que havia sido destilada.

O peso do pelicano havia diminuido 0,884 gramas; porém, o peso do conjunto não se havia alterado. Daqui concluiu, imediatamente que, nem o fogo, nem qualquer outro corpo exterior ao sistema podiam ser a causa do resíduo formado.

O resíduo formado deveria corresponder, no todo ou em parte, à diminuição havida no peso do pelicano, devendo-se a uma possível dissolução durante a operação, do vidro de que era feito. Pesado este resíduo, verificou Lavoisier que o seu peso era apenas de 0,260 gramas, um valor menor que a diminuição havida no peso do pelicano. Impunha-se procurar a razão e a causa da diferença.

Usando um hidrómetro de precisão de volume constante, Lavoisier concluiu que o peso da água "cohobada" havia aumentado cerca de 0,780 gramas. Analisada a substância em dissolução responsável por este aumento de peso, verificou tratar-se dum resíduo em tudo igual ao que se depositara no fundo do pelicano. A quantidade de resíduo detectado

---

[19] No texto reproduzido no vol. 2 das *Oeuvres*, refere-se 20 de Dezembro, o que é manifestamente um lapso, consideradas todas as referências cronológicas em causa.

era, pois, de 1,04 gramas, superando em 0.056 gramas a diminuição do peso sofrida pelo pelicano.

Lavoisier não conseguiu determinar a causa desta diferença; aventou, todavia, possíveis razões para ela, nomeadamente, a possível combinação da água com o mesmo tipo de resíduo durante a análise hidrométrica a que procedeu. Considerando que esta diferença era suficientemente pequena para pôr em causa a diminuição do peso do pelicano relativamente ao vidro depositado e em dissolução na água analisada. O carácter hipotético da explicação avançada para esta diferença não o impediu de concluir que a maior parte, ou mesmo a totalidade da terra que se separa da água da chuva por destilação, é devida à dissolução dos vasos em que a operação se efectua, e que "a água não muda de modo nenhum de natureza, nem adquire qualquer propriedade nova pelas destilações repetidas, a ponto de poder adquirir - como o admitira Stahl - um grau de tenuidade tal que lhe permitiria escapar através dos poros do vidro".

A referência expressa de Lavoisier no seu escrito registado na Academia de Ciências de Paris, em dez de Maio de 1769, aos trabalhos de Boyle, Margraff e Teller dá redobrada força às conclusões que tirou das suas experiências sobre o assunto em questão. É que Eller defendera com toda a clareza a existência de apenas dois elementos primordiais, a água e o fogo. A terra, segundo ele, resultava da transmutação da água por acção da vegetação ou por acção do fogo, no processo de destilação; e o ar resultaria da transformação da terra por acção do fogo[20].

Ao concluir pela inalterabilidade da água nas experiências relatadas por estes físicos e decorrentes das experiências a que ele próprio procedeu para o efeito, Lavoisier concluía sem quaisquer tergiversões pela incomutabilidade da água, convencido que o mesmo deveria ser afirmado relativamente aos demais elementos da filosofia de Aristóteles, como o afirmaria uns anos mais tarde no seu trabalho *Sistema dos Elementos*:

---

[20] J. T. Eller, *Dissertation sur les élements ou premiers principes des corps* in Mem. Acad. R. Sciences (Berlin), **2** (1746), 3-48.

"as propriedades físicas dos elementos poderão mudar; quimicamente, permanecem, todavia, inalteráveis"[21].

## 5.2 – A não-simplicidade do Ar e da Água

Desde os princípios do século XVIII, com a descoberta e identificação de vários e diferentes gases, o carácter elementar e primordial da Água, da Terra, do Fogo e do Ar da filosofia de Aristóteles e da Iatroquímica de Paracelso começou a ser posto em causa. Muito concretamente, cedo se viria a mostrar que o 'elemento de vida' que Sendivogius acreditava ser uma componente do salitre, mais não seria que o gás oxigénio, descoberto e identificado por Scheele e Priestley, de acordo com a seguinte reacção química:

$$NaNO_3 \rightarrow NaNO_2 + \frac{1}{2} O_2$$

Também aqui foram decisivos para o estabelecimento dessa não-simplicidade os trabalhos de Lavoisier (1743-1794), suportando e usufruindo das conclusões e experiências de vários outros estudiosos que à época se devotavam ao mesmo estudo.

Os trabalhos desenvolvidos por Lavoisier neste domínio enquadram-se muito particularmente nos trabalhos que desenvolveu sobre a importância do ar nos fenómenos da combustão e da calcinação, numa luta directa de combate à teoria do flogisto.

Lavoisier foi iniciado na Química com Rouelle, em Paris, no *Jardin du Roi* no inverno de 1762-3, ou no ano seguinte, numa época em que todos os fenómenos eram interpretados, praticamente sem objecção, pela teoria do flogisto. Rouelle assimilara esta teoria e utilizava-a, sem objecções, nas suas explicações e ensinamentos[22]. Todavia, Lavoisier cedo se apercebeu

---

[21] A. L. Lavoisier, *Réflexions sur la décomposition de l´eau par les substances végétales et animales* in Mem. Acad. R. Sci, 1786, 590-605; Oeuvres de Lavoisier (Paris, Imprimerie Impériale, 1862), vol. 2, 656-670 .

[22] R. C. Jennings, *Lavoisier's views on phlogiston and the matter of fire before about 1770* in Ambix, 27 (1981), 206-209; R. Siegfried, Lavoisier and the phlogistic connection

de algumas incongruências nas interpretações utilizadas por essa teoria. E cedo resolveu pôr a claro essas incongruências. Para isso, e à custa da sua fortuna pessoal, montou um laboratório que muniu com o melhor equipamento, muito dele executado de propósito para os seus intentos.

Embora os seus trabalhos, momeadamente sobre a natureza do ar e a já referida não-transmutabilidade da água, sejam anteriores, foi por volta de 1772 que ele deu início a uma série de experiências, bem planeadas e executadas com rigor, cuja interpretação lhe viria a permitir formular uma hipótese alternativa às explicações do sistema flogístico.

Em 1772, executou a combustão do fósforo e do enxofre em frascos abertos, inicialmente pesados, sob campânulas invertidas respectivamente em água e mercúrio; observou que, enquanto o ar diminuía dentro da campânula, os frascos aumentavam de peso na mesma proporção, o que o levou a concluir: "Cette augmentation de poids vient d'une quantité prodigieuse de l'air qui se fixe pendant la combustion et se combine avec les vapeurs"[23].

Em Fevereiro de 1773, calcinou uma quantidade de chumbo rigorosamente pesada utilizando os raios solares por recurso a uma lente de Tschirnhausen, instalada no Palais Royal; verificou, passados cinco minutos, a formação de uma cal amarela que não aumentava mais e que a água na campânula tinha subido pouco, o que o levou a suspeitar da necessidade de uma circulação do ar na calcinação.

Em Outubro de 1773, repetiu a experiência substituindo a água por mercúrio. O cálculo do peso específico do ar revelou-lhe que a sua absorção era exactamente proporcional ao aumento de peso da *cal*. Recuperado o ar residual, verificou que, nele, uma vela se extinguia tal como no *ar fixo* (gás carbónico) já identificado por Joseph Black. Concluiu que não é todo o ar que respiramos que se fixa nas caes mas apenas uma pequena porção deste.

in Ambix, 36 (1989), 31-40.

[23] B. Bensaúde-Vincent e Ni. Journet, *Rien ne se perd, tout se pèse* in Les Cahiers de Sciencie et Vie, nº 14 (Abril, 1993), p. 46.

Para Lavoisier, as operações químicas de análise e síntese eram complementares; se um metal se combina com uma parte do ar para originar a cal, a partir desta deveria ser possível regenerar o ar inicial.

Levado por esta ideia, no mesmo mês, reduziu o mínio (óxido de chumbo) com carvão vegetal, verificando que o gás recolhido era mais "pesado" que o ar, o que o levava a concluir que se não podia tratar da parte do ar absorvida durante a calcinação.

Em 1774 publicou, nas Memórias da Academia de Ciências, os resultados relativos à calcinação do estanho em vaso fechado, afirmando que, se o estanho aumenta de peso durante a calcinação, tal se deve a que uma parte do ar é capaz de se combinar com ele enquanto que a outra parte se recusa a fazê-lo.

A importância do ar nas combustões e calcinações era perfeitamente conhecida e já Jean Rey, em 1645[24] tinha proposto que o aumento de peso na calcinação era devido às "partículas" de ar que se entranhavam nas da cal; Stahl atribuía também ao ar um papel importante no processo, ainda que mecânico; Lavoisier foi mais longe provando, através do uso da balança, que apenas uma parte do ar se combinava e que, portanto, o ar não era um elemento simples como era considerado até então.

Em 1775, realizou experiências efectuadas sobre precipitados *per se*, com e sem adição de carvão, que lhe permitiram reclamar, mais tarde, uma parcela da glória da descoberta do oxigénio. Contudo, o mérito dessa descoberta é atribuído a Joseph Priestley (1733-1804) e a Scheele (1742-86) que o isolaram independentemente e quase ao mesmo tempo, em 1774, e de cujos trabalhos Lavoisier tinha conhecimento[25].

Os resultados destas experiências foram publicados por Lavoisier em Abril de 1775. Na sua interpretação referia que o *ar* libertado na redução com o carvão é diferente do libertado na redução sem adição; o primeiro era um *ar* de propriedades semelhantes ao *ar fixo*, um ar não respirável e que turvava a água de cal, enquanto que o segundo era um *ar* mais

---

[24] Citado por R. Jagnoux, *loc. cit.*, p. 81.

[25] C. E. Perrin, *Prelude to Lavoisier's theory of calcination some observations on mercurius calcinatus per se* in Ambix, 16 (1969) p. 145.

respirável, o *ar puro*. E deixava claro que o primeiro mais não era que uma combinação do segundo com o carvão.

Por recurso a experiências muito rigorosas do ponto de vista quantitativo, tal como as experiências a que recorrera para concluir pela não-conversão da água em terra nos processos de destilação, em 1776, com Trudaine, aqueceu 122,3 g de mercúrio numa retorta e, passados doze dias recolheu 2,38 g de óxido vermelho de mercúrio, verificando que o ar diminuira 0,14L. Verificou que no ar residual obtido, uma vela se apagava; por esta razão, considerou que este gás era uma "mofeta". Colocado depois o óxido de mercúrio numa retorta, procedeu à sua redução sem adição de carvão, tendo recuperado 2,19g de mercúrio e 0,14L de um gás que estimulava a combustão. Misturado este gás com aquela "mofeta", conseguiu recuperar os 0,8L iniciais. Com estas operações de análise e síntese, atribuiu 1/5 de *ar puro* ao ar atmosférico[26].

Nesses anos, nomeadamente em 1777, P. Macquer observou que quando queimava **ar-inflamável** (=hidrogénio) com **ar-desflogisticado** (=oxigénio) se formavam umas gotículas líquidas. Todavia, não tirou dessa observação quaisquer conclusões[27].

Segundo Priestley, o seu colaborador John Warltire (1725-1810) quando procedia, em 1781, a experiências que lhe permitissem concluir se o calor seria ou não pesado, procedera à explosão duma mistura de **ar comum** (=ar atmosférico) com **ar inflamáve**l proveniente de fontes diversas, em frasco fechado, com uma descarga eléctrica, durante a qual observara uma pequena perda de peso que atribuiu ao calor libertado (o que o levava a concluir que este tinha peso), e o humedecimento das paredes do frasco: "embora o vidro estivesse limpo e seco antes da explosão, depois desta aparecia embaciado e manchado com uma substância fuliginosa"[28].

---

[26] B. Bensaude-Vincent e N. Journet, *loc. cit.*, p. 51.

[27] P. J. Macquer, *Dictionnaire de Chymie*, Paris, 4 vols , vol.1, 1778, p. 583.

[28] J. Priestley, (1781) - *Experiments and Observations Relating to Various Branches of Natural Philosophy*, vol.II, Birmingham, 1781, p. 395.

Nem Warltire, nem Priestley a quem ele comunicara as suas observações, associaram, nessa altura, a humidade notada a qualquer produto que pudesse ser resultado da união dos dois gases. No ano seguinte, iniciou Priestley uma série de experiências em que tentava converter a água num gás permanente[29]. Primeiro, ao aquecer uma solução aquosa saturada de cal viva, numa retorta, feita de material calcário, Priestley observou a formação de grandes quantidades de ar, o mesmo acontecendo quando aquecia, nas mesmas condições, água simples. O mesmo não acontecia, porém, se a operação fosse feita numa retorta de vidro, já que neste caso se observava apenas a formação de vapor e água. Priestley concluiu, então, que nas experiências feitas com a retorta calcária, a água se convertia em ar sob a acção da argila de que era feita a retorta.

Com as informações recolhidas nesta altura com as suas experiências sobre combustões e calcinações e a possível acção que nelas tinha o ar, nesses anos de 1775-1777, Lavoisier publicou, em 1777, uma memória intitulada *Sur la Combustion en Général* onde, apesar de revelar ainda algum respeito pela teoria de Stahl, propunha já uma hipótese que, segundo ele, continha iguais probabilidades de interpretar os factos referentes à combustão e calcinação. Nela, a combustão era caracterizada na base de quatro requisitos fundamentais:

(i) - Em toda a combustão há libertação da matéria do fogo ou da luz.

(ii) - os corpos não podem arder a não ser num pequeno número de *ares*; mais restritivamente, não pode haver combustão a não ser numa só espécie deles, o *ar puro*.

(iii) - em toda a combustão há destruição ou decomposição do *ar puro*: o corpo que arde aumenta de peso exactamente na proporção da quantidade de *ar* que é destruído ou decomposto.

(iv) - em toda a combustão, os corpos transformam-se num ácido pela adição da substância que aumentou o seu peso; assim, o enxofre transforma-se em ácido vitriólico (sulfúrico); o fósforo em ácido fosfórico, etc.

[29] H. C. Bolton, *Scientific Correspondence of Joseph Priestley*, New York, 1892, p. 43.

Nesta mesma Memória, Lavoisier considerava que a calcinação dos metais é uma verdadeira combustão regida pelas mesmas leis; a única diferença seria que, a partir da calcinação de um metal, obter-se-ia, em vez de um ácido, uma cal metálica.

A interpretação que apresentava para estes fenómenos levava-o a considerar a matéria do fogo e da luz como um fluido muito subtil e elástico que podia dissolver um elevado número de corpos e combinar-se com eles. Na combinação envolvida, o *ar puro* ou *ar vital* seria composto de um princípio que lhe formava a base, combinado com a matéria do fogo. A este princípio deu o nome de *principe oxygine*, por acreditar estar na "génese" de todo e qualquer ácido. Na combustão, o corpo que arde rouba a sua base ao *ar* e, a matéria do fogo que lhe serve de dissolvente, ficando livre, escapa-se em luz e calor.

No sentido de medir esse princípio, construiu, mais tarde, com Laplace, em 1782 uma máquina de gelo que permitia determinar a quantidade de calor libertada por um animal ou por uma reacção, durante um certo tempo, a partir da quantidade de água liquefeita. Apesar das objecções de Laplace, que acreditava que o calor era devido ao movimento que possuíam as partículas dos corpos, Lavoisier construiu a sua teoria do calórico e baptizou a máquina de gelo com o nome de calorímetro. Nem o Ar, nem o Fogo seriam corpos simples.

Em 1783, na sua Memória intitulada *Réfléxions sur le Phlogistique* na qual apresentava uma série de argumentos que considerava irrefutáveis contra a teoria do flogisto, não deixava quaisquer dúvidas sobre o carácter de substâncias compostas em que deveriam ser tidos quer o Ar, quer o Fogo que associava ao calórico, pondo completamente de lado o "flogisto" de Stahl: " ... un corps combustible est celui qui a la proprieté de décomposer l'air vital, celui avec lequel le principe oxygine a plus d'affinité qu'avec la matière de la chaleur..."[30].

Enquanto que para Stahl o princípio da combustão residia no corpo combustível que continha flogisto, para Lavoisier, o verdadeiro princípio combustível era o oxigénio, o *principe oxygine*, como lhe chamava.

---

[30] Lavoisier, *o. cit.*, pp. 651-652.

Na continuação destes seus trabalhos, a próxima etapa foi a consideração da natureza elementar da Água.

Conhecedor das acima mencionadas observações de P. Macquer quando queimava **ar-inflamável** (=hidrogénio) com **ar-desflogisticado** (=oxigénio), e também dos resultados das experiências de James Watt e Cavendish quando idêntica mistura foi sujeita à acção duma descarga eléctrica, nesta altura dos seus trabalhos, Lavoisier cria, tal como Cavendish e Watt que a água seria de facto composta de oxigénio e hidrogénio; e propôs-se demonstrar essa composição, no seu laboratório, por recurso a rigorosa análise, já por **síntese**, já por **decomposição**.

De colaboração com Laplace, Dionis du Séjour, Vandermonde, Fourcroy, Meusnier, Legendre e o próprio Blagden, começou por reproduzir em grande as experiências de Cavendish e Watt. Fiel à metodologia que sempre adoptara para os seus trabalhos, o seu objectivo era fazer melhor que os outros. Para o efeito, planeou e executou, em 1783, uma série de experiências em público, na presença de uma série de sábios que ficaram célebres. Planeadas e executadas sobretudo com Meusnier, essas experiências propuseram-se mostrar, não só que a àgua não era de todo uma substância simples, mas também a sua composição real. Num processo de decomposição duma amostra de água e também, um processo de síntese duma certa quantidade de *ar imflamável* (hidrogénio) e uma certa quantidade *ar-desflogisticado* (=oxigénio), os resultados a que levaram foram apresentados e discutidos na Academia de Ciências de Paris, na reabertura das suas sessões de trabalho, pelo S. Martinho, desse mesmo ano de 1783[31]. Os resultados e conclusões finais seriam apresentados na mesma Academia, seis meses mais tarde, na sessão de 21 de Abril de 1784[32].

---

[31] A. L. Lavoisier et Meusnier, *Mémoire dans lequel on a pour object de prouver que l'eau n'est une substance simple, un élément proprement dit, mais qu'elle est susceptible de décomposition et recomposition* in Mem. Acad. R. Sci. (Paris), 1781 (1784), 468-494; Oeuvres de Lavoisier (Paris, Imprimerie Impériale, 1862), vol. 2, 334-359.

[32] A. L. Lavoisier et Meusnier, *Mémoire où l'on prouve, par la décomposition de l'eau, que ce fluide n'est point une substance simple, et qu'il y a plusieurs moyens d'obtenir en grand l'air inflammable qui y entre comme principe constituant* in Mem. Acad. R. Scci. (Paris), 1871 (1874), 269-282; Oeuvres de Lavoisier (Paris, Imprimerie Impériale, 1862), vol. 2, 360-373.

As conclusões apresentadas não deixavam margem para dúvidas: "a água não é uma substância simples". Na sua preparação, nada se havia criado, nem perdido, pois a quantidade de água que se havia formado era "composta peso por peso de ar inflamável (=hidrogénio) e de ar vital (= oxigénio)" sendo "o peso da água formada igual ao dos dois ares que serviram para a sua formação".

Na mesma altura, não longe de Paris, na Escola de Mézières, Monge chegava a idênticas conclusões, tudo confirmando as observações de Cavendish, Watt e Priestley, na Inglaterra.

Em 1784, a composição da água era, pois, um facto estabelecido. E não restavam dúvidas quanto aos gases componentes, o hidrogénio (flogisto, ar inflamável) e o oxigénio (ar vital, ar desflogisticado). Impunha-se determinar a proporção relativa dos dois gases na formação do composto. Com Meusnier, Lavoisier efectua, então, no Arsenal, em Fevereiro de 1785, diante dos sócios da Academia e de elevado número de sábios estrangeiros de visita a Paris, durante três dias consecutivos, nova experiência em que decompôs uma quantidade de água rigorosamente controlada, recolhendo os gases resultantes e usando-os de seguida, para formação de água, por síntese, tendo concluído: "a água contém por quintal quinze libras de gás hidrogénio e 85 libras de ar vital". Não era a composição rigorosa que experiências posteriores haveriam de mostrar ser a mais correcta; era, todavia, um resultado precioso e verdadeiramente extraordinário para a época e para o tipo de experiência de que decorria.

Sem ignorar que a teoria do flogisto sobreviveu ainda durante muitos anos a esta declaração de Lavoisier, com adeptos de formação química a mais diversa, e com a mais variada probidade científica, já no purismo dos seus princípios, já no hibridismo de teorias conciliadoras de que é lídimo representante a teoria conciliadora de Macquer, impõe-se reconhecer que o estabelecimento da composição química da água é marco histórico de referência obrigatória na implementação do novo paradigma químico alicerçado nos trabalhos e teorias de Lavoisier.

Richard Kirwan, autor de *Essay on Phlogiston*[33] e um dos mais acérrimos defensores da química stahliana, em Inglaterra, escrevia a Guyton de Morveau (também ele, à época, flogista convicto, só mais tarde vindo a abandonar tal teoria, juntando-se ao grupo de trabalho de Lavoisier, tal como acontecera com Fourcroy, Chaptal e outros), afirmando expressamente: "se admitirmos a decomposição da água, teremos dificuldade em defender o flogístico".

Com efeito, a demonstração de que a água e o ar eram matérias compostas e, pelo contrário, que os metais eram corpos simples (e não corpos associados ao flogisto, como decorria da interpretação das experiências de Lavoisier sobre a natureza da calcinação), o flogisto que em última análise era o princípio de explicação do modo como o fogo se podia combinar com o ar, a água e os metais, sem afectar a sua integridade, tornava-se de todo desnecessário.

---

[33] R. Kirwan, *Essay on Phlogiston* (Londres, 1787); Ibidem, *Essay on Phlogiston and the Constitution of Acids* (Londres, 1789). *Nota*: Este Tratado foi traduzido para francês por M.me Lavoisier e cada uma das suas secções foi objecto de refutação cuidadosa por Lavoisier ou por algum dos seus colaboradores.

# 4. Da Natureza do Fogo, da Luz e do Calor[1]

## 1. A química como ciência do fogo

Não cabe ao homem qualquer honra ou glória na invenção do fogo. O fogo não é, de modo algum, uma invenção sua. Incêndios de florestas e outras ocorrências ígneas devidas a diversos fenómenos naturais, incluindo vulcões e trovoadas, foram observados pelo ser humano muito antes de ter sido capaz de ocasionar e manusear ele próprio o fenómeno a que assistia, provavelmente com fascínio e medo. Porém, cabe-lhe indubitavelmente, a glória da descoberta de variados modos de produzir por si mesmo fogo em tudo igual àquele com que a natureza, aqui e além, o confrontava. E cabe-lhe, sobretudo, o mérito de o manusear para fins diversos, mérito esse de que se pode orgulhar como de façanha que o distingue de todas as demais espécies animais que com ele co-habitam o planeta Terra[2].

Sem o fogo, o homem, no seu desenvolvimento, ter-se-ia visto impossibilitado de ir muito além dos restantes animais, não obstante as suas diferentes capacidades de desenvolvimento intelectual. Os gregos compreenderam bem a importância que para o Homem representou o saber utilizar-se dele, deixando-o bem expresso na célebre lenda de Prometeu, um dos titãs meio-deus meio-homem, sobreviventes do reino de Crono, que ardilosamente,

---

[1] A. M. Amorim da Costa, *Fogo de Dissolução e Fogo de Combinação* in *Química*, Bol. Soc. Portuguesa de Química, 40 (1990), pp. 33-38; Idem, *Da Natureza do Fogo e do Calor na Obra de Vicente de Seabra (1764-1804)* in Universidade(s), Historia, Memoria, Perspectivas (Coimbra, Fac. Letras, 1991), vol. 3, pp. 137-151.

[2] L. C. Eiseley. *Man. The Fire-maker* in Scientific American. vol. 91 (1954), pp. 51-68.

entrou no Olimpo e daí retirou uma chama sagrada, iniciando os homens, de imediato, em todos os usos que dela poderiam fazer. Quando Zeus se deu conta do acontecido, era já demasiado tarde para travar o processo de civilização que aos homens acontecera mercê do divino dom que Prometeu lhes pusera nas mãos. Colérico, mandou prender Prometeu, com grossas cadeias, no Monte Cáucaso, e ordenou que aí, todos os dias, uma águia lhe viesse devorar as entranhas, todos os dias, também, renovadas. Mas viu-se de todo incapaz de travar o processo civilizacional humano de desenvolvimento para a perfeição divina, iniciado com a ciência do fogo que ao homem fora dada[3]. E essa ciência não parou mais de crescer. De *homo faber,* o ser humano tornara-se *Homo sapiens.*

Tornado «mestre do fogo», o Homo Sapiens afastou-se cada vez mais das restantes espécies de animais, em avanço tecnológico e científico dia a dia mais acelerado. O manuseamento do fogo serviu-lhe, primeiro, para tornar os alimentos mais digestíveis; depois, para preparar objectos de argila com uma solidez nunca até então conseguida, e para trabalhar convenientemente os mais diversos metais.

Senhor do fogo, o homem trabalhou o vidro, tendo preparado não só preciosas peças para a construção e adorno das casas que habita, como também os vasos em que procede ao estudo de tantas e tantas reacções químicas, e ainda, as lentes e espelhos com que veio a construir o telescópio do astrónomo, o microscópio do biólogo, o laser da moderna tecnologia, etc.; senhor do fogo, o homem encontrou, na água, no carvão e nos óleos e gases minerais, potentes formas de energia. Só o manuseamento do fogo tornou possível a revolução industrial dos séculos XVIII-XIX e com ela o quase indescritível progresso científico e tecnológico dos nossos dias em que o homem conhece e dispõe de meios que lhe permitem o acesso a quantidades de calor, estritamente relacionadas com processos ígneos, praticamente incalculáveis e de delicado controlo.

A ciência química tem muito a ver com o paulatino desenvolvimento da arte e da sabedoria associadas ao manusear do fogo. O seu próprio nome poderá ter a ver com esse desenvolvimento.

[3] L. Green, *Stories of Ancient Greece* (Paul Hamlyn, Londres, 1967), pp. 10-16.

De facto, se a química enquanto ciência, estuda a estrutura e a transformação das substâncias, o seu desenvolvimento como tal sempre esteve associado à utilização do fogo nas mais básicas e gerais das suas operações. O seu próprio nome tem muito a ver com essa utilização. Etimologicamente, Thomson[4] associa-a ao antigo nome do Egipto, «Chemia» ou «Keme», a terra que os Hebreus designavam por terra de Cham, pai de todos aqueles que fabricavam os instrumentos de cobre e ferro, segundo a descrição bíblica do Génesis[5]. Por sua vez, Faber[6] associa-a ao vocábulo «chymeia», designação dada por Olympiodoro, no século V da nossa era, às artes psamúrgicas praticadas no antigo Egipto. Ainda etimologicamente, há quem associe o seu nome às palavras gregas $X\varepsilon\omega$ e $Xuma$, referidas à fundição e trabalho dos metais[7], e, também ao vocábulo árabe *al-kimia* referido às múltiplas práticas e teorias particularmente empenhadas na transformação dos metais vis em metais nobres, e na produção do Elixir de Longa Vida, qual medicina universal — a Pedra Filosofal, que ao homem daria o segredo da eterna juventude, que entre os árabes teve exímios cultores, com Geber, Rhazes e Avicena à cabeça[8].

Nos finais do século XVII, quando a prática química arrastada na corrente do empirismo racional mais se voltou para o estudo da natureza e das transformações das substâncias e menos se preocupava com a Pedra Filosofal, não raro os seus cultores a ela se votavam como à «sabedoria» do fogo. *Pyrosophia* e *Pyrotechnia,* a química era para eles a *philosophia per ignem.* Qual anatomia dos mixtos, ela seria a Arte que ensina a separar as diversas substâncias que se acham nos mixtos[9], ou, no sentido mais clássico, o puro do impuro, ou, ainda, em sentido

---

[4] T. Thomson, *The History of Chemistry* (Arno Press, Nova Iorque. 1975), p. 9.

[5] *Gen.* IV, 22.

[6] E. Faber. *The Evolution of Chemistry* (Ronald Press, Nova Iorque, 1969), p. 15.

[7] R. Jagnaux. *Histoire de la Chimie* (Ed. Baudry et C.ie. Tom. I, Paris. 1891), p. 4.

[8] J. Ruska. *Methods of Research in the History of Chemistry* in Ambix, vol.1 (1937), p. 21; A. R. Butler and R. A. Reid. *Whence came Chemistry,* in Chemistry in Britain, April, 1966, pp. 311-312.

[9] N. Lémery, *Cours de Chimie* (Paris, 1675).

espagírico, o útil do inútil. Para tanto, era no fogo que encontrava o meio mais eficaz para todas as operações que a seu fim conduziam. O fogo transforma todas as coisas, como diziam os antigos, «ignis mutat res»; o fogo permite aos corpos entrarem em reacção química, dissolverem-se, dilatarem-se, fundirem-se ou evaporarem-se. Importante era saber usá-lo em grau conveniente. Conhecer a preparação e o uso do calor nos seus diferentes graus, era obrigação básica de todo o praticante da sabedoria química.

De Empédocles, Platão e Aristóteles, na Antiga Grécia, à revolução científica dos tempos modernos, nos séculos XVI-XVII, ao Fogo foi inquestionavelmente atribuída a categoria de um dos quatro elementos, de parceria com a Terra, o Ar e a Água, base do sistema cosmológico, fisiológico e químico tradicional, servindo, tomados como as raízes de todas as coisas, quer para explicar a composição da matéria, quer para interpretar os estados de saúde e doença (através dos humores), quer, ainda, para explicar todo o movimento, e, por ele, a própria vida.

A essência de qualquer destes quatro elementos confinava-se a uma substância material associada a duas das quatro qualidades primárias objecto do tacto, o calor, o frio, o húmido e o seco. No caso do fogo, essas qualidades seriam o seco e o quente.

No século XVI, Paracelso faria Escola relegando a teoria dos quatro elementos aristotelianos para segundo plano, e buscando a explicação de tudo nos chamados «tria prima», o *mercúrio,* o *enxofre* e o *sal.* Contudo, também para Paracelso e seus discípulos, o fogo seria a grande base da explicitação de tais princípios, cuja identificação se faria por simples combustão ou por destilação, operações químicas que no fogo têm o seu agente imprescindível. Dos três princípios, o enxofre seria a causa da combustibilidade, da estrutura e da substância das coisas.

E o mesmo se verificaria com a chamada *teoria dos cinco corpos simples* ou dos *cinco princípios* (os três princípios activos de Paracelso, mais dois outros princípios passivos, *a água ou phlegma e a terra ou caput mortuum)* primeiramente formulada por Joseph Duschene e genericamente adoptada, ao longo de todo o século XVII, pelos iatroquímicos, do *Jardin du Roi*[10]. Porém, mais do que nunca, a atenção dos filósofos da Natureza se voltou com interesse inusitado para a natureza do fogo e do ar, e se deixou arrastar, com naturalidade, para os problemas sobre a natureza da combustão e das forças que dão consistência aos compostos[11].

A hipótese metafísica da unidade da matéria dominaria toda a filosofia alquimista da Idade Média. Debruçada fundamentalmente sobre as operações químicas do labor alquímico, cria-se que toda a matéria, na sua unidade primordial, incriada e eterna, se diversificara, no tempo, em apenas dois princípios: o *enxofre*, elemento masculino e activo; e o *mercúrio*, o elemento feminino e passivo. Subjacente à filosofia destes dois princípios estava, todavia, a filosofia dos quatro elementos do sistema aristoteliano, e, muito particularmente, a afirmação do fogo como elemento essencial e substância de referência de tais princípios. De facto, o enxofre seria quente, combustível, visível no estado «terra» e subtil no estado «fogo»; o mercúrio seria frio, fusível, volátil, visível no estado «água» e subtil no estado «ar».

Mais do que nunca , a ideia da química como a ciência do fogo, informou a chamada química espagírica então dominante, a iatroquímica, nascida das ideias de Paracelso e bem patente nas chamadas Pharmacopeias de toda a Europa dos séculos XVI e XVII.

Em Portugal, demonstram-no, por exemplo, a *Pharmacopea Ulissiponense* (1716) de João Vigier e a *Pharmacopea Tubalense* (1735) de Manoel Rodrigues Coelho, onde a acção do fogo, nos seus diferentes graus, é tida como a doutrina básica em que todo o verdadeiro químico se deve demorar[12].

---

[10] R. Hooykaas, *Janus,* vol. 41 (1937), pp. 26-28; A. G. Debus, *Chemical Philosophy* (Science History Publications, N. York, 1977), vol. I, p. 79.

[11] H. Metzer, *Les Doctrines Chimiques en France du Début du* XVII.$^e$ *à la fín du* XVIII.$^e$ *siècle* (Presses Universitaires de France, Paris, 1923),Tom. I, pp. 339-420

[12] João Vigier, *Pharmacopea Ulyssiponense, Galenica e Chymica* (Pascoal da Sylva, Lisboa, 1716), pp. 299-334; Manoel Rodrigues Coelho, *Pharmacopea Tubalense, Chemico-Galenica* (Officina de Antonio de Sousa Sylva, Lisboa Occidental, 1735), pp. 886-898.

## 2. A manifestação sensível do Fogo Elementar

Antes mesmo da filosofia de Aristóteles, na sequência da doutrina de Empédocles, consagrar o fogo como um dos quatro elementos primordiais constitutivos da matéria, como princípio de leveza que quando se adiciona aos outros elementos diminui o seu peso, o fogo foi adorado como um ser animado e um deus benfazejo, fonte do primeiro movimento, sem o qual nada de visível ou vivo poderia existir.

Nesta sua sacralização, se encontra a primeira nota do carácter polémico que tem caracterizado a afirmação da natureza do fogo. Theophrastos, num pequeno tratado sobre o Fogo, admitindo, embora, o seu carácter primordial, afirma que ele difere, na sua simplicidade, dos outros três elementos, já pelas múltiplas aparências em que se manifesta (uma das quais é o calor), já pelas variadas formas em que se pode apresentar e pelo grande poder com que penetra em todas as coisas e se espalha por lugares sem conta[13]. Por sua vez, Olympiodoro, referindo-se formalmente às concepções das primeiras Escolas gregas, considerou-o o elemento activo de todas as coisas, o primeiro dos quatro elementos, elo de ligação dos três outros elementos primordiais, a Terra, o Ar e a Água[14]; nele estaria a causa da fluidez dos corpos, em geral, e da água e do ar, em particular, como, já nos tempos modernos, o salientaria Boerhaave[15]. Da maior ou menor quantidade da matéria do fogo que impregna os corpos, dependeria tão somente o estado físico em que existem, sólido, líquido ou gasoso[16]. Sem o fogo não existiriam nunca nem a atmosfera, nem a hidrosfera; na sua total ausência, todo o corpo material seria porção de uma única realidade, a litosfera, num estado de entropia mínima, o mesmo é dizer, ordenação máxima. Actuante sobre os corpos, o fogo é

---

[13] T. Robinson, *Theophrastos on Fire* in Chymia, vol. 5 (1959), pp. 51-63.

[14] *Manuscrito de S. Marcos,* fls. 166 vs. ss, cit. in M. Berthelot, *Les Origines de L´ Alchimie* (Ed. Georges Steinheil, Paris, 1885), p. 25.

[15] R. Love, *Some Sources of Herman Boerhaave's Concept of Fire* in Ambix, vol. 19 (1972), pp. 157-174.

[16] M. Berhelot, *La Révolution Chimique-Lavoisier* (Ed. Félix Alcan, Paris,1890), pp. 82, 93, 96.

fonte de desordem donde jorra, qual torrente de energia desordenada, o calor, seu atributo intrínseco que na chama e na luz que dela se irradia tem a sua manifestação mais visível, primária e fulgurante.

Daí que, não satisfeita com a simples afirmação do carácter elementar e primordial do fogo, a ciência moderna, na tentativa de melhor compreender, precisar e definir a sua natureza, o tenha feito debruçando-se precisamente sobre o estudo da natureza da luz e do calor em si mesmos, num reportar-se de efeito a causa, em estrita coerência com o método de investigação que professava como primordial. Foi pois, na definição da natureza da luz e da natureza do calor que a ciência moderna buscou a compreensão da natureza do próprio fogo[17].

Nos dois casos, dividiram-se os homens de ciência entre duas concepções de cariz diferente.

Relativamente à natureza da luz, deparamos nos alvores do século XVII com uma teoria de carácter corpuscular e uma outra de carácter vibracional. Descartes (1596–1650) e Newton (1642–1727) são, porventura, os principais paladinos da primeira; Fermat (1601–1655), Huygens (1629–1695) e Hooke (1635–1703), os grandes paladinos da segunda. Antes deles, encontramos em Kepler (1571–1630), Galileu (1564–1642) e Gassendi (1592–1655), em particular, algumas considerações vagas sobre a luz, referindo, nomeadamente, tratar-se de um movimento de um meio determinado, qual derrame contínuo de matéria de um corpo, ou projecção de corpúsculos, com uma velocidade de propagação praticamente infinita.

Descartes ao explicar as cores em ambos os seus tratados a *Dióptrica* e os *Meteoros,* um e outro publicados como Apêndices, conjuntamente com o tratado sobre *Geometria* no seu *Discurso do Método*[18], dá-nos uma

[17] P. F. Schurmann, *Luz y Calor-25 Siglos de Hipótesis Acerca de su Naturaleza* (Espasa-Escalpe Argentina, Buenos Aires, 1946); A. G. Debus, *Fire Analysis and the Elements in the XVI.$^{th}$ and XVIII.$^{th}$ Centuries* in Annals of Science, vol. 23 (1967), pp. 127-147; A. Donovan, *James Hutton. Joseph Black and the Chemical Theory of Heat* in Ambix, vol. 25 (1978), pp. 176-190; G. Bachelard, *Étude sur L'Evolution d'un Problème de Physique* (Lib. Philosophique J. Vrin, Paris, 1927); J. R. Partington, *A History·of Chemistry ,vol.IV* (McMillan Press, Londres, 1972) ; M. Watanabe, *The Caloric Theory of S. L. Metoalfe* in British Journal for the History of Science, vol. 17(1984), pp. 211-213.

[18] R. Descartes, *Discours de la Méthode* (Leiden, 1637).

explicação cinética pormenorizada do fenómeno luminoso. A luz seria constituída por pequenas esferas sem elasticidade, propagando-se no espaço com uma velocidade finita, animadas simultaneamente de um movimento rectilíneo de translacção (igual para todas as cores) e um movimento de rotação (diverso para as partículas responsáveis pelas diferentes cores). A sua propagação dever-se-ia a uma pressão transmitida instantaneamente através das partículas não-elásticas do meio transmissor, nomeadamente o fluido subtil que constitui o éter, do movimento das pequenas esferas que constituem o fluxo luminoso.

Newton, não obstante toda a cerrada crítica que teceu ao sistema cartesiano, adoptou a mesma teoria, servindo-se da analogia entre a propagação da luz e a emissão de pequeníssimos e muito rápidos projécteis, num meio sem qualquer atrito[19].

Fermat rejeitou a concepção corpuscular proposta por Descartes, defendendo que a luz consistia, antes, num movimento da matéria que se encontra entre o observador e o corpo luminoso, propagando-se de modo semelhante ao som, embora com uma trepidação muito mais rápida, tendo o éter como meio de propagação. Esta concepção de Fermat foi retomada por Huygens e por Hooke que a desenvolveram com mais pormenor, descrevendo a luz como «um movimento rápido de vibrações de amplitude muito pequena» que se propaga instantaneamente por impulsos simples, constantes e perpendiculares à linha de propagação[20].

Estas duas concepções, a corpuscular e a ondulatória, extremaram-se e como que assumiram aspectos irredutíveis com Newton e Huygens, cada um deles com convictos sequazes. Numa afirmação muito genérica, simplista e resumida, poderíamos dizer que os físicos do século XVIII, com Daniel Bernoulli (1700–1782) e Euler (1707–1773), foram particularmente sensíveis à concepção corpuscular, enquanto que os físicos do século XIX, com Fresnel (1788–1827) e Maxwell (1831–1879), em particular, se mostraram mais sensíveis à concepção ondulatória. Os físicos do século

---

[19] I. Newton, *Optica, sive de reflexionibus, refractationibus. Inflexionibus et coloribus lucis* (Londres, 1704).

[20] R. Hooke, *Micrographia* (Londres, 1765), p. 55.

XX, com Einstein (1879-1955) e De Broglie (1892-1987), tentaram a conciliação das duas, desenvolvendo a teoria corpuscular-ondulatória da radiação electromagnética, hoje generalizadamente aceite e defendida. A oposição e paulatina aproximação entre as concepções corpuscular e ondulatória sobre a natureza da luz arrastou consigo e marcou a diferença de posições sobre a natureza do calor, dada a íntima relação entre luz e calor, como fenómenos naturais. Uma vez mais, em resumo simplista, poderíamos dizer que a oposição entre aquelas duas concepções se reflecte em idêntica oposição entre uma concepção do calor como substância material, ainda que imponderável, consubstanciada na chamada teoria do calórico, e uma concepção do calor como movimento dos elementos constitutivos da matéria, a chamada teoria do movimento molecular.

Poder-se-ia dizer que qualquer destas duas teorias sobre a natureza do fogo remonta à própria Antiguidade Grega, onde já Platão (427–347 a.c.) distinguira entre o fogo «elemento que penetra a matéria» e o calor, «movimento das pequenas partes da matéria», numa relação clara de causa (=o fogo) e efeito (=o calor). Assumindo a mesma distinção, Aristóteles (384–322 a.c.) descrevera o calor como «uma substância oculta formada por partes em perpétuo movimento».

Para Roger Bacon (1214–1294), no século XIII, a causa do calor (em termos platónicos, o próprio fogo) encontrava-se no movimento interno dos corpos. Séculos mais tarde, Francisco Bacon (1561–1626), Descartes, Newton, Boyle (1627–1691), Jean Bernoulli (1767–1748), e os já mencionados Daniel Bernoulli e Euler, são apenas alguns dos mais destacados defensores, sem grandes diferenças de fundo, da tese do calor como movimento, com origem na «vibração das moléculas» (Boyle), na «agitação das pequenas partículas que compõem os corpos» (Descartes), ou na «vibração do éter» (Newton).

Posição diferente foi defendida por Galileu, Nollet (1700–1770), Leibniz (1646–1716), Stahl (1660–1734), Crawford (1748–1795), João Jacinto de Magalhães, Boerhaave (1668–1738), Gravessande (1688–1742), Lavoisier (1743–1794) e Laplace (1748–1827), entre outros, até finais do século XVIII, para quem o calor era uma substância material, distinta do fogo e da luz, imponderável, para uns, ponderável, para outros. Nollet justificava a sua oposição à concepção do calor como movimento dizendo que este tende, por sua própria natureza, a extinguir-se, enquanto o fogo, e com ele o calor, tende a propagar-se. Por sua vez, Cottereau DuClos (? –1715) afirmava que o «espírito ígneo», o fogo, é a causa do movimento e não seu efeito[21].

## 3. O fogo de dissolução e o fogo de combinação

No primeiro grande paradigma químico, com um carácter sistemático e programaticamente universal que foi o sistema flogístico, Stahl defenderia que o carvão e os corpos combustíveis se transformavam, pela combustão, em calor e luz; e, reciprocamente, o aquecimento dos produtos duma combustão levaria à fixação da luz e do calor, com regeneração dos respectivos metais.

Para os flogistas, a teoria do fogo e da luz aparece, assim, estritamente relacionada com a da calcinação e da combustáo.

O fogo, constituinte de todos os corpos combustíveis e que deles se separaria quando sujeito a combustão, mais não seria que o próprio *flogisto,* uma substância inflamável, *sui generis,* matéria condensada da luz e causa imediata das cores dos corpos.

A teoria do flogisto mantinha, deste modo, viva a doutrina de Paracelso sobre a existência de um princípio específico, o «enxofre», constitutivo de todos os corpos inflamáveis que se dissiparia quando estes fossem queimados. Apenas, em vez de afirmar que esse princípio era o «enxofre», afirmava ser ele o «flogisto».

Estreitamente relacionada com a teoria da calcinação e combustão, a teoria do fogo e da luz defendida pelos flogistas adoptou com naturalidade o carácter de «princípio de leveza» que Aristóteles assinalara como característica intrínseca do próprio fogo, uma vez que ao libertar-se dos corpos os deixava mais pesados, e ao fixar-se neles os tornava mais leves.

---

[21] S. Cottereau DuClos, *Dissertation sur les Principes des Mixtes Naturels,* (Amsterdam, 1680), p. 27

O flogisto seria como que o princípios vital dos metais: tal como acontece quando o princípio vital de um ser vivo se escapa, o deixa mais pesado, jazendo imóvel sobre a terra, assim aconteceria na calcinação dos metais. Calcinar mais não seria que mortificar.

Defensor da posição dos flogistas, Scheele sustentaria ser o fogo uma combinação do ar fixo (ácido carbónico) com o flogisto. Quando nesta combinação o ar fixo fosse mais abundante que o flogisto, o fogo manifestar-se-ia como luz; e quando a quantidade de flogisto fosse demasiado grande, ter-se-ia o ar inflamável[22].

Também porque estreitamente relacionada com a natureza da calcinação e combustão, a teoria sobre a natureza do fogo e do calor foi doutrina de particular relevância no processo da revolução química levada a efeito por Lavoisier e a sua escola. Empenhado numa luta sem tréguas contra o flogisto, uma vez explicada a calcinação e a combustão, como explicada também a síntese da água e a própria respiração animal, como reacções em que o interveniente principal, para além dos metais e dos corpos combustíveis em causa, era um dos elementos componentes do ar — o oxigénio — e não o calor, actuando este apenas como agente externo, Lavoisier substanciou o calor num fluido ígneo, matéria comum do fogo, da luz e do calor, a que deu o nome de *calórico*. Espalhado por toda a natureza, este fluido seria uma matéria imponderável que, ao combinar-se com a matéria ponderável do oxigénio, do hidrogénio, do azoto ou de quaisquer outros possíveis compostos, permitiria a existência destes no estado aeriforme como seu estado natural. Na combinação do oxigénio natural com os metais e os corpos combustíveis, o calor que com ele se encontrava combinado perder-se-ia e o oxigénio deixaria de existir no seu estado aeriforme natural[23].

---

[22] M. Bertholet, *o. cit.*, pp. 87; 97

[23] R. Fox, *The Caloric Theory of Gases from Lavoisier to Regnault*, (Oxford, 1971); A. L. Lavoisier et Laplace, *Mémoire sur la Chaleur* in Mémoires de l´Académie des Sciences de Paris, 1780, pp. 355 ss; *(Oeuvres de Lavoisier*, Imp. Impériale, Tom. II, Paris, 1862), pp. 283-333; A. L. Lavoisier, *Traité Élementaire de Chimie*, 1789 in *Oeuvres de Lavoisier*, Tom. I (Imp. Impériale. Paris, 1864).

E assim como a água, nos processos químicos e físicos, poderia actuar como *água de combinação* (a água unida em proporções bem definidas aos sais neutros e aos ácidos) ou como *água de dissolução* (a água como solvente em que toda a sua massa, em proporções indefinidas, se encontra em equilíbrio com os sais nela dissolvidos), também o fogo deveria ser considerado *como fogo de dissolução,* o fogo livre ou elementar, o responsável pelo aumento da temperatura dos corpos, que se encontra indefinidamente espalhado por todos eles, e o *fogo de combinação,* parte integrante de cada corpo, em cada um dos diversos estados físicos em que possa existir, em quantidades características de cada um deles, e diferentes de corpo para corpo. Aquele seria um calor absoluto; este, o calor que J. Black designaria por *calor latente,* conhecido também, por outros, por *calor específico,* e que estava já a ser objecto de variadas determinações[24].

Afirmando que o fogo é matéria imponderável que se escapa com a chama, o calor e a luz, Lavoisier estava consciente do carácter polémico da posição que assumia. Ele próprio se fez eco da controvérsia reinante entre os físicos sobre esta matéria, contrapondo a posição que adoptava para si, a defendida pelos físicos que consideravam o calor como um fluido material espalhado por toda a natureza, em que todos os corpos se encontravam mergulhados, com a posição defendida pelos físicos que afirmavam ser o calor o resultado de movimentos insensíveis das moléculas da matéria. Fazendo-se eco dessa controvérsia, Lavoisier fez questão de sublinhar que certos fenómenos relacionados com o calor se explicariam mais facilmente por recurso à hipótese do calórico, enquanto outros pareciam ser mais consentâneos com a hipótese cinética, enquanto outros, ainda, se explicariam com igual facilidade por uma ou por outra. E concluía: «seja como for, uma vez que não nos é possível

---

[24] A. Crawford, *Experiments and Observations on Animal Heat and the inflamation of combustible bodies...,*(Londres, 1779); J. Black, *Lectures on the Elements of Chemistry,* (Ed. J. Robinson); W. Ramsay, *Life and Letters of J. Black,* (Londres, 1926); J. H. Magellan, J. H. Magellan. *Essai sur la nouvelle Théorie du Feu Elémentaire et de la Chaleur des Corps* (Imp. W. Richardson, Londres, 1780), pp. 167; 169-170; 172-173; Vicente Coelho da Silva Seabra, *Dissertação sobre o Calor* (Imprensa Real da Universidade, Coimbra, 1788); Idem, *Elementos de Chimica* (Imprensa Real da Universidade, Coimbra), Part. I, 1788, pp. 22-25.

formular senão estas duas hipóteses sobre a natureza do calor, devemos admitir os princípios que lhes são comuns».

E, de imediato, formula o primeiro e mais fundamental desses princípios: o princípio da «conservação do calor livre, na simples mistura dos corpos»[25].

Quando na combinação de dois ou mais corpos, o composto resultante tiver menos matéria de fogo do que a existente no estado de não combinação, uma porção de fluido ígneo antes combinado com os corpos que sofreram combinação, torna-se fogo livre que se dissipa com a elevação da temperatura. Reciprocamente, haverá resfriamento sempre que haja absorpção de matéria do fogo numa qualquer combinação, tal como acontece, por exemplo, durante a evaporação.

Os estados sólido, líquido ou gasoso em que os diversos corpos podem existir dependem, fundamentalmente, da maior ou menor quantidade de calor que os penetra e que com eles se acha combinada. As substâncias aeriformes contêm uma quantidade muito grande de fogo combinado; a sua volatilidade mais não é que a maior ou menor facilidade com que se dissolvem no fluido ígneo[26].

Em Portugal, as duas concepções fundamentais sobre a natureza da luz e do calor eram conhecidas muito antes mesmo da reforma do ensino universitário a que procedeu o Marquês de Pombal, em 1772. Todavia, mais que uma posição controversa que dividia os curiosos da Natureza de além fronteiras entre dois grupos distintos, tais concepções aparecem-nos numa forma eclética, com destaque para a posição de Descartes e Newton.

Na *Recreação Filosófica* do oratoriano Padre Teodoro de Almeida, publicada em 10 volumes, em Lisboa, entre os anos de 1758 e 1800, está bem expressa essa posição eclética: «o fogo — diz Sílvio, adepto da Filosofia Antiga — é no nosso sistema um elemento mui seco e summamente

---

[25] Lavoisier et Laplace, *o. cit.*, p. 287

[26] A. L. Lavoisier, *Sur la Combinaison de la Matière du feu avec les fluides évaporables et sur la formation des fluides élastiques aériformes* in Oeuvres de Lavoisier, Tom. II, p. 212

quente como o define Aristóteles, o nosso Mestre»[27]; «no meu sistema — responde-lhe Teodósio, adepto da Filosofia Moderna — o fogo consta de umas partículas de matéria mui sutis, as quaes de sua natureza se movem com um movimento vibratorio e tremulo, porem mui rápido, veloz e mui forte». E logo acrescenta: «que a materia do fogo seja mui sutil, é coiza que não necessita de prova; por quanto se ve que o fogo não é nenhuma materia crasa, pois penetra corpos grosissimos» e «que as particulas de fogo se movem com um movimento tremulo, e veloz, vê-se claramente, pois nenhum corpo dá movimento a outro sem que ele se mova a si»[28].

Embora insistindo no movimento das subtis partículas de que consta o fogo, sobre o qual Sílvio nada diz, Teodósio assume inteiramente o carácter material do fogo; se para Sílvio este é um elemento, para Teodósio ele é constituído por partículas próprias, dotadas de «um movimento trémulo e veloz», sem que a este movimento se atribua a própria essência do fogo.

E outro tanto se pode dizer relativamente à concepção da luz que Teodoro de Almeida apresenta como sendo «em si mesma corpo, como concordão todos os Modernos, ou sejão cartesianos ou newtonianos»[29].

Respondendo a uma pergunta do seu discípulo Eugénio sobre o assunto, Teodósio diz textualmente: «estimo a pergunta, porque veio a bom tempo. No sistema dos Newtonianos a luz é fogo mui puro, e só difere do que vulgarmente se chama fogo, em ter as partículas mui raras, e espalhadas; mas na sentensa dos Gassendianos há grande diferença, e é: que as partículas da luz, ou da matéria etérea, sim tem movimento, mas é só o movimento que lhe dão, de sorte, que, se as deixarem, elas por si só não se movem: por isso de noite, tanto que apagámos a véla, que nos alumiava, ficamos sem luz; porque como se extinguindo a chama, que era quem movia as *partículas* da materia etérea, que estava na caza, ninguem a move; e como a não movem, fica sem luzir, como vos expliquei em seu lugar; porém as partículas de fogo por si só movem, de sorte,

<hr>

[27] P. Teodoro de Almeida, *Recreação Filosófica* (Officina Miguel Rodrigues, Lisboa, 1751-1800), Tom. III, (1752), 12
[28] *Idem,* Tom. III(1752), 13.
[29] *Idem,* Tom. II (1752), 8.

que basta desembarasalas das outras para se moverem naturalmente por si mesmas, e luzirem»[30].

Como corpo que era em si mesma, e não mero acidente que só pudesse existir «encostada à matéria», a luz na sua reflexão à superfície dos corpos, comportar-se-ia como qualquer bola que fosse lançada sobre essa mesma superfície.

Assumindo o carácter material do fogo e da luz, Teodoro de Almeida não ignorava a controvérsia inerente a esse mesmo carácter, qual era a da sua ponderabilidade ou imponderabilidade. Desde a Antiguidade, o fogo foi considerado leve, i.é., sem peso, já porque as labaredas em que se manifesta buscam o seu centro subindo no ar, ao contrário dos corpos «pesados» cujo centro natural estaria no centro da Terra, já porque se não encontrava diferença de peso entre um mesmo corpo mais ou menos aquecido. Teodoro de Almeida, pela boca de Teodósio, pronuncia-se claramente a favor da ponderabilidade do fogo: «a chama sobe para sima, mas iso não é porque seja leve de si; sobe para sima, porque o ar, que é mais pezado que a chama, a faz subir para sima; assim como o madeiro metido na ágoa sobe para sima, porque a ágoa que é mais pezada que ele, o faz subir». E para provar o peso do fogo refere a calcinação do estanho, do chumbo, do enxofre e do cobre, então considerada como simples incorporação de uma certa quantidade de fogo no seio de tais metais: «o estanho calcinado para formar o que chamamos vidro, com que os azulejos e vazos de barro ficão vidrados, depois da calcinação fica mais pesado do que antes de se meter no fogo, não obstante toda a materia que se evapora». E isto quer a calcinação fosse operada directamente por uma chama intensa que no processo de aquecimento poderia arrastar para dentro do corpo sob calcinação algumas partículas estranhas à própria chama, quer ela se realizasse por recurso a espelhos côncavos para concentrar sobre o corpo a calcinar os raios solares, onde não haveria qualquer possibilidade de se introduzir no corpo senão partículas do fogo»[31].

---

[30] *Idem*, Tom. III (1752), 20.
[31] *Idem*, Tom. III (1752), 23-25.

## 4. Na sequência da Teoria do calórico de Lavoisier – Vicente de Seabra

Com o novo ensino das matérias de Filosofia Natural introduzido na Universidade de Coimbra pela Reforma de 1772, as questões sobre a natureza do fogo, da luz e do calor enquadram-se mais perfeitamente na problemática suscitada pelos estudiosos de além fronteiras, com o confessado desejo, por parte dos estudiosos portugueses, de não só se manterem bem informados sobre todos os pormenores dessa mesma problemática, como também contribuirem positivamente para a sua elucidação.

Para esse estabelecimento deram precioso contributo científico muitos outros químicos e físicos a quem a fama, por muitas razões, não bafejou de igual modo. Apraz-nos considerar no primeiro deles, em especial, dois nomes portugueses: João Jacinto de Magalhães (1722–1790) e Vicente Coelho de Seabra (1764–1804).

João Jacinto de Magalhães deixou-nos um notável *Ensaio* sobre o fogo elementar e sobre o calor dos corpos[32]; e Vicente de Seabra escreveu, em 1787, uma não menos notável *Dissertação sobre o calor*[33], aparecida a público em 1788, na Imprensa da Universidade de Coimbra, numa primeira exposição de matéria de filosofia natural que depois resumia no primeiro volume do seu compêndio *Elementos de Chimica,* publicado pela mesma imprensa da Universidade de Coimbra, nesse mesmo ano de 1788[34].

Prova-o a já citada *Dissertação sobre o Calor* da autoria de Vicente Seabra, onde o autor, «depois de expor todas as opinioens dos chimicos», manifesta «huma nova theoria fundada sobre raciocinios convincentissimos, e experiencias».

---

[32] J. H. Magellan. *Essai sur la nouvelle Théorie du Feu Elémentaire et de la Chaleur des Corps* (Imp. W. Richardson, Londres, 1780).

[33] Vicente Coelho da Silva e Seabra, *Dissertação sobre o Calor* (Imprensa Real da Universidade, Coimbra, 1788).

[34] Vicente Coelho da Silva e Seabra, *Elementos de Chimica* (Imprensa Real da Universidade, Coimbra), Part. I, 1788; Part. II, 1790.

Seguindo de perto as teses da escola de Lavoisier, Vicente de Seabra, com originalidade própria, defende que o fogo «he hum fluido», «causa da fluidez, vivificação, e movimento dos corpos» que se pode apresentar num estado livre, a luz, fogo elementar ou calor absoluto, ou combinado com os corpos, sujeito à acção geral da lei da atracção ou afinidade química, já numa proporção específica e permanente para cada corpo (o calor específico), inteiramente insensível, já em porções super-abundantes, não-permanentes, sensíveis ao tacto e outros instrumentos de detecção (o calor mixto). Nas reacções químicas, das quais a combustão e a respiração animal são casos elucidativos, todas as trocas de calor ocorrem a nível do calor combinado, verificando-se sempre que «a quantidade de calor permanece sempre a mesma na simples mixtura dos corpos»[35].

Nas suas considerações sobre a natureza da luz, sempre referenciadas e contrastadas com todas as opiniões dos demais químicos, Vicente Coelho de Seabra diz ser do parecer do "grande Macquer" que nos seus artigos sobre *Feu, Lumière et Chaleur* na última edição do *Dicionário de Chimica* havia concluido que "o fogo livre, ou phlogisto vinhão a ser a mesma luz livre, ou combinada com os corpos". E afirma-se convicto que para fundamentar este parecer ajunta "provas tão fortes tiradas da observação, e novas experiências" que deixam "a questão decidida pelo que toca a esta parte"[36].

No que concerne à questão "se o fogo ou a luz he a mesma cousa que o calor" afasta-se do parecer do mesmo Macquer que, "com o nosso Abbade Magalhães", "Bergmann, Scheele, Crawford, e outros chimicos do Norte considerão o calor como uma substância *sui generis,* a mesma cousa que o fogo elementar, e opposta ao phlogisto; de sorte que.... o calor dos corpos está na razão inversa do seu phlogisto"[37]. E afasta-se também do parecer de Lavoisier e La Place que na Memória "lida na Academia Real das Sciencias de Paris, em 28 de Junho de 1783, o suppoem (a ele, calor)

---

[35] *Idem,* Part. I, pp. 3-4.
[36] *Idem.* p. 4
[37] *Idem.* p. 13

como um fluido particular. da mesma natureza do fogo, mas differente da luz". E isto para, "por muitas razoens" afirmar que "o phlogisto, fogo, luz e calor são a mesma cousa; e que segundo os differentes modos, com que esta matéria sahe dos corpos, e nos affecta os differentes sentidos, assim nos apparece, ou debaixo da forma luminosa, ou nos excita somente o calor, ou huma, e outra cousa ao mesmo tempo"[38].

Nesta base, expõe a sua nova teoria sobre a combustão e mostra que na respiração há uma verdadeira combustão, "como Lavoisier e Fourcroy já tinháo pensado", e que o calor animal é devido ao calor que nessa combustão se desenvolve.

Para demosnstrar a sua tese, empenha-se em "dissolver todas as duvidas pelas quaes Macquer e quasi todos os chimicos considerarão o calor differente do fogo; e mostrar que as diversas fórmas em que o calor se apresenta, pendem dos diversos modos, com que elle está nos corpos, e não por ser differente do fogo, ou da luz". Nesse sentido, dá por manifesto: "(i) que entre a luz, o mesmo é dizer, o fogo elementar ou livre, e os corpos existe a lei geral da attracção, ou affinidade chimica", "huma verdade de facto que todos sabem depois de Newton"; "(ii) que esta affinidade da luz com os corpos deve variar segundo a differente natureza delles; da mesma sorte, que sucede com os ácidos a respeito dos mesmos corpos"[39].

Deste modo, dava por refutadas as principais razões que haviam levado Macquer a concluir que a luz era differente do calor, nomeadamente as afirmações: (i) o calor penetra todos os corpos enquanto a luz nem sempre o consegue: (ii) os corpos podem estar quentes sem darem indício algum de luz; (iii) alguns corpos são luminosos sem mostrarem calor algum; (iv) o calor dos corpos não permanece neles indefinidamente.

Na sua forma livre, o calor elementar, o fluido luminoso, constitui o chamado *calor absoluto* que se encontra espalhado por todo o mundo,

---

[38] *Idem.* pp. 4-5; 13-14.
[39] *Idem.* p. 14.

tendendo sempre a equilibrar-se, tal qual sucede com qualquer outro fluido, quer com os corpos que penetra, quer com os corpos que nele estão mergulhados. Espalhado por todo o mundo, o calor absoluto excita o nosso tacto; porém, só quando esta excitação atinge certos valores mínimos poderemos aperceber-nos da sua presença.

Quando falamos do *calor de um corpo* o que referimos é a percepção da presença do calor absoluto no mesmo. A presença desta sensação é, para Vicente Coelho de Seabra, a definição mais clara que podemos dar de calor. "Huma vez, que haja calor, podemos afirmar a presença do fogo elementar; mas póde haver este, sem sentirmos aquelle", "da mesma sorte que pela acidez podemos sempre affirmar a presença de hum acido, embora possa haver acido sem sentirmos acidez alguma"[40].

Da existência da lei geral da atracção, ou afinidade química, entre a matéria da luz e os diferentes corpos se segue que "cada corpo tem seu calor específico", "aquella porção do calor absoluto que se combina com as outras partes dos corpos para formar os mesmos corpos" de cuja união perfeita com as diferentes partes que compõem cada corpo resulta uma neutralidade perfeita do mesmo corpo, do ponto de vista calorífico, tornando-o inteiramente insensível[41].

Vicente de Seabra adoptou a expressão *calor específico* da obra de Jacinto de Magalhães fazendo notar que ela traduz aquilo que alguns stahlianos designavam por *phlogisto;* Macquer, por *luz combinada;* Lavoisier, por *calor combinado;* e alguns chimicos do Norte, por *calor latente,* e cuja determinação "tem occupado preferentemente a atenção dos grandes sábios Black, Crawford, Vait e Kirwan, e outros muitos", permitindo-lhe apresentar uma tabela do seu valor para diversos corpos, v. g., a água comum, o gelo, o ferro, o estanho, etc.[42].

Só o calor absoluto que se acrescente ao calor específico de um qualquer corpo, como calor superabundante não neutralizado com as demais componentes do corpo, será sensível, possibilitando o

---

[40] *Idem,* pp. 12 e 16-17.
[41] *Idem.* pp. 17-18.
[42] *Idem.* pp. 17-18.

conhecimento da sua presença pelo tacto ou por qualquer outro meio detector da quantidade de calor, e.g., os termómetros. Este calor superabundante em qualquer corpo é aquele que os corpos adquirem no processo de equilíbrio com o calor absoluto espalhado por toda a parte, o seu calor mixto[43], ou quando são aquecidos por acção do fogo, pelos raios solares, por concussão, por fricção, por choque, mas que logo perdem se deixarem de ser aquecidos. Porque não chega a combinar-se com as partes do corpo, ficando tão somente "apinhado sobre ele", este *calor sensível,* logo que tem ocasião, espalha-se pelos outros corpos, num processo contínuo de equílibrio com o calor absoluto espalhado por todo o mundo[44].

A diferente densidade dos diversos corpos faz com que o mesmo grau de calor sensível medido por um termómetro para dois corpos não corresponda necessariamente a igual *quantidade* de calor absoluto superabundante ao calor específico dos mesmos[45].

Nas reacções entre dois corpos de que resulte um novo corpo com calor específico inferior à soma dos calores específicos dos corpos reagentes, o calor superabundante ao calor específico do corpo formado espalhar-se-á pelos corpos vizinhos para se equilibrar com o calor absoluto do meio, tornando-se este mais quente. Pelo contrário, se o corpo formado tiver um calor específico superior à soma dos calores específicos dos corpos reagentes, a reacção só será possível por atracção de calor absoluto dos corpos-ambiente. Nestas reacções "em lugar de haver calor, há frio…"[46]. Assim fica explicada a situação de exo- e endo-termicidade das reacções químicas que mais tarde, a termodinâmica viria a definir, respectivamente, em termos de "perda" e "absorção" de energia *para* ou *do* meio exterior.

Um elevado grau de calor *sensível* torna luminosos os corpos em que existe, pois se torna sensível não só ao tacto (calor) como também à vista (luminosidade), podendo mesmo "fazê-los chamejar" se for por

---

[43] *Idem.* p. 25.
[44] *Idem,* pp. 20-21.
[45] *Idem.* p. 21.
[46] *Idem,* p. 23.

demais elevado, como sucede aos corpos metidos num braseiro e na sua combustão[47].

Assim se explica que a matéria da luz, o calor absoluto, possa fazer calor sem luzir, caso atinja, de acordo com a natureza do corpo que a si a atrai, um grau de calor sensívcl suficiente para impressionar o tacto, mas não suficiente para impressionar a vista; e se explica também que a matéria da luz possa fazer luzir um corpo sem fazer calor, caso o grau e calor sensível seja suficiente para impressionar a vista, mas não o tacto[48].

Vicente de Seabra confessa-se pouco à vontade para explicar a possibilidade desta desta última situação, isto é como possa um certo grau de calor sensível impressionar suficientemente o sentido da visão sem impressionar também de modo suficiente o sentido do tacto. E fundamenta o seu pouco à vontade sobre esta matéria na deficiência de conhecimento em que se encontrava a ciência relativamente à natureza da própria luz ou fogo elementar confessando que "os trabalhos dos chimicos nada têm descuberto sobre a natureza da luz, e talvez não a possamos conhecer, enquanto os nossos vasos não a poderem conter de maneira que a possamos manusear à nossa vontade. Sabemos somente, que os seus raios decompõem-se em outros muitos por meio dos prismas"[49].

No seu pouco à-vontade, no desejo de avançar com uma possível explicação, apoia-se nos trabalhos de Euler e socorre-se do carácter de movimento vibratório dos raios luminosos para supor que seja possível a situação admitida de poder um certo grau de calor sensível afectar perceptivelmente o sentido da vista sem afectar de modo perceptível o sentido do tacto[50].

Na sua tendência a combinar-se com os corpos, a matéria da luz excita o calor. Todavia, uma vez que se ache combinada, e equilibrado o resto, tal excitação já se não verifica necessariamente, e daí que a matéria da luz possa luzir sem fazer calor.

---

[47] *Idem,* pp. 23-24.
[48] *Idem,* p. 25.
[49] *Idem.* p. 12.
[50] *Idem,* p. 25.

Assim defendida a sua tese de que "phlogisto, fogo, luz e calor são a mesma cousa: e que segundo os differentes modos, com que esta matéria sahe dos corpos, e nos affecta os differentes sentidos, assim nos apparece, ou debaixo da forma luminosa, ou nos excita somente o calor, ou huma e outra cousa ao mesmo tempo", Vicente de Seabra faz questão de salientar que a sua "teoria do calor parece mais provável do que a de Macquer, porque sendo o calor, pela doutrina deste, o efeito do movimento das partes do corpo, não se pode certamente conhecer a razão porque n'algumas combinaçoens chimicas, havendo movimento nas partes dos corpos combinantes, em lugar de haver *calor* há *frio*". E esta contradição de efeitos lhe parece inexplicável pela doutrina de Macquer, e lhe ressalta muito clara da sua própria doutrina.

Em toda esta teoria sobre o calor apresentada por Vicente de Seabra é patente a influência de João Jacinto de Magalhães. Uma leitura pouco acautelada do *Ensaio* sobre o fogo elementar e o calor deste autor e da *Dissertação sobre o calor* de Seabra, dada a similitude da terminologia por ambos usada e por Vicente de Seabra declaradamente assumida como devida a Magalhães, poderia mesmo não se aperceber das grandes diferenças que há entre as teorias cxpostas por um e por outro.

João Jacinto de Magalhães fizera sua a nova teoria sobre o calor apresentada por Crawford no tratado que escrevera sobre o calor animal e sobre a ignição ou inflamação dos corpos, redigindo o seu *Ensaio* na intenção de melhor explicar os princípios básicos da doutrina de Crawford, para que a obra deste pudesse ser por todos entendida com mais facilidade e utilidade, sentindo-se, todavia, livre para se exprimir segundo as suas próprias concepções[51]. Vicente de Seabra ao adoptar a terminologia de Magalhães fez questão de deixar bem claro que o seu "modo de considerar o calor nos corpos he muito differente daquelle, com que este Fisico (=Magalhães) o considerava" pois que não considera "o calor somente como unido, ou adherente às partículas do corpo" (como o faz Magalhães),

---

[51] J. H. Magellan, *ob. cit.,* Introdução.

mas antes como "sendo hum dos seus princípios essenciaes", não apenas proporcional à massa do corpo, mas parte dessa mesma massa[52].

Além disso. enquanto Magalhães defende que o calor sensível é sempre proporcional ao calor específico dos corpos e que este é "absolutamente differente, e antagonista do phlogisto", Seabra considera que o calor sensível em certos casos, como por exemplo nas combinações, varia não proporcionalmente, mas antes na razão inversa do calor específico dos resultantes; é categórico na afirmação de que o calor específico e o phlogisto são uma e mesma coisa; e não hesita em identificar a luz com o fogo elementar, enquanto Magalhães, no seu *Ensaio,* deixara a questão inteiramente em aberto, reconhecendo que continuava por explicar a conexão (ou a possível identidade) entre o fogo elementar e a luz, a electricidade e mesmo o magnetismo, sentindo que essa tarefa devia ser deixada para Filósofos mais profundos e mais hábeis do que ele o pensava ser[53].

Vicente de Seabra considera que a teoria sobre o calor da autoria de Magalhães se apoia demasiado num cálculo semelhante ao das fórmulas do movimento, com o perigo de arrastar o leitor para uma teoria do calor como movimento, o que acha inteiramente errado, pois que "o calor não he movimento; mas hum fluido, cuja affinidade com os corpos he muito variável; e por isso não pode de modo algum seguir as mesmas leis do movimento". A lei que rege o comportamento do calor é "'a lei das affinidades" "muito differente das do movimento", como todos os chimicos o sabem" — conclui Vicente Coelho de Seabra[54].

Matéria da luz, na sua forma elementar de calor absoluto, como na sua forma de calor específico ou na sua forma de calor sensível, o calor é, para Vicente Coelho de Seabra, matéria que subsiste por si mesma, distinta do seu movimento vibratório inerente ao processo de equilíbrio e combinação com os corpos. A distinção *entre fogo elementar, luz* e *calor*

---

[52] Vicente Coelho de Seabra, *Dissertação sobre o Calor,* loc. cit, p. 29.

[53] J. H. Magellan. *ob. cit..* p. 187.

[54] Vicente Coelho de Seabra, *Dissertação sobre o Calor,* loc. cit., pp. 29-30.

*absoluto* mais não seria que uma distinção modal, usando a linguagem dos Metafísicos[55].

## 5. Das transformações e conservação do fogo e calor

"Applicado em grao necessário", "o calor tem a propriedade de tornar fluidos e aeriformes quasi todos os corpos solidos, e fluidos", com um aumento de calor específico na passagem do estado sólido para o fluido e deste para o aeriforme[56].

Este é o ponto de partida de que se serve Vicente de Seabra para explicar as transformações que o calor provoca nos corpos com as mudanças de estado e as modificações de propriedades intrínsecas que envolve no processo de equilíbrio térmico das diversas formas em que o calor se pode apresentar.

Na *combustão* — "alteração que certos corpos, chamados combustíveis, soffrem nas suas partes integrantes, sendo aquecidos com o concurso do ar" — "o corpo se combina com o ar puro". Nela, há calor, movimento, e mudança total na natureza da matéria, que se queima", quer nos casos em que se desenvolve uma chama brilhante, como naqueles que se abrasam sem chama muito sensível, ou mesmo sem chama alguma, e com desenvolvimento ou não de fumos[57]. Qualquer explicação do fenómeno em causa deve atender a que os corpos depois de queimados se tornam incombustíveis, mudam de propriedades e se transformam em cinza, carvão, cal metálica (com maior peso que o corpo inicial), ou ácidos, conforme a sua natureza.

Depois de analisar as explicações avançadas para o fenómeno por Stahl, Lavoisier, Sage, Desmetre e Macquer, tal eram conhecidas no momento em que escreve, isto é, em Dezembro de 1787, conforme refere no parágrafo

---

[55] *Idem,* p. 28.
[56] *Idem,* pp. 26-27.
[57] *Idem,* p. 30.

50 da obra em análise, e tidas como as mais satisfatórias[58], Vicente de Seabra propõe uma explicação pessoal, apoiada por inteiro na teoria que desenvolvera sobre o calor: "a combustão he a combinação do oxyginio do ar com o corpo combustível, e o desenvolvimento do calor específico daquelle somente, ou de ambos ao mesmo tempo segundo a natureza do residuo" de modo que "1. se no residuo da matéria combustivel não houver de ter por sua natureza mais, nem menos calor específico do que tinha dantes, a chamma será devida somente ao ar que decompondo-se, desenvolve-se o seu calor, e o seu oxiginio se combina com a materia combustivel; 2. se o residuo houver de ter por sua natureza menor calor especifico do que tinha dantes, a chamma será devida não somente ao ar decomposto, mas também à mesma substância combustível; 3. se o resíduo houver de ter por sua natureza maior quantidade de calor especifico, do que tinha antes, porem menor do que a somma do seu calor especifico que tinha dantes, e do calor específico do ar decomposto; a chamma será somente devida a este"[59]. *A pari,* explica a chamada redução ou revivificação dos corpos combustíveis, atendendo a que se trata de "fazer-lhes nas suas partes integrantes huma alteração inversa daquella, que tinhão soffrido pela combustão"[60].

E do mesmo modo ainda, explica o calor animal, afirmando que a sua origem deve ser buscada no processo respiratório. Essa fora também a tese sustentada por Crawford a partir da teoria sobre o calor, defendendo que a respiração animal era o processo de que a Natureza se servia para descarregar a economia animal da super-abundância de flogisto. Nesta descarga estaria a origem do próprio calor animal: com um calor específico maior que o calor específico do ar flogisticado ou ar fixo expirado dos pulmões animais, o ar atmosférico, ar puro ou ar desflogisticado, inspirado pelos mesmos perde, em favor do corpo, o excesso do seu calor específico ao transformar-se, nos pulmões, em ar fixo. E também, o calor específico do sangue que sai dos pulmões para as artérias é superior

---

[58] *Idem,* pp. 31-34.
[59] *Idem.* pp. 34-35.
[60] *Idem.* p. 37.

ao calor específico do sangue nas veias; ao transformar-se um no outro, o excesso dos respectivos calores *específicos* perde-se também a favor do corpo. Estas perdas de calores específicos constituem o calor animal que, como tal, estaria "na razão inversa do phlogisto que se separa do sangue nos pulmoens, e phlogistica o ar, que inspiramos"[61].

Vicente de Seabra reconhece o valor da tese "deste grande homem" (Crawford), mas confessa ser-lhe impossivel aceitá-la "em toda a sua generalidade", dada a sua base flogística que Seabra invectiva com toda a força: "como a existência do phlogisto, como hum corpo *sui generis*, differente da luz, ou fogo elementar, ou calor, não tem sido athe agora demonstrada; eu penso mesmo, que a idea desta substância incógnita tem sido huma idêa vaga, *sine subjectu,* espalhada e professada por muitos chimicos neste sentido sem fundamento algum, e que somente lhes serve como de *âncora sagrada* para explicarem certos fenomenos"[62]. E segue-se a apresentação, baseada em factos, da tese de Lavoisier, Laplace e Fourcroy, de que na respiração há, sim, "huma perfeita combustão, e que o calor animal he devido ao calor que se desenvolve nesta combustáo": "o ar puro inspirado he decomposto pelo princípio combustivel exhalante do sangue que se combina com o seu oxyginio, e forma-se o acido cretoso, que expiramos, e o calor especifico do ar puro decomposto passa para o sangue, e daqui para todo o corpo". "Quantas mais vezes inspirarmos, tantas mais vezes haverá a combustão do princípio exhalante do sangue, e por consequencia tanto mais calor se desenvolverá", e, por isso, o calor animal é, até certo ponto, proporcional à quantidade de ar inspirado[63]. Porque o sangue não pode exalar o seu princípio volátil senão até uma certa quantidade, daí a restricção à afirmada proporcionalidade entre calor animal e a quantidade de ar inspirado: não pode haver mais calor do que aquele que se pode desenvolver pela combustão do princípio exalado.

---

[61] *Idem.* p. 40.
[62] *Idem,* p. 40.
[63] *Idem,* pp. 43-44.

A doutrina exposta explica também o facto de o calor animal ser sempre o mesmo, não obstante as diferentes temperaturas da atmosfera. É que, qualquer que seja a temperatura ambiente, inspiramos sempre o mesmo volume de ar. O ar inspirado a temperaturas mais baixas será mais condensado que o ar inspirado a temperaturas mais elevadas e, consequentemente, a massa de ar no volume inspirado é maior a temperaturas mais baixas. Quer dizer, "no inverno o nosso sangue recebe nos pulmoens tanto maior calor, quanto he o excesso da massa do ar inspirado no inverno sobre a massa do ar inspirado no verão em volumes iguais"[64]. O calor que o sangue recebe nos pulmões está, pois, na razão inversa da temperatura ambiente o que permite que o calor animal se "mantenha em hum mesmo gráo com pouca differença", isto é, seja constante. Só perturbações orgânicas que atinjam o regular funcionamento da respiração poderão fazer com que haja maior calor sendo a inspiração de ar a mesma. Mas nesse caso, o calor em excesso será necessariamente um calor não permanente[65].

Em termos puramente termométricos, Newton havia concluído que a rapidez de arrefecimento de um corpo era proporcional à diferença de temperatura entre ele e o meio ambiente em que se encontrasse e, ainda, no caso de tal corpo ser uma esfera, que essa mesma rapidez seria directamente proporcional à sua superfície[66]. Nesta sua axiomática não havia lugar para a diferente natureza ou composição do corpo a arrefecer, nem dos corpos que constituíssem o meio ambiente em que o arrefecimento se dava. Só alguns anos mais tarde, nomeadamente com Gravesande[67] e Boerhaave[68], os Físicos haveriam de notar que a diferente coesão de um metal ou a sua maior ou menor densidade determinavam a maior ou menor aptidão de um corpo para receber ou perder calor, e acabariam por concluir que essa aptidão se relacionava intrinsecamente

---

[64] *Idem*, p. 44.

[65] *Idem*, pp. 45-46

[66] G. Bachelard, *ob. cit.*, pp. 12-13.

[67] G. J. Gravesande, *Physices Elementa Mathematica*, (Leyden, 1720-1721).

[68] H. Boerhaave, *Elementa Chemiae*, (Paris. 1724).

com a quantidade de corpo aquecido ou arrefecido. Na consideração desta quantidade, oscilaram os físicos, durante muitos anos, entre considerarem o seu volume ou a sua massa.

Como notámos já, Jacinto de Magalhães, na sua explanação da nova teoria sobre o calor apresentada por Crawford, deixara claro que o calor específico dos corpos homogéneos é proporcional à sua massa[69]. Vicente de Seabra achava que não estava em causa uma simples proporcionalidade, já que o calor específico faz parte da própria massa do corpo. As suas reflexões sobre o carácter constante do calor do corpo animal associado à diferente massa de ar correspondente a um mesmo volume de ar inspirado, a temperaturas diferentes, reforça a mesma ideia. Nela está patente a ideia do conteúdo calórico de um corpo, bem como o princípio de aditividade calorífica, apoiada sobre o princípio da indestrutibilidade do calor. Nem todos os corpos têm a mesma capacidade calorífica porque a afinidade que leva a matéria do calor a fazer parte da própria massa de um corpo depende da natureza das partículas desse corpo.

A afinidade, esse mecanismo particular em razão do qual algumas substâncias se unem intimamente entre si, ao mesmo tempo que repugnam contrair união com outras, seria, pois, o mecanismo que governaria os fenómenos relacionados com o calor. E, assim como os fenómenos químicos, também eles dependentes do mesmo tipo de mecanismo particular, a afinidade química, não encontrariam explicação cabal nas leis ordinárias da Mecânica, constituindo uma ciência à parte[70], também o estudo do calor não encontraria lugar suficiente no âmbito da Mecânica, postulando constituir-se também ele numa nova ciência. Vicente de Seabra não a reivindicou, como a não reivindicaram os químicos e físicos do seu tempo; o futuro não conseguiria, todavia, evitar a sua constituição - a termodinâmica. Dos seus três princípios fundamentais, o primeiro de todos é o da conservação da energia formulado por Helmotz, em 1847, mas já clara e eficazmente afirmado por Vicente de Seabra e outros defensores do calórico: "quando, havendo combinação, o composto houver

---

[69] J. H. Magellan, *ob. cit.*, p. 169.

[70] *Estatutos da Universidade de Coimbra*. 1772, Liv. III, Parl. III. Tit. III, cap. IV.

de ter por sua natureza menor calor específico do que a somma do calor específico dos componentes, haverá um calor sensível igual à diferença entre esta somma e a quantidade de calor específico do corpo resultante. Pelo contrario: todas as vezes que o composto houver de ter por sua natureza maior quantidade de calor específico do que a somma do calor específico dos componentes, haverá hum frio, igual à differença entre o calor específico do composto e a somma do calor específico dos componentes. Ou de outro modo: o calor sensível (havendo combinação) he sempre na razão inversa do calor especifico, que o corpo resultante houver de ter: e o frio he sempre proporcional a este calor específico. De tudo isto segue-se o seguinte axioma: cada corpo tem seu calor específico, e não pode perder, nem ganhar mais, senão por novas combinaçoens com outros corpos; mas tornando-se ao seu antigo estado, tornará somente a ter aquelle mesmo calor especifico que tinha antes de entrar nas ditas combinaçoens"[71].

O tratamento mecânico do calor, no século XIX, seria o grande embrião do desenvolvimento da termodinâmica cujo estabelecimento representa o fim definitivo do "calórico", isto é, das teorias do calor como substância. De notar, todavia, que o tratamento mecânico do calor não era, *de per si*, de modo algum, incompatível com a teoria do calórico. Tanto assim que a teoria apresentada por Carnot (1796–1832) e Clapeyron (1799–1864) para explicar os fenómenos do calor referia que estes eram devidos ao movimento do calórico, sem estabelecer qualquer relação deste com o movimento das moléculas da matéria ponderável, a base da teoria termodinâmica de Cláusius (1822–1888).

Quer dizer, não seria abusivo admitir que o desenvolvimento da termodinâmica pudesse legitimamente ter decorrido de um tratamento matemático das leis de afinidadc química que permitiram o desenvolvimento da química, caso os estudiosos do calor. no mesmo século XIX, se tivessem mantido fiéis à concepção deste como um fluido material de natureza corpuscular, em vez de terem optado por afirmá-lo como um

---

[71] Vicente Coelho de Seabra, *Dissertação sobre o Calor*, pp. 21-24; *Idem, Elementos de Chimica*. Part.I. p. 24

movimento, pois qualquer das duas concepções se mostravam aptas para explicar satisfatoriamente os fenómenos do calor, dentro de um sistema coerente e eficaz.

Mais tarde, em vez de calor específico falar-se-ia de energia interna, com o conceito de energia a englobar o calor e o trabalho, e alargar-se-ia o conceito de combinação a qualquer transformação química ou física, universalizando a formulação do princípio de conservação da quantidade de calor específico referido pelos físicos da década de 80 do século XVIII, no número dos quais se conta, em posição de vanguarda, Vicente de Scabra. Claramente, Vicente Coelho de Seabra, como Lavoisier e seus colaboradores, com a sua teoria do calórico, estavam no caminho que levaria ao estabelecimento da Termodinâmica do qual devem justamente ser considerados pioneiros, pese embora esta ciência se tenha vindo a constituir definitivamente a partir de bases conceptuais diferentes daquelas que defenderam.

# 5. SIMETRIA E QUIRALIDADE MOLECULARES*

## 1. Introdução

Na História das Ciências, o nome de Louis Pasteur (1822-1895) está muito mais ligado à microbiologia do que à química. Em 1840, concluiu ele o seu primeiro grau académico, decidido a votar a sua vida ao ensino, a nível liceal. Insatisfeito, decidiu, entretanto, graduar-se em Ciências, o que conseguiu, dois anos depois, embora sem evidenciar aptidões especiais para qualquer disciplina do curso. Em química não foi mesmo além da notação de "sofrível". Apesar de tudo, conseguiu um contrato como investigador, precisamente no domínio da química. A muito curto prazo, revelou-se um verdadeiro mestre na investigação experimental pela observação meticulosa e sagaz com que executava os seus trabalhos de laboratório, não lhe escapando os mais pequenos pormenores que facilmente passavam despercebidos a tantos outros investigadores que consigo trabalhavam[1].

A partir de experiências de estudo do processo de fermentação, a sua observação cuidadosa e crítica levou-o à explicação da acção das bactérias no processo de fermentação, adulteração dos alimentos, infecção das feridas, desenvolvimento das doenças, etc., a partir da qual se desenvolveram os métodos de "pasteurização" dos alimentos, esterilização

* A. M. Amorim da Costa, *Simetria e Quiralidade Moleculares* in Química, Bol. Soc. Port. Quimica, 60 (1996), pp. 33-40.
[1] R.Vallery Radot, *La Vie de Pasteur* ( Paris, 1900, 2 vols; trd. *The Life of Pasteur* McClure, Phillips and Co., New York, 1902); J. R. Partington, *History of Chemistry* (The MacMillan Press Ltd., London, 4 vols), vol. 4 (1972), pp. 749-759.

na prática cirúrgica e tratamento anti-bacteriano de doenças e processos infecciosos, como aplicação imediata e de inesperada eficácia, no combate à doença do bicho da seda que estava a arruinar a respectiva indústria, na França de então, e no desenvolvimento da vacina anti-rábica, salvando a vida a milhares de pessoas.

Para os vindouros, a sua notoriedade ficaria definitiva e estreitamente ligada a essa explicação e suas sequelas naturais, ofuscando e relegando facilmente quase para completo esquecimento o seu contributo para o desenvolvimento da estereoquímica, com o estudo da actividade óptica dos sais dos ácidos tartárico e racémico.

De facto, depois de se ter doutorado, na Sorbonne, em Paris, no ano de 1848, Pasteur começou a estudar o sal de amónio do ácido racémico[2] que se depositava nos depósitos de vinho durante a fermentação. As propriedades desse sal não diferiam muito das propriedades do sal de amónio do ácido tartárico cuja presença era detectada, em muitos casos, no mesmo tipo de depósitos de vinho. Antes de Pasteur, já Eilhard Mitscherlich notara mesmo que ambos os sais apresentavam a mesma composição química e a mesma forma cristalina, diferindo apenas na sua acção sobre a luz polarizada: o sal do ácido tartárico era opticamente activo[3], desviando o plano de polarização da luz que sobre ele se fazia incidir para a direita, enquanto que o sal do ácido racémico o não era[4].

No exame meticuloso a que procedeu duma solução do referido sal do ácido racémico, opticamente inactiva, Pasteur notou que nela existiam duas espécies de cristais do mesmo sal, cuja relação mútua era a mesma que a da mão esquerda relativamente à mão direita, a de um objecto qualquer relativamente à sua imagem num espelho plano.

---

[2] O nome *racémico* vem do latim *racemus*, nome que era dado a determinada casta de uvas.

[3] Uma substância é opticamente activa quando faz rodar, seja no sentido do movimento dos ponteiros do relógio, seja no sentido contrário, o plano de polarização da luz polarizada que sobre ela se faça incidir. Essa substância diz-se dextrógira se faz rodar o referido plano de polarização no primeiro sentido; e levógira, se no segundo. Dois compostos químicos com a mesma composição e estrutura que difiram apenas pela sua actividade óptica designam-se por enantiómeros, sendo o enantiómero dextrógiro referenciado por enantiómero (+) ou D, e o enantiómero levógiro, por (-) ou L.

[4] E. Mitscherlich, *Sur la Rélation qui existe entre la forme cristalline et les proportions chimiques* in Ann. Chim., XIV (1820), 172-190.

Servindo-se dum microscópio e de uma simples pinça, numa operação cuidadosa e de extrema paciência, Pasteur separou os cristais com uma das configurações dos cristais com a outra configuração. De posse de quantidades suficientes de uns e outros, preparou com eles soluções distintas e estudou a actividade óptica de cada uma delas, verificando que os dois tipos de soluções assim preparadas eram ambas opticamente activas, com actividade óptica de sinal contrário: a dum tipo de cristais era dextrógira; a do outro tipo era levógira. Entusiasmado com esta observação, teve uma atitude idêntica à de Arquimedes: saiu, quase a correr, do laboratório e dirigiu-se aos seus colegas exclamando "achei, achei".

Aprofundando o estudo em causa, verificou que nas soluções opticamente inactivas de ácido racémico havia iguais quantidades das duas configurações com actividade óptica de sentido contrário, concluindo que a inactividade óptica da solução se devia à anulação mútua das actividades ópticas das duas espécies de cristais presentes, de sinal oposto. O ácido racémico mais não era que uma mistura equimolar de ácido tartárico dextrógiro e ácido tartárico levógiro. Cada um destes é opticamente activo; a mistura apresenta-se como opticamente inactiva por anulação mútua das actividades ópticas das duas espécies distintas de ácido tartárico em presença[5].

Foi então abandonada a designação de "racémico" como referindo uma substância específica, aquela que existia na castas de uvas com o mesmo nome, passando a ser usada para referir toda e qualquer mistura opticamente inactiva como resultado duma composição equimolar de substâncias com igual actividade óptica, mas de sentido oposto. Uma mistura racémica opticamente inactiva é *resolúvel* nas suas componentes opticamente activas, separando as espécies dextrógiras das espécies levógiras.

Experiência trivial, mas apenas viável graças à profunda sagacidade do seu autor, a resolução da mistura racémica nas suas componentes opticamente activas levada a efeito por Pasteur, logo se afirmou como um

---

[5] L. Pasteur, *C. R. Hebd. Séanc. Acad. Sci. Paris*, 26 (1848), 535; Idem, *Oeuvres de Pasteur* (Ed. Vallery Radot, Masson, Paris, 7 vols, 1922-1939), vol. 1, pp. 61-64.

acontecimento científico profundamente marcante no desenvolvimento do estudo da actividade óptica de um sem número de substâncias naturais, e, em particular, do estudo da actividade óptica dos compostos que diferem entre si apenas no facto de apresentarem actividade óptica de sentido contrário, que muito rapidamente se verificou serem compostos que a nível molecular estão uns para os outros na mesma relação que um determinado objecto possui com a sua imagem num espelho plano. São compostos dotados de *quiralidade*, isto é, compostos *quirais* (do grego, keiros = mão), compostos dotados de "manualidade", o mesmo é dizer, compostos com certas características típicas da mão.

Esta nomenclatura referenciada por quiralidade deve-se, fundamentalmente, a Lord Kelvin. Em 1860, Pasteur referindo-se às duas formas enantioméricas do ácido tartárico dizia: "il manque encore un mot à la langue chimique pour exprimer le fait d´une double dissymétrie moléculaire cachée par la neutralisation de deux dissymétries inverses"[6]. Para ele, tratava-se de estruturas moleculares cuja única diferença era possuirem dissimetria em sentidos opostos[7]. Só mais tarde, em 1893, Lord Kelvin pugnaria pelo uso do termo quiral, tentando precisar a terminologia em causa: "designo por *quiral* qualquer figura geométrica ou grupo de pontos, o mesmo é dizer, digo que são dotados de *quiralidade,* quando a sua imagem, num espelho plano, mentalmente realizada, não puder ser levada a coincidir com a própria figura"[8].

A não sobreponibilidade duma molécula relativamente à sua imagem num espelho plano é a condição necessária e suficiente de enantiomeria, permitindo que seja designada apropriadamente de quiral, ainda que não seja condição suficiente de actividade óptica, como veremos mais adiante[9].

Embora o próprio Pasteur tenha reconhecido que a sua descoberta apontava no sentido de a actividade óptica de um composto estar relacionada com a sua geometria molecular, caberia particularmente a J.

---

[6] Idem, vol. 1, p. 334.

[7] *Alembic Club Reprints, Edinburgh*, XIV, 24.

[8] Lord Kelvin, *Baltimore Lectures* (C. J. Clay and Sons, London, 1904), pp. 436, 619.

[9] R.T. Morrison e R. N. Boyd, *Química Orgânica* (Ed. Fundação Calouste Gulbenkian, Lisboa, 7a edição, 1981), p. 158.

Van´t Hoff e J. Le Bel, mais de vinte anos após, caracterizar a geometria molecular dos diferentes enantiómeros, mostrando qual era a estrutura molecular de cada um deles, passo fundamental para se tentar relacionar a estrutura molecular com a actividade óptica dum composto, e esta com a actividade biológica do mesmo, posto que de imediato se verificou haver correlações básicas entre uma e outra[10].

Do estudo das relações possíveis entre a actividade óptica e a constituição química dos compostos em que existe, nasceu um novo ramo da quimica, a "estereoquímica", compreendendo a extensão espacial das fórmulas estruturais de um composto.

## 2. Quiralidade molecular e actividade óptica

A quiralidade molecular é um atributo geométrico. Consequentemente, para se saber se uma molécula é ou não quiral deve proceder-se à análise dos elementos de simetria nela presentes. Uma molécula será aquiral, isto é, não-quiral, sempre que possua uma simetria reflexional, o mesmo é dizer, sempre que em qualquer dos seus isómeros acessíveis exista algum dos elementos impróprios de simetria, a saber, $S_n$, i ou $s^{11}$. Em contrapartida, uma molécula será quiral quando não possua simetria reflexional, não sendo, portanto, possível qualquer congruência da molécula com a sua imagem num espelho plano por recurso a qualquer mudança conformacional[12].

Dizer que uma molécula é quiral não é, pois, o mesmo que dizer que ela é assimétrica. Assimetria e quiriladade moleculares não são sinónimos, embora muitas vezes reine uma certa confusão no uso indistinto dos dois termos. Uma molécula quiral não é necessariamente assimétrica; é,

---

[10] J. A. Le Bel, *Bull. Soc. Chim. Fr.* 22 (1874). 337; J. H. Van´t Hoff, *Arch. Neérland Sci. Exact. Nat.*, 9 (1874), 445.

[11] J. Retey and J. A. Robinson, *Monographs in Modern Chemistry* (Ed. H. F. Hebel, Verlag Chemie, Deerfield Beach, 1982) vol. 13, cp. I.

[12] D. J. Brand and J. Fisher, *Molecular Structure and Chirality* in J. Chem. Educ., 64 (1987), 1035-1038.

como referia Pasteur, dissimétrica, posto que uma molécula assimétrica é aquela que não possui quaisquer elementos de simetria, para além do elemento identidade, enquanto que uma molécula dissimétrica é aquela que não possui nenhum dos já referidos elementos impróprios de simetria, podendo, todavia, possuir simetria rotacional e, portanto, um ou mais eixos de simetria de rotação, $C_n$[13]. Quer dizer, uma molécula assimétrica é necessariamente dissimétrica; mas uma molécula dissimétrica poderá ser ou não assimétrica.

É, pois, na dissimetria molecular que se deve procurar a razão de ser da actividade óptica duma molécula, pois com ela se relaciona directamente a quiralidade molecular que a explica.

Contudo, antes de explorarmos mais pormenorizadamente a relação entre a quiralidade e a geometria moleculares, gostaríamos de aqui referir alguns aspectos importantes associados ao conhecimento da quiralidade molecular na sua relação com a actividade biológica das moléculas, como um dos corolários mais significativos da descoberta de Pasteur concretizada na resolução de uma mistura racémica nos isómeros dextrógiro e levógiro que a compõem, numa estequiometria de 1:1.

De facto, se de algum modo é de importância secundária que as moléculas do ácido tartárico dextrógiro rodem o plano de polarização da luz polarizada para a direita (isto é, no sentido do movimento dos ponteiros de um relógio), e as do ácido tartárico levógiro, para a esquerda, é de extrema importância saber, por exemplo, por que razão a forma dextrógira do ácido ascórbico é uma vitamina (a vitamina C), enquanto que a forma levógira desse mesmo ácido não tem qualquer actividade biológica; ou, também a título de exemplo, por que razão a forma dextrógira da glucose, a dextrose, é um alimento precioso, enquanto que a forma levógira do mesmo composto, a levulose, não tem quaisquer propriedades nutrientes; ou, ainda, por que razão, a forma levógira da cloromicetina é um antibiótico extremamente activo, enquanto que a sua forma dextrógira

[13] B. Testa, *Principles of Organic Stereochemistry* (Dekker, New York, 1979); K. Mislow, *Introduction to Stereochemistry* (Benjamin-Cummings, Reading, M. A., 1965) p.25; G. W. Wheland; *Advanced Organic Chemistry* (Wiley, New York, 3rd Ed, 1960), p. 216; E. L. Eliel, *Stereochemistry of Carbon Compounds* (MacGraw-Hill, New York, 1962), p. 12.

o não é, à semelhança do que se passa com as duas formas opticamente activas da adrenalina, sendo a levógira uma hormona com uma actividade muitas vezes superior à da adrenalina dextrógira. E não podemos esquecer o que aconteceu com o uso da talidomida, nos anos de 1950, usada por muitas mulheres grávidas como medicamento anti-enjoo e que esteve na origem de um grande número de deformações dos fetos em gestação: é que o medicamento então usado era composto de duas formas opticamente activas, tendo-se vindo a verificar que enquanto a forma dextrógira, a actuante contra o enjoo, não tinha qualquer acção sobre o feto em formação, a forma levógira é um agente mutagéneo particularmente activo[14]. E, em 1886, Piutti mostrou que um dos enantiómeros da aspargina é adocicado enquanto que o outro o não é; igual diferença, mas a nível do olfacto, se verifica com diferentes enantiómeros de alguns compostos químicos, com características perfumadas muito diversas. Estas observações mostram-nos que nem só os olhos têm o privilégio de distinguir entre a diferente simetria molecular dos enantiómeros.

Questionando a sua convicção original de que a actividade óptica de um composto químico podia ser tomada como critério de demarcação entre os compostos sintetizados artificialmente, em laboratório, e os compostos naturais sintetizados bioquimicamente pelos organismos vivos, e na sequência dos trabalhos de Van´t Hoff e Le Bel, referindo ser possível preparar misturas opticamente activas a partir de misturas racémicas, por um processo fotoquímico, recorrendo a radiação electromagnética polarizada circularmente apenas num sentido (+ ou -), ou então, por um processo térmico, recorrendo a catalisadores quirais, Pasteur tentou preparar cristais holoédricos num campo magnético, com o objectivo de induzir a formação de formas cristalinas hemiédricas[15]. Guiavam-no as experiências de Faraday em que referia haver descoberto actividade óptica induzida por magnetismo em meios transparentes isotrópicos. Não o tendo conseguido, sem desanimar, Pasteur tentou induzir actividade

---

[14] R. M. Roberts, *Serendipity-Accidental Discoveries in Science* (John Wiley and Sons,Inc. New York, 1989), p. 64; R. T. Morrison e R. N. Boyd, *o. cit.*, p. 161.

[15] S. F. Mason, *Origins of Biomolecular handness* in Nature, 311 (1984), 19-23.

óptica em produtos sintéticos por recurso a reacções levadas a efeito em centrifugadoras, e tentou, também, modificar a actividade óptica de certos produtos naturais submetendo, mercê de um mecanismo apropriado, as plantas que os produziam, a uma rotação contínua, enquanto cresciam[16].

Todas as suas tentativas levaram a resultados negativos. Tudo parecia indicar que a actividade óptica era, de facto, uma característica dos produtos naturais sintetizados biologicamente por organismos vivos. A fotorresolução inequívoca de misturas racémicas e a preparação de misturas quirais a partir de precursores aquirais por processos fotossintéticos, só seriam conseguidos já no século XX, nomeadamente com os trabalhos de Kuhn e colaboradores, em 1929[17], Burchardt[18], Martin[19] e Kagan[20].

Quer dizer, desde a sua descoberta e sua relação com a actividade óptica, a quiralidade molecular foi associada, durante longos anos, ao próprio fenómeno da vida. Para Pasteur, a vida seria "uma função da dissimetria do Universo" e ter-se-ia tornado possível quando "forças dissimétricas universais" começaram a produzir substâncias quirais. "Os ácidos nucleicos e as proteínas são lateralizados", diria, por sua vez, o químico francês Jean Jacques[21], reportando-nos a considerações de Lavoisier sobre os diferentes lados dos mixtos[22].

A associação entre a quiralidade molecular e o fenómeno da vida tornou-se mais profunda com o reconhecimento da alta especificidade da acção das proteínas no desempenho das funções biológicas que lhes competem, explicada pela conhecida metáfora da "chave e da fechadura" da autoria de E. Fischer, em 1894: "enzimas e glucósidos encaixam uns nos

---

[16] L. Pasteur. *Rev. Scient.* 7 (1884), 2; Idem, *Oeuvres*, vol. 1, pp. 369-385; Idem, *Bull. Soc. Chim. Fr.*, 41 (1884), 215.

[17] W, Kuhn and F. Braun, *Naturwissenschften*, 17 (1929), 227; W. Kuhn and E. Knopf, *Z. Phys. Chem.*, B7 (1930), 292.

[18] O. Burchardt, *Angew. Chem. Int. Edn.*, 13 (1974), 179.

[19] R. H. Martin, *Angew. Chem. Int. Edn.*, 13 (1974), 649.

[20] H. Kagan and J. C. Fiaud, *Topics Stereochem.*, 10 (1978), 175.

[21] M. Pracontal, *Quelques propos sur la chimie Actuelle* in Les Cahiers de Science et Vie, n.o 14 (Avril, 1993), pp. 92-96.

[22] A. L. Lavoisier, *Oeuvres* (Imprimirie Impériale, Paris, 1862), vol. 2, pp. 669-670.

outros como a chave na fechadura"[23]. Na natureza, os ácidos nucleicos e proteínas reconhecem apenas um dos enantiómeros dos compostos com actividade óptica. A actividade biológica de uma proteína depende não só do respectivo grupo prostético (se o houver), e da ordem por que nela se dispõem os aminoácidos, como também da forma da molécula. Em todos os organismos vivos conhecidos, as moléculas de açúcar que entram na composição do DNA (ácido desoxi-ribonucleico) e do RNA (ácido ribonucleico) são dextrógiros; e todas as moléculas dos aminoácidos de que são formadas as proteínas dos seres vivos são todas levógiros.

A razão desta homoquiralidade dos diferentes tipos de compostos que entram na composição dos seres vivos não é conhecida. Não faltam, todavia, teorias que a pretendem explicar, na convicção profunda de que a explicação em causa se relaciona intimamente com uma das mais importantes questões científicas - a origem da própria vida.

Na prática, é ponto comum dessas teorias o reconhecimento de que a homoquiralidade, isto é, a total predominância, em regime de exclusividade, de uma das formas quirais de um composto enantiomérico, em cada família de compostos quirais que entram na composição dos seres vivos, é necessária para a vida na sua forma actual. E isto porque a maquinaria celular que evoluiu no sentido de conservar os organismos vivos e a sua replicação, desde os micro-organismos até ao ser humano, se construiu em torno do facto de que o material genético é dextrógiro e os aminoácidos que contém são levógiros[24]. Trata-se de uma questão de facto; inquestionável como facto, está aberta a explicações as mais variadas e divergentes.

No domínio destas explicações, são inumeráveis as questões em que os autores de diferentes teorias se encontram divididos entre si.

A primeira dessas questões prende-se com a própria origem da homoquiralidade molecular verificada no material genético dos seres vivos. Os mecanismos clássicos mais comummente propostos para explicar a

---

[23] E. Fischer, *Chem Ber.* 27 (1894), 2985, 3231; Idem, *J. Chem. Soc.*, 91 (1907), 1749.

[24] Jon Cohen, *Getting all turned around over the origins of life in Earth* in Science, 267 (1995), 1265-1266.

transição duma geoquímica racémica para uma bioquímica homoquiral, na evolução terrestre, atribui pura e simplesmente ao mero acaso o facto dos aminoácidos do material genético serem levógiros e os açúcares que entram na constituição do mesmo material serem dextrógiros[25].

Todavia, cálculos *ab initio* da diferença de energia entre os enantiómeros dos $\alpha$-aminoácidos e polipeptídeos nas suas conformações que entram na estrutura da dupla hélice que forma a estrutura secundária dos ácidos nucleicos, apontam no sentido de se poder afirmar que a adopção da série levógira pelos $\alpha$-aminoácidos é determinada por razões energéticas e não mero acaso[26].

Excluída a possibilidade do mero acaso, surgem-nos as explicações que se apoiam nas influências quirais externas sobre os seres vivos, nomeadamente a quiralidade cósmica decorrente da violação da paridade nas electro-interacções moleculares fracas e as forças dissimétricas existentes em múltiplos pontos do universo conducentes a quiralidade nos campos eléctrico, magnético e gravitacional da superfície terrestre[27]. Tais forças incluem a rotação da Terra num campo magnético, a luz polarizada circularmente e a radiação $\beta$ quiral produzida por decaimento radioactivo.

Para além da origem da homoquiralidade molecular do material genético, estão um sem número de questões que se relacionam com a sua interconexão com a própria origem da vida e, consequentemente, com o próprio local do Universo em que se terá manifestado pela primeira vez.

Se para uns, a homoquiralidade antecedeu o aparecimento da vida, pois a consideram absolutamente essencial para tal aparecimento, dado que sem ela, segundo eles, não poderia haver replicação do material genético[28], para outros, ela não será, provavelmente, mais que um artifacto da própria vida[29].

---

[25] S. F. Mason, *loc cit.*, p. 19.

[26] Idem, pp. 22-23.

[27] L. D. Barron, *Symmetry and Molecular Chirality* in Chem. Soc. Rev. 15 (1986), 189-223.

[28] W. A. Bonner, *Enantioselective autocatalysis. Spontaneous resolution and the prebiotic generation of chirality* in Origins Life Evol. Biosphere, 24 (1994), 67-78.

[29] J. L. Bada, S. L. Miller and M. Zhao, *The stability of aminoacids at submarine hydrothermal vent temperatures* in Origins Life Evol. Biosphere, 25 (1995), 111-118.

Defendendo esta última posição, Stanley Miller, o químico que em 1953, com Harold Urey, mostrou ser possível criar compostos orgânicos a partir de uma mistura de gases que se sabem ter existido na Terra pre-biótica, sob a acção duma descarga eléctrica, tem vindo a especular sobre um cenário possível para a origem da vida na Terra que não contempla a homoquiralidade, considerando que a primeira macromolécula poderá ter sido o ácido nucleico peptídico (PNA), descoberto pelo grupo de Peter Nielsen, na Universidade de Copenhaga, um potencial precursor pre-biótico do DNA. De facto, o PNA liga-se consigo próprio muito mais fortemente que o DNA[30]; porém, a dupla hélice daí resultante não é quiral. Esta possibilidade a ter-se verificado significaria uma origem não-homoquiral da vida.

De acordo com os estudos do próprio P. Nielsen, a junção de um aminoácido, v.g., a lisina, numa das suas formas dextrógira ou levógira, à parte terminal do PNA, fixaria a quiralidade da sua dupla hélice em positiva ou negativa, respectivamente. Deste modo, e de um ponto de vista meramente teórico, a homoquiralidade do material genético poderia ter resultado pura e simplesmente do enantiómero do aminoácido que primeiramente se tenha ligado ao PNA, na formação da primeira macromolécula. O problema é, todavia, puramente especulativo, e a questão é uma questão do tipo da disputa sobre a prioridade do ovo sobre a galinha ou da galinha sobre o ovo.

Estreitamente ligada com a questão da relação da homoquiralidade com a origem da vida está, naturalmente, a questão do lugar em que a vida terá aparecido pela primeira vez, no Universo: na Terra ou no Espaço? Miller e seus sequazes, considerando a relação acidental que poderá haver entre a origem da vida e a homoquiralidade a que está associada, defendem que a vida terá começado na Terra. Os defensores da estrita relação entre a origem da vida e a homoquiralidade, sem evidência sobre mecanismos terrestres possíveis que justifiquem a homoquiralidade, sentem-se na necessidade de relegar essa origem para fora da Terra, para

---

[30] E. P. Nielsen, *Peptide Nucleic Acid (PNA). A structural DNA mimic* in Mater. Res. Soc. Symp. Proc. 330 (1994), pp. 3-6.

regiões espaciais onde esses mecanismos possam, porventura, existir, e que talvez um dia venham a poder descobrir-se.

De facto, as forças físicas que actuam na Terra são, por sua natureza, inteiramente diferentes das forças da evolução que presidem à organização da vida. A entropia leva naturalmente as moléculas a formarem misturas racémicas; pelo contrário, uma enzima é selectiva na sua actuação. E embora a natureza das próprias forças fundamentais que actuam na Terra evidenciem um certo carácter quiral, não há suficiente evidência que a elas se deva a origem da homoquiralidade associada com a origem da vida.

Especulando sobre a possível origem extra-terrestre das moléculas homoquirais, Bonner sugere que a homoquiralidade de que são dotadas poderá dever-se ao remanescente de uma possível supernova, incluindo uma radiação electromagnética polarizada circularmente que poderia ter levado a um excesso enantiomérico de moléculas orgânicas no espaço[31].

A exploração espacial actualmente em curso, com as sondas interespaciais, está atenta a todas estas possibilidades. Até hoje não foram, todavia, detectadas quaisquer moléculas homoquirais em cometas, ou quaisquer outros corpos espaciais já estudados. Os aminoácidos encontrados em alguns meteoritos são racémicos. Tudo quanto se possa dizer actualmente sobre a origem da homoquiralidade e da sua relação com a origem da vida é especulação.


## 3. Quiralidade e geometria molecular

A quiralidade molecular, tal como a cor ou a massa dos corpos, é uma propriedade da molécula como um todo. Propriedade geométrica, independente da constituição molecular, a quiralidade não depende do

---

[31] W. A. Bonner, *Terrestrial and extraterrestrial sources of molecular homoquirality* in Origins Life Evol. Biosphere, 21 (1992), 407-420.

modo como se concebe a molécula ou moléculas que a exibem, sendo antes, puramente seu atributo geométrico[32].

Os pontos ou segmentos de uma molécula que se encontram na região quiral ou aquiral da mesma, correspondendo ou não aos núcleos atómicos, são designados, respectivamente, por pontos ou segmentos quirotrópicos e aquirotrópicos. Assim considerada, numa molécula quiral todos os seus pontos ou segmentos são quirotrópicos; quer dizer, numa molécula quiral todos os átomos são quirotrópicos, estejam ou não ligados a dois ou três ligandos idênticos.

Em grande número de moléculas, a quiralidade decorre da existência dum carbono tetraédrico ligado a quatro substituintes diferentes. Todavia, a presença de um átomo de carbono ligado a quatro ligandos diferentes não é condição necessária nem suficiente para haver quiralidade[33]. De facto, para moléculas apenas com um carbono assimétrico, a condição de assimetria é suficiente para que haja quiralidade; porém, no caso de moléculas com vários átomos de carbono assimétricos, podê-lo-á não ser. É que é a molécula como um todo que é quiral, e os pontos ou segmentos que a compõem são meramente quirotrópicos, podendo cada um deles ser ou não estereogéneo, isto é, pontos ou segmentos que por sua natureza produzam ou não um estereoisómero por troca de dois dos seus grupos. Uma molécula que possua diversos átomos de carbono assimétricos poderá não ser assimétrica. E daí que a condição de existência de átomos de carbono assimétricos numa molécula não seja condição suficiente de quiralidade.

Quiralidade e estereogenicidade são atributos moleculares independentes; a primeira, como já notámos, é independente da estrutura molecular definida pelas ligações entre os átomos que compõem a molécula, enquanto que a segunda está estritamente associada ao arranjo das ligações, pois que os estereoisómeros têm a mesma conectividade de ligações[34].

---

[32] R. S. Cahn, Sir Christopher Ingold and V. Prelog, *Specification of Molecular Chirality* in Angew. Chem. Int. Edn.,.5 (1966), 385-415; K. Mislow and J. Siegel, *Stereoisomerism and Local chirality* in J. Am. Chem. Soc., 106 (1984), 3319-3328.

[33] J. L. Carlos Jr., J. Chem. Educ., 45 (1968), 248-351.

[34] D. J. Brand and J. Fisher, *loc. cit.*, p. 1036.

Há moléculas opticamente inactivas que possuem átomos de carbono assimétricos. Um exemplo clássico é o do ácido *meso*-tartárico, composto opticamente inactivo, embora possua dois átomos de carbono assimétricos. E há moléculas opticamente activas que não possuem nenhum átomo assimétrico, qual é o caso, por exemplo, da *ceto*-dilactona do ácido ben zofenona-2-4-2´-4´-tetracarboxílico[35].

Do ponto de vista estereoquímico, a completa descrição da quiralidade molecular a partir dos seus átomos ou segmentos envolve a especificação não só da *quirotropicidade* como também da *estereogenicidade* de cada um deles. Numa molécula quiral com um átomo central, seja ele um átomo de carbono, ou qualquer outro, ligado a quatro ligandos diferentes, a quirotropicidade e a estereogenicidade estão inseparavelmente associadas. É esta associação que justifica o enorme sucesso prático do conceito do "átomo de carbono assimétrico" como indicador da existência de quiralidade molecular e actividade óptica, que tem sido sistematicamente adoptado a partir da teoria de Van´t Hoff e Le Bel sobre a assimetria do átomo de carbono combinado com quatro diferentes grupos univalentes cujas "afinidades" apontem para os vértices (ou, equivalentemente, para as faces) dum tetraedro[36]. A quiralidade molecular e a correspondente actividade óptica a ela associada exigem como condição necessária e suficiente a não sobreposição do composto que as exibem com a sua imagem num espelho plano. O critério do átomo de carbono assimétrico de afirmação da sua existência é apenas um caso particular da simetria molecular mais geral exigida por essa mesma existência.

Conjugando a coexistência da quirotropicidade com a estereogenicidade em átomos ou segmentos duma molécula, podemos dizer que, em termos de simetria, todas as moléculas com um número ímpar de eixos de simetria $S_n$ (eixos de rotação de $2\Pi/n$ seguida de reflexão num plano perpendicular ao eixo de rotação) são aquirais, isto é, são opticamente inactivas, pois terão também como elementos de simetria eixos $C_n$ (eixos

[35] J. L. Carlos Jr., *loc. cit.*, p. 248.
[36] F. G. Ridell and M. J. T. Robinson, *Tetrahedron*, 30 (1974), 2001-2007.

de rotação $2\Pi/n$) e planos $S_h$ (reflexão num plano perpendicular ao eixo principal ; h = horizontal) que implicam a superimposibilidade da molécula com a sua imagem num espelho plano. A superimposibilidade, em termos de simetria, é definida por $C_n$ $S_h$; ora, $S_n = S_h$ $C_n$ e, embora as operações de simetria não comutem necessariamente, verifica-se que $C_n$ $S_h = S_h$ $C_n$.

E são igualmente aquirais, sem actividade óptica, todas as moléculas que pertençam aos grupos de simetria $S_2$, $S_6$, $S_{10}$, $S_{4p+2}$, grupos de simetria estes que incluem todo o elemento de simetria i (inversão num centro de simetria).

Em termos de simetria molecular, pode, pois, dizer-se que a presença do elemento de simetria $S_n$ numa determinada molécula poderá ser tomada como critério geral de aquiralidade e inactividade óptica moleculares.

Alguns estudos de Mislow[37] referindo moléculas opticamente inactivas que não possuem nenhum eixo $S_n$ propriamente dito não chegaram a revelar-se totalmente conclusivos nem suficientes para infirmar por completo o critério em causa; há razões para crer que as moléculas referidas nesses estudos são realmente activas do ponto de vista óptico, sendo, porém a sua actividade óptica tão insignificante que é dificil ser detectada.

A referência da aquiralidade molecular em termos da presença de elementos de simetria reflexional tem a vantagem de a relacionar com a simples ausência dos mesmos elementos, evitando afirmá-la em referência à existência ou não de centros quirais na sua estrutura, posto haver compostos que possuem centros quirais e são aquirais, e existirem compostos quirais que não possuem qualquer centro quiral. De facto, a quiralidade molecular não está estritamente relacionada com a presença de centros quirais, mas antes com a presença de centros estereogénicos, ainda que a estereogenicidade se não referencie à quiralidade, mas antes ao estereoisomerismo. Citando Mislow e Siegel, "o carácter puramente estereogénico, chamado ´elemento de quiralidade´,

[37] K. Mislow, *Trans. N. Y. Acad. Sci.*, 19 (1957), 298; Idem, *Introduction to Stereochemistry* (W. A. Benjamin Inc, New York, 1966), p. 81.

qual seja um ´centro quiral´, não deve ser confundido com a quiralidade da própria molécula"[38].

Por mais difícil que possa ser distrinçar entre a quirotropicidade e a estereogenicidade dos elementos de uma molécula, é necessário nunca esquecer que uma e outra são atributos moleculares independentes. Os "elementos de quiralidade" não estão relacionados com nenhuma quantidade observável. Não podem, pois, ser identificados ou caracterizados por quaisquer medidas físicas ou químicas; relacionam-se puramente com a estereogenicidade. Não se pode dizer que uma molécula seja quiral (ou opticamente activa) num determinado centro seu, A ou B; o centro quiral é simplesmente um estereocentro; a quiralidade molecular existe no todo molecular e não é transferida de um centro ou elemento para outro centro ou elemento moleculares. Numa palavra, a actividade óptica e a quiralidade moleculares não são atribuíveis exclusivamente a quaisquer átomos individuais da molécula.

Do que fica dito, é óbvio que um conjunto aquiral de ligandos pontuais numa molécula se poderá tornar quiral por substituição de apenas um tipo dos ligandos que constituem o conjunto por outros, com formação de um centro estereogénico. Usando uma terminologia proposta por Hanson, em 1967, e que se tornou corrente, nomeadamente no domínio da bioquímica, diz-se, então que a molécula é proquiral[39]. Exemplo claro de um centro proquiral é o grupo metilo do ácido acético.

A proquiralidade assim definida refere-se exclusivamente a átomos ou conjunto de átomos do esqueleto molecular. Do mesmo modo, todos os grupos metilo do colesterol, elementos quirotrópicos no conjunto molecular, mas não centros estereogénicos, podem ser tidos como elementos proquirais, pois que por substituição exclusiva dos seus átomos de hidrogénio se tornam centros estereogénicos, com formação de um composto quiral.

---

[38] K. Mislow and J. Siegel, loc. cit., p. 3325.

[39] K. R. Hanson, J. Am. Chem. Soc., 88 (1966), 2731; L. L. Whyte, *Chirality* in Nature, 182 (1958), 198; R. Bentley, *New Comprehensive Biochemistry* (Ed. A. Neuberger et al., Elsevier Biomedical Press, Amsterdam, vol. 3, 1982).

## 4. A simetria no Universo

Porque se move a Terra, no seu movimento de translacção, de Ocidente para Oriente e não do Oriente para Ocidente, o sentido do movimento dos ponteiros de um relógio?

Ninguém duvida que o facto se deve exclusivamente às condições iniciais verificadas no momento da sua formação. Uma pequena alteração nelas e tudo poderia ser inteiramente diferente, sem, contudo, afectar a essência do planeta e dos fenómenos que nele se verificam.

Poder-se-á dizer o mesmo da homoquiridade dos compostos opticamente activos que intervêm no material genético dos seres vivos, a que nos referimos?

Dissemos já que os estudiosos do fenómeno não estão de acordo sobre a matéria de facto. Todos os aminoácidos que entram na composição das proteínas são levógiros. Mas, se as condições em que se formaram as primeiras proteínas tivessem sido totalmente diferentes, será que havia a possibilidade de serem todos dextrógiros, ou mesmo de um tipo e de outro? Será possível levantar idêntica questão relativamente à actual situação de facto quanto ao carácter dextrógiro dos açúcares que entram na composição do DNA e do RNA? Também nos referimos à dissenção de carácter especulativo que sobre o assunto reina entre os investigadores destes domínios.

Num estádio, ou numa pista, não será acidental que se corra no sentido directo ou no sentido contrário? E se não for em nenhum desses sentidos, mas antes de sul para norte ou de norte para sul? E serão as provas desportivas envolvidas na corrida afectadas no que lhe é essencial quando por qualquer disposição regulamentar o seu sentido deixe de poder ser, arbitrariamente, um ou outro?

Poderá não haver paralelismo total entre este tipo de questões que acabamos de referir e deixamos em aberto, cujo carácter arbitrário ninguém contestará, e a questão da homoquiralidade molecular na sua relação com a vida. A relação entre as propriedades químicas das moléculas e o acaso é muito mais complexa do que a arbitrariedade das situações que evocámos.

De facto, basta-nos referir que a ribonuclease, a mais pequena das enzimas actualmente conhecidas, contém 124 resíduos de aminoácidos. Se o primeiro organismo vivo tivesse uma enzima ainda mais pequena que esta, por exemplo, apenas com 100 resíduos de aminoácidos, a sua formação por simples acaso implicaria a concretização de uma em 1,3 x $10^{30}$ possibilidades. Não falta quem pense que este acontecimento seria, na prática, totalmente impossível, na Terra[40]. Com efeito, ele significaria qualquer coisa como a ocorrência de $10^{17}$ tentativas simultâneas, por minuto, durante $10^8$ anos, para se conseguir a combinação correcta dos 100 resíduos de aminoácidos da suposta enzima. Sendo a superfície terrestre $5x10^{18}$ $cm^2$, não haveria sequer, na prática, espaço onde tais tentativas simultâneas pudessem ter lugar. Mais concretamente: o RNA do virus do tabaco contém 6000 unidades de nucleotídeos; a sua formação por combinações totalmente fortuitas dos quatro nucleotídeos diferentes que entram na composição dessas 6000 unidades corresponde a uma probabilidade de $(1/4)^{6000}$, ou seja, $10^{-2000}$. Considerando que o peso total do Universo inteiro é de $10^{80}$ protões e que a idade da Terra é de $10^9$ anos, mesmo que todo o nosso planeta fosse apenas uma mistura reactiva de nucleotídeos, o seu espaço e o seu tempo de existência não seriam suficientes para permitirem a formação do referido RNA[41].

Reconhecido que foi o DNA como o material genético responsável pela auto-replicação que caracteriza os seres vivos, crê-se hoje que a vida terá começado com a sua formação. Não há, todavia, razões apodíticas que obstem a que se vá mais além. Sabe-se já que o próprio RNA pode também funcionar como material genético. Não haverá outras formas moleculares ainda mais simples que possam ser tidas como mais próximas da origem da vida? A questão continua em aberto. E mais em aberto ainda, a origem de quaisquer dessas outras possíveis formas. Terá havido mesmo um momento inicial para o princípio da vida no decorrer da existência

---

[40] J. B. S. Haldane, *Data needed for a blueprint of the first organism* in The Origins of the Prebiological Systems (Ed. S. W. Fox, Academic Press, New York, 1965), pp. 11-18.

[41] S. Schramm, *Synthesis of Nucleotides and polynucleotides with methaphosphate esthers* in The Origins of the Prebiological Systems (Ed. S. W. Fox, Academic Press, New York, 1965), pp. 299-309.

do Universo, ou será ela inerente à própria estrutura do Universo, como o admitem certos estudiosos[42]?

A constituição de qualquer material genético hoje conhecido compreende, nomeada e fundamentalmente, carbono, hidrogénio, oxigénio e azoto. Sem nos interrogarmos já sobre a própria formação destes elementos, e reconhecendo o carácter altamente improvável de que tudo se tenha passado de um modo absolutamente fortuito, quais serão os factores que mais poderão ter determinado essa constituição?

Posto que a característica mais importante dos segmentos de DNA que formam qualquer material genético é a sua posição dentro da unidade estrutural, qualquer unidade estruturada desse mesmo material, seja na sua constituição interna, seja nas suas interacções com o meio em que se encontra, já conservando a sua identidade, já evoluindo para novas formas de ser, traduzir-se-á em termos de ordem. Em 1944, Schrodinger notou-o com toda a clareza:"a vida parece ser comportamento ordenado e legítimo da matéria, não apenas baseado na sua tendência evolutiva da ordem para a desordem, mas em parte baseado na ordem existente que tenta conservar"[43]. Nestes termos, a vida foi já definida essencialmente como "um processo através do qual o Universo se divide em duas partes que se confrontam e inspeccionam mutuamente, em que os organismos vivos são um dos espelhos que o Universo usa para se olhar a si mesmo"[44].

A simetria que por toda a parte exibe é assim uma das suas características fundamentais e deve, a esse título, ser tida como um daqueles factores determinantes da constituição do material genético sobre o qual acima nos interrogámos. A existência de objectos e fenómenos regulares, estruturados e simétricos, é um testemunho palpável da ordem inerente ao Universo de que decorre o princípio de economia que está na base do método científico: identificar uma simetria é reduzir um problema a uma

---

[42] A. Lima-de-Faria, The evolution of poverty in Molecular Evolution and Organization of the Chromosome (Elsevier, Amsterdam, 1983), pp. 1047-1065.

[43] E. Schrodirger, What is Life? The Physical Aspect of the living Cell (Cambridge University Press, London, 1944), p. 91.

[44] A. Lima-de-Faria, A definition of Evolution and of Life in o. cit., p. 1085.

das suas partes que se pode reproduzir e aplicar ao todo. Não surpreende, pois, que epistemologicamente, a simetria sempre tenha ocupado uma posição central no pensamento humano. Quer as ciências exactas, a matemática, a física e a química, quer as ciências naturais sempre procuraram as simetrias que se escondem por trás de todo um sem número de fenómenos da vida quotidiana.

De facto, desde a Antiguidade, sempre a simetria esteve presente no menú do banquete dos filósofos. Interrogando-se sobre a natureza do Universo, sempre o Homem suspeitou que há uma simetria subjacente a todo o cosmos, traduzindo a sua suspeita em ying-yang, mandalas, rodas do destino e muitas outras figuras simbólicas. Para Platão, a realidade sensível mais não seria que o reflexo do mundo das Ideias; para Aristóteles, o Universo estava separado entre a perfeição imutável dos céus e a corruptibilidade dos corpos terrestres, numa simetria que se traduz numa hierarquia de valores.

A simetria do Universo é a razão de ser da sua harmonia, da sua unidade, da sua invariância em termos das grandes constantes universais da física e da matemática. Convicto disso, em 1894, um ano antes da morte de Pasteur, Pierre Curie (1859-1906) formulava o chamado *princípio da simetria*: "sempre que certas causas produzem certos efeitos, a dissimetria das causas deve encontrar-se nos efeitos produzidos; e sempre que certos efeitos revelem uma certa dissimetria, esta deve encontrar-se nas causas que lhe deram origem"[45].

Podemos dizer que a simetria está omnipresente em todo o reino animal, como em todo o reino vegetal, nas formas mais rudimentares dos protozoários aos mais desenvolvidos dos vertebrados, como nas partes mais elementares de qualquer planta, nos mais rudimentares caules filiformes, como nas mais simples e nas mais complexas folhas e flores, nos mais simples e nos mais complexos frutos de qualquer tipo de plantas, nas mais diversas condições de clima, solo e luz, nas profundezas abissais dos oceanos, como nos cumes mais altos de montanhas e árvores de

---

[45] P. Curie, *J. Phys. (Paris)*, 3 (1894), 393.

grande porte, rompendo céus por entre o emaranhado da mais luxuriante vegetação de uma floresta[46].

E outro tanto se deve dizer do reino mineral. É nos cristais que se encontram, possivelmente, as mais belas formas e arranjos simétricos mais característicos. A actividade óptica associada à simetria molecular, muito antes de ser observada em soluções de compostos orgânicos quirais, fora observada em diversos cristais, nomeadamente em cristais de quartzo. Comparada, todavia, com a simetria observada nas mais complicadas formas de plantas, flores e frutos, e com muitas das formas de simetria do reino animal, é intrigante e duma grande simplicidade a grande regularidade que caracteriza a simetria das formas do reino mineral, nomeadamente dos cristais.

Foi precisamente esta simetria que encontramos por toda a parte no reino mineral que esteve na origem dos primeiros trabalhos científicos de Pasteur, na sua relação com a actividade óptica. Estudando os dois tipos de cristais do ácido tartárico que verificou existirem numa solução de ácido racémico, Pasteur notou que as formas de uns e outros eram muito semelhantes, sendo ambas formadas de pequenas facetas (designadas por faces hemiédricas) que, para uma mesma orientação dos cristais, se localizavam na parte esquerda, num dos tipos de cristais, e na parte direita, no outro tipo, exibindo entre si uma relação de objecto-imagem, em espelho plano. Cuidadosa e pacientemente, Pasteur, como referimos já, procedeu à resolução da mistura que continha ambas as formas, separando os cristais de um tipo e outro. Preparando soluções com cada um dos dois tipos de cristais, Pasteur verificou que uma delas desviava o plano de polarização da luz para a direita, enquanto a outra o desviava para a esquerda, sendo o desvio exactamente do mesmo número de graus, no caso das soluções serem de igual concentração.

Foi a grande descoberta de Pasteur no domínio da actividade óptica de compostos quirais, e sua imediata relação com a simetria neles existente a nível molecular.

---

[46] J. Nicole, *La Symmetrie dans la Nature et les Travaux des Hommes* (Ed. Vieux Colombier, La Colombe, Paris, 1955); Idem, *La Symmetrie et ses Applications* (Albin Michel, Paris, 1950)

O sucesso que obteve na resolução do ácido DL-tartárico, por separação dos cristais das formas D (a forma dextrógira) e L (a forma levógira) do tartarato de amónio e sódio, levou-o a propor que a vida "é uma função da dissimetria do Universo" e que a mesma vida só se tornou possível quando "forças dissimétricas universais" começaram a produzir substâncias quirais. Cem anos passados sobre a sua morte, continua acesa a polémica sobre a natureza das forças dissimétricas existentes na Terra que poderão ter determinado a quiralidade bio-molecular, e o modo como o poderão ter feito.

## 6. DA VIDA E SUAS EXPLICAÇÕES*

"*Na sua natureza última, a Vida é*
*incompreensível*"
(H. Spencer, 1898)

## 1. Introdução

Em 1898, F. R. Japp subordinou a sua Lição inaugural do LVII Encontro da Associação Britânica para o Avanço da Ciência, celebrado em Bristol, ao tema "Stereochemistry and Vitalism"[1]. O tema era, mais do que nunca, um tema acutilante, na sequência dos estudos então suscitados pela actividade óptica enantiomérica, a estereoselectividade no domínio da química orgânica e a síntese da ureia, em Laboratório, por Wölher, sem recurso a qualquer agente de origem animal[2]. Nessa Lição, Japp interrogava-se muito directamente: será que os fenómenos da vida são inteiramente

---

* A. M. Amorim da Costa, *Da Vida e suas explicações – Estereoquímica e Vitalismo* in Química, Bol. Soc. Port. Química, 68 (1998), 24-27; Idem, A. M. Amorim da Costa, *Da Vida e suas explicações – Irreversibilidade e Reducionismo* in Química, Bol. Soc. Port. Química, 71 (1998), 20-26.

[1] F. R. Japp, *"Stereochemistry and Vitalism"* – Report of the LXVII Meeting of the British Association for the Advancement of Science, 1898, pp. 813-828; reprod. in Nature, 58 (1898), 452-460; P. Palladino, *Stereochemistry and the Nature of Life – Mechanist, Vitalist, and Evolutionary Perspectives* in Isis, 81 (1990), pp. 44-67.

[2] J. H. Brooke, *Wölher´s Urea and its vital force? – A veredict from the chemists* in Ambix, 15 (1968), pp. 84-114; P. S. Cohen e S. M. Cohen, *Wölher´s Synthesis of Urea: How do the Textbooks report it?* in J. Chem. Educ., 73 (1996), pp. 883-886.

explicáveis em termos da Química e da Física?. Mais de cem anos se passaram e a interrogação continua de pé.

De acordo com os melhores dados de que a ciência actual dispõe, a vida terá surgido pela primeira vez na Terra há cerca de 3.500 milhões de anos, três evos e meio.

Mas o que é a vida? A ciência que nos diz que ela surgiu na Terra há cerca de 3.500 milhões de anos só o pode fazer dispondo de um critério que lhe permita distinguir entre o que é ou pôde ter sido um ser vivo do que o não é nem nunca o pode ter sido.

No contexto das mais generalizadas teorias actuais sobre a vida, e como ponto de partida, aceitaremos que o primeiro organismo vivo terá sido aquele que pela vez primeira foi capaz de utilizar a luz solar e as moléculas do meio envolvente para produzir a sua própria réplica[3]. Segundo N. Horowitz do Instituto de Tecnologia da Califórnia, a replicação de um organismo nestas condições é indissociável de duas outras propriedades que, por isso mesmo, devem também ser tidas como essenciais na caracterização do ser vivo: a catálise e a mutabilidade[4].

Como apareceu ele? Em que estado se encontrava a Terra antes da sua aparição? Responder satisfatoriamente a estas perguntas é o primeiro passo para se poder explicar a sua origem. De facto, não é possível compreender os fenómenos da vida sem conhecer minimamente a química das moléculas que determinam a estrutura, o funcionamento e o desenvolvimento dos seres vivos. E esses fenómenos são tão extraordinários que o homem, durante séculos, não teve para eles qualquer outra explicação que não fosse uma interpretação espiritualista. Um élan vital de natureza espiritual seria a razão de ser de tudo quanto fosse vida. A sua origem e desenvolvimento não caberiam nos quadros de qualquer explicação mecânica.

---

[3] J. E. Lovelock, *Gaia, Um novo olhar sobre a Vida na Terra* (Edições 70, Lisboa, 1989, col. Universo da Ciência, nº 15) p. 30.

[4] J. P. Ferris, *The Chemistry of Life´s Origin* in Chemical & Engineering News, 62 (1984), 22-35. Trad in Bol. Soc. Port. Quím., nº 22 (1985), pp. 5-14.

Essa interpretação espiritualista da vida é o cerne e a essência do chamado vitalismo. Contrapondo-se-lhe, a interpretação mecânica da origem e desenvolvimento da mesma vida constitui ela própria o cerne do reducionismo, assim chamado por se propor uma explicação que se "reduz" à explicação que se busca para todo e qualquer outro fenómeno natural, na base das mesmas forças que actuam na Natureza material.

No sistema do mundo explicado pela física de Newton, com as correcções que lhe foram introduzidas pela física quântica, não há lugar para qualquer diferenciação do espaço, nem para a constituição de limites naturais, ou para a aparição de um funcionamento organizado, como é o caso dos processos que o desenvolvimento de um ser vivo implica[5]. Nascido no séc. XIX, o conflito, no seio da cultura científica, entre reducionismo e anti-reducionismo continua a dividir a comunidade científica[6].

Enquanto para Stahl, pai do vitalismo moderno e criador do primeiro sistema químico coerente e fecundo — o flogismo — as leis universais se aplicam ao ser vivo apenas no sentido em que são elas que o destinam à morte, não se aplicando, todavia, ao "princípio de conservação" que nele existe, responsável pelo equilíbrio social harmonioso da textura e estrutura do seu corpo, um "princípio permanente e imanente", estranho às leis da matéria inanimada que luta sem cessar contra a corrupção sempre actuante[7]. Para o reducionismo, na Natureza não há forças especiais responsáveis por uma categoria própria de fenómenos que constituiriam um reino à parte, o reino espiritual.

Na complexidade dos processos reais, a descrição da diversidade e singularidade dos comportamentos da vida, o corpo vivo pode ser "reduzido" aos "tranquilos mecanismos e à calma das leis universais"[8].

---

[5] I. Prigogine e I. Stengers, *A Nova Aliança* (Ed. Gradiva, Lisboa, 1987, Col. Ciência Aberta, nº 14), pp. 135-136.

[6] *Idem*, p. 150.

[7] G. E. Stahl, *Véritable distinction à établir entre le mixte et le vivant du corps humain* in Oeuvres Médico-Philosophiques et Pratiques (Pitrat et Fils, Montpellier, 1861) vol. II, pp. 279-282.

[8] I. Prigogine e I. Stengers, *o. cit.*, p. 138.

O impulso principal do pensamento científico ocidental decorrente da física newtoniana durante os três últimos séculos, tem sido reducionista, assumindo um predomínio científico cada vez maior, particularmente a partir do século XIX, com o desenvolvimento da actual teoria atómica e das teorias neo-darwinistas da evolução, de tal modo que "nos nossos dias, nenhum biólogo[9] confessará que é vitalista. O neo-darwinismo adaptacionista é apresentado como uma teoria não-vitalista, e a biologia molecular, integrada no neo-darwinismo, limita-se a reforçar este aspecto não vitalista. Não impede isto que, mesmo involuntariamente, vestígios de vitalismo se exprimam como certas formas de apresentar as coisas, incluindo, muitas vezes, o caso dos biólogos moleculares"[10]. De facto, não é raro encontrar em textos de biólogos que negam o vitalismo, o mesmo tipo de vocabulário empregado por Stahl, quais sejam, por exemplo, explicações do tipo: é a "luta" das enzimas contra a degradação que permite retardar a morte de um corpo a que está inexoravelmente votado pela física. Para muitos destes biólogos, o "princípio vitalista" foi substituído pela sucessão improvável das mutações que o código genético conserva, mas não visualizam a conservação e o desenvolvimento das estruturas activas em termos das leis da física de modo a que a organização apareça como um processo natural.

## 2. A alma universal do mundo

Os átomos que constituem um organismo vivo não são em nada diferentes dos átomos da mesma espécie que existem fora dele. E uma das principais funções metabólicas de que o organismo vivo dispõe consiste em adquirir novas substâncias do meio que lhe é exterior e expelir as substâncias degeneradas ou indesejáveis, também elas em tudo iguais às

---

[9] No contexto em que aqui o referimos, consideramos biólogo todo aquele que se ocupa do estudo dos seres vivos e, como tal, busca uma explicação para a origem e desenvolvimento da vida

[10] H. Atlan e C. Bousquet, *Questões sobre a Vida – Entre o saber e a opinião* (Instituto Piaget, Lisboa, 1996, col. Epistemologia e Sociedade, n° 45), p. 59.

substâncias da mesma espécie com outra proveniência. É, todavia, óbvio que a vida não é um fenómeno cumulativo; não pode ser reduzida, pura e simplesmente, a uma propriedade do conjunto de átomos que se encontram agregados formando o organismo vivo. Não deixa mesmo de ser paradoxal que uma colecção de átomos inanimados possa ser animada.

A braços com o paradoxo, quem defende ser impossível construir a vida a partir do que não é vivo, necessariamente defende a existência dentro de todos os seres vivos, de um "ingrediente adicional", não material, uma força vital, a "chama vital" de tudo quanto é vivo. Na sequência da narração bíblica do Génesis, a origem dessa chama seria, em última instância, Deus. Aceitando de bom grado a natureza alegórica dessa descrição, sem foros de narração de facto histórico inquestionável, os defensores dessa "chama vital" aceitam-na como a afirmação clara de que a vida não pode ser considerada como o resultado de qualquer actividade física e química puramente natural, nem como o produto final de um longo e complexo desenvolvimento evolutivo[11].

O comportamento teleológico dos seres vivos foi sempre o grande apoio dos defensores das mais devotadas correntes vitalistas. Daí que tenha sido o desenvolvimento das diversas teorias sobre a evolução dos seres vivos que mais tenham contribuido para o seu apagamento progressivo. O tempo da generalizada aceitação do mais ortodoxo fixismo por parte dos homens de ciência foi também o tempo da aceitação do mais puro vitalismo.

Se como sistema, se pode considerar Stahl como o pai do vitalismo, já muito antes dele a ideia básica que o constitui era crença comum no mundo da ciência. De facto, sem entrar em considerações sobre o carácter hilozoista da filosofia da Antiguidade Clássica que dominou a Europa cultural até à Renascença, a filosofia paracelsiana da prática química dos séculos XVI-XVIII, mais do que nenhuma outra, fez da "força vital", ora tida como uma "chama", ora como um "espírito", a pedra de toque da sua interpretação dos fenómenos relacionados com a vida.

---

[11] P. Davies, *Deus e a Nova Física* (Edições 70, Lisboa, 1986, Col. Universo da Ciência, nº 1), cp. V.

Às tentativas para isolar essa força dedicou R. Fludd (1574-1637) a maior parte do seu tratado "A Philosophical Key"[12]. Igualmente, J. B. van Helmont (1579-1644) dedicou grande parte da sua vida à destilação contínua do sangue arterial, procurando isolar as suas componentes, entre as quais acreditava encontrar o "arqueu universal", "espírito da vida" ou "aura vital"[13]. Por acreditar que o "espírito vital" era uma das componentes do sangue, J. B. van Helmont bateu-se arduamente pela abolição de todas as práticas médicas que recorriam à sangria dos doentes, práticas essas ao tempo muito em voga[14].

As concepções de J. B. van Helmont sobre o "espírito vital" influenciaram profundamente todo o discurso e prática química dos séculos dezassete e dezoito. Em 1671, John Webster escrevia a este propósito: "os escritos de J. B. van Helmont são tão intensamente lidos e estudados que agora um Helmonciano parece sobrepor-se por completo a um comum chimico Paracelsiano ou Galenista"[15].

Francisco van Helmont (1614–1699), filho de J. B. van Helmont, foi o primeiro e grande arauto dessas concepções, embebendo-as em densa matriz de filosofia e prática da Cabala[16]. Becher (1635–1682), Stahl (1660–1734), W. Charleton (1620–1701) e R. Boyle (1627–1691), os grandes fautores da química pre-lavoisieriana, espelham, em suas obras, a influência marcante dessas mesmas concepções.

Para Becher, a analogia entre os mundos animal, vegetal e mineral seria perfeita, reproduzindo em si a analogia microcosmo / macrocosmo

---

[12] R. Fludd, *A Philosophical Key* ( Trinity College, Cambridge, 1619, Ms. 1150); A. G. Debus, *The Chemical Philosophy – Paracelsian Science and Medicine in the Sixteenth and Seventeenth Centuries* (Science History Publications, New York, 2. Vols, 1977), vol. II, pp. 205-293.

[13] J. B. van Helmont, *Ortus Medicinae* (Ludovicus Elzevier, Amesterdão, 1648), sect. 12, pp. 197-199; A. G. Debus, *o. cit.*, vol. II, pp. 366-368.

[14] J. B. van Helmont, *De Febribus* in *Opuscula Medica Inaudita* (Ludovicus Elzevier, Amesterdão, 1648) cp. IV. A. G. Debus, *o. cit.*, vol. II, p. 367.

[15] J. Webster, *Practitioner in Physik and Chirurgery, Metallographia* (A.C. for Walter Kettilby, Londres, 1671), p. 34; A. G. Debus, *o. cit.*, vol. II. pp. 447, 457.

[16] C. Merchant, *The vitalism of Francis Mercury Van Helmont: its influence on Leibniz* in Ambix, 26 (1979), pp. 170-183.

do sistema de Paracelso. Todo o sistema sanguíneo dos animais estaria informado por um espírito vital, como o estariam também o sistema dos líquidos circulantes nos vegetais e a vasta rede de canais tubulares do mundo mineral em que circulam as águas subterrâneas[17].

Embora uma das grandes características de toda a obra de Stahl, no domínio da filosofia química, seja a clara rejeição de grande número das explicações químicas apresentadas por muitos dos seus antecessores, as diferentes explicações com que avançou mais radicalizaram as suas posições vitalistas. Admitindo a existência de um fosso profundo entre os seres vivos (dotados de uma alma espiritual) e o mundo inorgânico, Stahl rejeitou a existência do "arqueu universal" afirmado por J. B. van Helmont, substituindo-o por um princípio imaterial, incorporal, uno e indivisível, cuja acção se manifesta pelo movimento que confere aos seres que informa, os seres vivos[18]. Por identificar o "princípio vital" com uma "alma" sensitiva e imaterial, à sua filosofia vitalista se chamou o "animismo" de Stahl.

O animismo de Stahl conquistou facilmente para a sua causa um grande número de fiéis discípulos, nos mais diversos países, a partir da Universidade de Halle, onde ensinou[19].

W. Charleton e R. Boyle foram dois dos mais notáveis defensores das teorias corpusculares que, a partir do século XVII, tentaram uma explicação dos fenómenos químicos em termos dos princípios da atracção

---

[17] J. J. Becher, *Physica Subterranea* ( Weidmann, 3ª Ed., Leipzig, 1738), 28; A. Debus, *o. cit.*, p. 462-463.

[18] A. G. Debus, *o. cit.*, vol. II pp.464-469; D. Oldroyd, *An Examination of G. E. Stahl's Principles of Universal Chemistry* in Ambix 20 (1973) 36-52; L. S. King, *Stahl, a study of Eighteenth Century Animis* in J. H. of Medicine and Allied Sciences, 19 (1964) 118-130; A. Lemoine, *Le Vitalisme et l´Animisme de Stahl* (Paris, G. Baillière, 1864).

[19] Apraz-nos registar aqui a *"Historologia Médica Fundada e Estabelecida nos Princípios de G. E. Stahl"* publicada em Portugal, em 1733, (Lisboa Occidental, Off. da Musica), da autoria de J. Rodrigues d´Abreu, em que o autor assume por completo o "animismo" de Stahl. Ao referi-la aqui, permitimo-nos transcrever o testemunho de Martinho de Mendonça no Prólogo que para a mesma escreveu: «V. m. não somente é o primeiro que em Portugal segue o Systema stahliano, mas também o primeiro que, dando à luz a sua Historologia Médica com nobre impaciência se afasta da Filosofia Escolástica que neste País é a fortaleza da autoridade Peripatética» (cf. Historologia Médica, Proemio)

universal da Física de Newton. As "experiências mecânicas da química" foram preocupação-chave de seus vastos estudos neste domínio científico.

Em ambos é patente um nítido evoluir do sistema helmonciano para uma posição mecanicista, claramente influenciada pelos escritos de Copérnico, Galileu, Mersenne, Descartes e Harvey.

Charleton acreditava convictamente num "espírito vital" solar[20]. Por sua vez, Boyle reconhecia explicitamente que a existência de átomos nunca seria suficiente para explicar muitos fenómenos, entre os quais incluía a regularidade que ocorre nos cristais, o crescimento dos minerais e todos os processos relacionados com a vida cuja compreensão pressupõe, nas suas próprias palavras, o "conhecimento do princípio seminal que os regula"[21].

Todavia, com a crescente aceitação das teorias corpusculares, acentuou-se o debate entre o mecanicismo e o vitalismo. As muitas posições que este debate suscitou são mesmo uma das mais importantes notas marcantes da evolução do pensamento científico do século XIX, com repercussão intensa até aos nossos dias, centrado nas relações entre o corpo, a vida e o pensamento, num confronto aberto das ideias iatroquímicas helmoncianas com as "ideias iatromecanicistas", como alguém lhe chamou[22]. Jöns J. Berzélius (1779–1848), Paul J. Barthez (1734–1806), Xavier Bichat (1771–1804) e François R. Buisson (1776–1805), nos princípios do século XIX, e, mais adiante, Jean B. Biot (1774–1862), Louis Pasteur (1822–1895) e Francis R. Japp (18–48–1925) são, porventura, algumas das mais notáveis figuras desse debate.

Para Berzélius, a formação de substâncias orgânicas não obedeceria a quaisquer proporções determinadas de combinação de átomos, verificando-se um número quase infinito de combinações possíveis, ao contrário do que

---

[20] N. Rattner Gelbart, *The intelectual development of Walter Charleton* in Ambix, 18 (1971), 149-168.

[21] R. Boyle, *Some Considerations Touching the Usefulness of Experimental Natural Philosophy* in Works (J. and F Rivington et al., London, 6 vols, 1772), vol. II, p. 4; A. G. Debus, *o. cit.*, vol. II, p. 477.

[22] J. Caseneuve, *La Philosophie Médicale de Ravaisson* (PUF, Vendôme, 1957).

acontece, como regra geral, com as substâncias inorgânicas. Face a esta peculiaridade da natureza das substâncias orgânicas, admitiu, em 1827, a existência duma força vital peculiar que interviria na formação dos compostos orgânicos e que tornaria muito difícil, senão mesmo impossível, a sua preparação em laboratório. Todavia, Berzélius entendia que os resultados da química inorgânica deviam ser usados como guia no estudo do "modo de combinação dos elementos nos compostos orgânicos", crendo numa "força vital" sujeita às leis naturais[23].

Esta posição de Berzélius traduzia uma crença popular com foros de crença científica comungada pela generalidade dos cientistas da época, não importa sob que diferenças conceptuais, de tal modo que quando, em 1828 (menos de uma ano decorrido sobre a afirmação de Barzélius), Friedrich Wölher relatou ter preparado ureia sem recorrer a qualquer material de origem orgânica, a reacção de muitos cientistas foi de total descrença.

Barthez, durante longos anos mestre incontestado na Universidade de Montpellier, apesar de acérrimo inimigo de qualquer dogmatismo filosófico, defendeu com toda a intransigência que a identidade das leis que regem os fenómenos da vida, patente em toda a experiência, pressupõe a existência de um princípio único de que dimanam, presente nos seres vivos e ausente nos mortos, sendo indiferente que lhe chamemos alma, arqueu, princípio vital, ou simplesmente, x, y ou z, à semelhança das incógnitas dos geómetras. Para ele, não importa saber se esse princípio vital é espiritual ou material, nem sequer se tem ou não uma existência substancial, posto que, mesmo num sistema de matéria, "Deus pode fazer com que os movimentos automáticos das suas partes concorram mecanicamente para a formação e separação do todo"[24]. Não deve é identificar-se esse princípio vital com a alma da fé das crenças religiosas,

---

[23] J. J. Berzelius, *Läbork I Organiska Kemien* (Estocolmo, 3 vols., 1827 – 28-30), vol. IV, (3) (a); Ann., 1833, vol. 6, p. 173; J. R. Partington, *A History of Chemistry* (The MacMillan Press, Londres, vol. IV, 1972), pp. 252-253.

[24] P. J. Barthez, *Nouveaux Éléments de la Science de l'Homme* ( Paris, 1806), vol. I, p. 109, 106.

pois seria admitir que a própria doença deva ser tida como um erro da alma e não seria fácil conciliar a unidade e simplicidade da alma com a infinidade de movimentos e sentimentos diversos que existem em cada ser vivo, ao longo dos anos da sua existência. Nomeadamente, na sua unidade e simplicidade, a alma humana, no caso de ser ela o princípio da vida do ser humano, deveria possuir várias vontades já que o homem é frequentemente sede de diversas tendências opostas.

Distinto da alma, o "princípio vital" não deveria ser confundido nunca com a matéria, pois que nem sempre a morte pode ser identificada com o resultado de uma alteração grave desta, provando que ele não pode ser o simples resultado do funcionamento mecânico do organismo. Distinto do corpo, como distinto da própria alma, o "princípio vital" dos seres vivos, com a morte destes, tanto poderá perecer com o própio corpo, como passar, mercê dum processo de metempsicose, para outros corpos que irá vivificar.

Na mesma altura, na Escola de Paris, Bichat, tido frequentemente como o fundador da fisiologia moderna, desenvolvia uma teoria da vida que pretendia distanciar-se, quer do animismo de Stahl, quer do tipo de vitalismo afirmado por Barthez, em Montpellier. A sua doutrina, revista e corrigida por seu primo Brisson, viria a ser considerada como uma espécie de pluri-vitalismo, com significativo impacto nas teorias que a todo o custo procuravam uma explicação para os fenómenos da vida.

Segundo Bichat, a fisiologia dever-se-ia afirmar como uma ciência totalmente independente da física e da química, posto que os factos que estuda não são susceptíveis de cálculo matemático rigoroso e preciso. Não sendo possível reduzir os fenómenos da vida pura e simplesmente ao domínio da física e da química, seria de igual modo impossível explicá-los satisfatoriamente por simples recurso a um princípio imaterial abstracto, consignado numa alma espiritual ou em qualquer outro tipo de arqueu. Para Bichat, a vida deveria ser definida como "o conjunto das funções que resistem à morte", devido a "um princípio permanente de reacção que preserva da destruição os corpos organizados"[25]. Quanto mais forte

---

[25] X. Bichat, *Anatomie Générale Appliquée à la Physiologie et à la Médicine* ( Paris, 1801) vol. I - Considerações gerais.

for esse princípio, mais intensa será a vida. Não é possível reduzi-lo às leis mecânicas, muito embora possa ser considerado como soma ou resultante de todo o conjunto de acções do mesmo género existentes em cada um dos elementos que compõem o ser vivo.

A vida como fenómeno global do ser vivo encontra-se particularizada em cada um dos tecidos simples de que são constituídos os seus diferentes órgãos[26]. Qualquer tecido vivo é dotado de propriedades que lhe são devidas enquanto vivo, e de propriedades que lhe são devidas enquanto tecido. A caracterização das propriedades de qualquer tecido enquanto vivo terá de distinguir entre vida animal e vida orgânica, diferenciadas fundamentalmente pelo facto de a primeira implicar nas suas funções o próprio relacionamento do animal com o mundo que lhe é exterior, enquanto a segunda se confina às funções de nutrição e reprodução no interior do organismo vivo.

Esta diferenciação reforça as características pluri-vitalistas da sua teoria, antes de mais nada conotadas com o facto de ter admitido que a vida de um ser vivo constar de uma multidão de vidas particulares que informam os diversos elementos que o constituem.

Os estudos de Biot e Pasteur lançaram as bases da estereoquímica. E rapidamente se descobriu a especificidade estereoquímica da acção dos organismos vivos. A produção abiótica duma mistura de enantiómeros era invariavelmente uma mistura racémica, com iguais quantidades do isómero levógiro e do isómero dextrógiro. O mesmo se verificou não acontecer se o processo fosse mediatizado por organismos vivos ou por substâncias de origem biológica. De facto, neste caso, as transformações bioquímicas iniciadas com reagentes racémicos levariam à formação de apenas uma das formas alternativas dos enantiómeros possíveis.

A verificação de que neste caso as transformações operadas pelos agentes biológicos não eram simétricas, preferenciando uma das formas enantioméricas sobre a outra, rapidamente foi relacionada com o possível princípio específico da vida. Os seres vivos eram agentes de reacções

---

[26] Idem, *o. cit.*, vol. I, §6.

assimétricas. Consequentemente, a vida deveria estar relacionada com a própria assimetria existente no Universo.

Confrontadas com esta realidade, a física e a química rapidamente passaram do campo das meras considerações metafísicas a denodadas tentativas no sentido de perceberem qual a possível razão da acção assimétrica dos organismos vivos. As interrogações sucederam-se em catadupa: qual o princípio ou princípios primários que na constituição de um qualquer ser vivo poderiam explicar a estereoselecção? A luz, a electricidade, o magnetismo, o calor? E qual a possível relação entre esse(s) mesmo(s) princípio(s) primário(s) e a própria essência dos fenómenos vitais?

Foi fazendo-se eco de todo este tipo de questões que o escocês F. R. Japp, em 1898, como referimos acima, na abertura do LVII Encontro da Associação Britânica para o Avanço da Ciência, em Bristol, subordinou a sua lição ao título "Stereochemistry and Vitalism"[27]. Como também dissemos, nela, Japp, depois de se ter referido ao insucesso das tentativas feitas para obter sínteses totalmente assimétricas, interrogava-se: "será que os fenómenos da vida são inteiramente explicáveis em termos da Química e da Física?".

A sua opinião ia no sentido do mais estrito vitalismo: a matéria que compõe o mundo inorgânico, a matéria não-viva, é uma matéria simétrica cuja interacção, sob a influência de forças simétricas ou assimétricas, para formar compostos assimétricos, leva sempre à formação de misturas racémicas, caracterizadas por igual número das diferentes formas enantioméricas produzidas. Assim sendo, a origem absoluta de misturas não-racémicas de enantiómeros nos organismos vivos seria um mistério tão profundo quanto o é a origem absoluta da própria vida.

Nas malhas desta conclusão, Japp concluía que, quando a vida apareceu pela vez primeira, foi sob a acção duma força directora exercida por um operador inteligente que, no exercício da sua vontade, seleccionou uma das formas enantioméricas e rejeitou a sua oposta. Uma tal selecção seria sempre fruto de um acto consciente, semelhante à acção do cientista

---

[27] F. R. Japp, *loc. cit.* (1898).

que, munido de uma pinça e um microscópico, separa pacientemente as formas dextrógiras das formas levógiras de uma mistura racémica. E esse acto consciente seria necessariamente um acto específico de um "princípio vital".

A posição de Japp foi conotada com uma apetência natural dos escoceses para concepções metafísicas[28]. De facto, Japp depois de afirmar que só a assimetria pode originar a assimetria, remetia-se, na sua explicação da estereoselectividade verificada nos fenómenos relacionados com a vida, para posições do mais puro deísmo, afirmando a presença necessária de Deus na origem e manutenção do mundo. A estereoselecção biológica seria necessariamente uma acção de Deus que nenhum mecanismo natural só por si poderia explicar.


## 3. A harmonia do processo vital

A publicação na íntegra do texto da lição de F. R. Japp pela revista *Nature* tornou-se de imediato fonte de acesa polémica sobre as possíveis origens da actividade óptica e, com ela, da própria vida. Entre outros, intervieram nesta polémica Herbert Spencer[29] Clement Bastrum[30], Giorgio Errera[31] e Karl Pearson[32].

As explicações apresentadas pelos principais opositores de Japp, como alternativa a uma explicação baseada numa força vital de origem divina, baseavam-se em fenómenos com origem em flutuações estatísticas, com argumentos muito próximos dos argumentos usados por L. Boltzmann, pouco anos antes, na tentativa de conciliar a visão apocalíptica implícita no Segundo Princípio da Termodinâmica com a ordem e a teia de regras que regem o mundo natural[33].

---

[28] Times (Londres), 19. Sept. 1898, p. 12.
[29] H. Spencer, *Nature*, 58 (1898), pp. 592-593.
[30] C. Blastrum, *Nature*, 58 (1898) p. 545.
[31] G. Errera, *Nature*, 58 (1898) p. 616.
[32] K. Pearson, *Nature*, 58 (1898) p. 545.
[33] L. Boltzmann, *Nature*, 51 (1895), pp. 413-415.

Claramente, embora insatisfeitos com as teorias vitalistas, os homens de ciência de então não acreditavam que o mecanicismo pudesse explicar, nem os fenómenos vitais, nem a selectividade estereoquímica que se lhes aparecia indissociavelmente a eles ligada. Do seu ponto de vista, o desenvolvimento da vida aparece desenquadrado do evoluir natural do Universo onde, de acordo com o Segundo Princípio da Termodinâmica que regula as mudanças de ordem, a desordem aumenta sempre. No desenrolar da história da Terra, os sistemas vivos evoluiram para formas cada vez mais elaboradas e complexas, com um aumento do nível da ordem. E isto sem pôr em causa a validade geral do Segundo Princípio da Termodinâmica, atendendo a que um aspecto essencial dos sistemas vivos é a sua "abertura" ao meio. A vida não desafia as leis fundamentais da física, o que não quer dizer que as leis da física a expliquem facilmente. De facto, o comportamento colectivo do ser vivo pode não ser compreensível em termos das partes que o constituem. Dando como adquirido que a matéria viva e a matéria não-viva obedecem ambas às mesmas leis da física, o mistério está em saber como um único conjunto de leis pode induzir comportamentos tão basicamente diferentes: no ser vivo, a matéria evolui para estados progressivamente mais ordenados; no ser não-vivo, ressalvada uma mão cheia de conhecidas excepções, genericamente, para estados cada vez mais desordenados, embora num caso e noutro os constituintes básicos sejam exactamente os diversos tipos de átomos[34].

A compreensão da vida em termos das leis da física pressupõe, pois, que elas possam explicar a auto-organização espontânea. Essa possibilidade é, hoje, muito mais uma confissão de fé no poder da ciência do que um dado adquirido. A estrutura auto-organizada em que se consubstancia o ser vivo não é a mera soma das suas partículas, como uma melodia não é a simples soma dos sons que a compõem.

A Ilya Prigogine, laureado com o prémio Nobel em 1977, se deve o mais intenso estudo sistemático dos sistemas "espontaneamente" auto-organizados, tentando descobrir os mecanismos da auto-organização

---

[34] P. Davies, *o. cit.*, p. 76.

que neles ocorre e tentando descrevê-los rigorosamente em termos matemáticos. As suas teorias sobre "estruturas dissipativas" recolhem hoje alargado consenso entre os homens de ciência: a ordem complexa dos sistemas biológicos tem a sua origem em processos físicos altamente desequilibrados do ponto de vista termodinâmico de cuja instabilidade resulta uma organização espontânea em larga escala, sem necessidade de qualquer força vital específica.

Atingido um nível muito elevado de complexidade, os sistemas constituídos são susceptíveis de incorporarí, não só uma vastíssima quantidade de informação de forma estável, incluindo a capacidade de armazenar a cópia necessária à sua replicação, como também os primeiros meios para levar a efeito a mesma replicação[35]. Durante milhões de anos, foram-se formando moléculas de complexidade cada vez maior até que, ultrapassado um certo limiar, a vida se terá formado a partir da auto-organização aleatória de complexas moléculas orgânicas.

Este é o cenário da origem da vida a partir duma "sopa prebiótica primitiva" formada na Terra, há muito mais de 3.500 milhões de anos, constituída por grande abundância de água enriquecida por uma série de compostos orgânicos simples formados a partir de reacções químicas na atmosfera. A célebre experiência de Miller-Urey[36], em 1953, veio dar um grande apoio a este cenário. Formada a referida sopa prebiótica, sobre ela terá tido lugar uma sequência de reacções auto-organizadoras cada vez mais complexas, devido a uma sequência exterior que modificou o seu equilíbrio termodinâmico, cujo produto final teria sido o DNA

---

[35] *Idem*, p. 78.

[36] Interrogando-se sobre as diferentes possibilidades do aparecimento da vida à face da Terra, Harold Urey da Universidade de Chicago admitira que ela poderia ter ocorrido pela primeira vez, numa atmosfera redutora ocasionalmente formada em algumas regiões do nosso planeta. Para pôr à prova esta sua ideia, em 1953, em colaboração com Stanley Miller, misturou metano, amoníaco, hidrogénio e vapor de água e fez passar sobre a mistura uma descarga eléctrica, tentando reproduzir assim uma situação que poderia ter ocorrido pela primeira vez, em uma qualquer região da Terra, há muitos muitos anos. Na sua experiência, Miller e Urey obtiveram, com êxito, aminoácidos. Desde então foi demonstrado por grande número de experiências a possibilidade de formação de aminoácidos e outros compostos orgânicos por sujeição das possíveis atmosferas terrestres primitivas, a referida "sopa prebiótica", a um certo número de diferentes fontes de energia.

(o ácido desoxi-ribonucleico), essa complexa molécula que transporta o código genético.

A experiência de Miller-Urey é crédito bastante para a verosimilhança da "sopa prebiótica primitiva" admitida pelo mencionado cenário. A travessia do limiar da vida a partir dela continua, todavia, a ser um mistério, e continua objecto de contenda. Não exige, todavia, uma "chama da vida" saída ou não das mãos de um deus. O estudo emergente dos sistemas auto-organizados é compatível com uma versão mecanicista da biogénese.


## 4. O mecanismo da evolução molecular, irreversibilidade e reducionismo

Todo o Universo é feito de átomos e moléculas em constante movimento. Consequentemente, o movimento é característica intrínseca de todos os corpos, os vivos e os não-vivos. Só em sentido estritamente científico que não em sentido vulgar do termo, por referência ao estado de inércia, a matéria inanimada pode ser referida como a matéria "inerte". Longe vai o tempo em que era possível caracterizar o ser vivo debitando a secular afirmação de Aristóteles "vita est in motu", a "vida está no movimento"; como longe vai o tempo em que a vida era pensada e referenciada em termos do movimento regular de todo um conjunto de líquidos na complexa rede de canais do tecido orgânico, fosse ele vegetal ou animal, como o fez toda uma geração de químicos formados na escola de Boerhaave (1668-1738) para quem "assim que o movimento dos líquidos (que circulam no organismo dos seres vivos) se torna irregular, ou cessa em qualquer parte que seja, ele está doente, e assim que esse movimento para em todo o corpo, ele morre"[37].

Os átomos e moléculas componentes da matéria viva são os mesmos que compõem a matéria não-viva e o movimento incessante que os informa rege-se, num caso e noutro, pelas mesmas leis da física. Nos seres vivos, como em qualquer ser inanimado, não há nem aniquilação, nem

---

[37] H. Boerhaave,*Traité de la vertu des médicamens*, 1739, p.3

criação de massa ou de energia. Em ambos se cumprem de igual modo os princípios de conservação de uma e outra, nas diferentes trocas que os envolvem. E porque vivem e agem num ambiente que está longe de se encontrar num estado de perfeito equilíbrio físico e químico, a existência dos seres vivos não contraria o Segundo Princípio da Termodinâmica que restringe a direcção das transformações da energia[38].

Todavia, pese embora o avanço da ciência, e em particular o desenvolvimento da bioquímica molecular nos permitir, hoje, descrever em termos moleculares bastante precisos muitos dos processos fundamentais da vida, as leis da física que conhecemos não nos permitem ainda descrever satisfatoriamente muitas das características essenciais do comportamento da matéria viva. Quer dizer, a explicação da vida pelas leis da física que hoje conhecemos está longe de ser um dado adquirido.

De facto, são muitas as questões relacionadas com o comportamento dos seres vivos para as quais não temos ainda uma explicação cabal em termos das leis físicas conhecidas. Acreditamos que o número dessas questões irá diminuindo drasticamente com o progresso da ciência, mas não podemos garantir, em termos de certeza, que ele se venha a tornar nulo, posto que nem sequer podemos garantir que ele possa, de facto, ser nulo.

Que os elementos naturais componentes da matéria viva e da matéria não-viva, tomados na sua individualidade, obedecem às mesmas leis da física, não sofre, hoje, qualquer contestação. Mas, é também incontestável que o comportamento colectivo do ser vivo poderá não ser compreensível em termos das partes que o constituem. Se não está em causa que num caso e noutro os constituintes básicos são exactamente o mesmo tipo de átomos, sujeitos às mesmas leis da física[39], não é fácil explicar como pode um único conjunto de leis induzir comportamentos tão diferentes do vivo para o não vivo, e vice-versa. No processo de replicação que caracteriza especificamente o ser vivo, a matéria evolui para estados

---

[38] F. G. Donnan, *The mystery of life* in *J. Chem. Educ.*, **5** (1928), 1558-1570.

[39] P. Davies, *Deus e a nova Física* (Edições 70, Lisboa, 1986, Col. Universo da Ciência, nº1) p.76.

progressivamente mais ordenados, em auto-organização espontânea; no ser não-vivo, ressalvada uma mão cheia de conhecidas excepções, toda a evolução natural dá-se no sentido de estados cada vez mais desordenados.

Quer dizer, para explicarem a vida as leis da física terão de ser capazes de poder explicar a auto-organização espontânea. A estrutura auto-organizada em que se consubstancia o ser vivo não é a mera soma das suas partículas, como uma melodia não é a simples soma dos sons que a compõem.

Schrödinger disse-o com toda a clareza, já lá vão umas décadas de anos: a ordem que se nos depara no desenrolar da vida dimana de uma fonte muito diversa daquela que se nos depara no desenrolar do evoluir natural da matéria inanimada. "O organismo vivo alimenta-se de entropia negativa"[40].

Na sua evolução natural, qualquer organismo vivo produz entropia positiva, aproximando-se, dia a dia, como o universo em geral, dum estado perigoso de entropia máxima que significa morte; todavia, graças ao metabolismo que o mantém vivo, contraria, também dia a dia, o evoluir natural, extraindo continuamente do seu ambiente entropia negativa. Esta é a sua "maravilhosa faculdade" que adia, no dia a dia, a sua queda no equilíbrio termodinâmico em que se aniquila o que faz dele um ser vivo. Enquanto a entropia negativa que extrai do meio ambiente equilibrar a entropia positiva que se liberta no seu evoluir natural, mantém-se num nível de entropia estacionário e relativamente baixo.

Porque a "entropia negativa", expressão considerada grosseira por muitos cientistas, pode ser tomada em si mesma como uma medida de ordem, podemos dizer que no processo metabólico que o anima, o ser vivo absorve continuamente ordem do meio ambiente que o rodeia. De facto, na sua generalidade, os compostos orgânicos mais ou menos

---

[40] E. Schrödinger, *Vida, Espírito e Matéria* (Lisboa, Publ. Europa-América, 1963), pp. 113-114; Idem, *O Que é a Vida? Espírito e Matéria* (Lisboa, Editorial Fragmentos Lda, 1989) p. 74. Nota: Estas são duas edições diferentes de uma mesma obra de E. Schrödinger correspondente à série de Conferências que o autor proferiu, no Trinity College de Dublin, em 1943, sobre o tema *"What is Life?"* e no Trinity College de Cambridge, em 1956, sobre o tema *"Mind and Matter"*. As nossas citações reportar-se-ão à edição mais recente, a da Editorial Fragmentos.

complexos que "alimentam" o processo metabólico são compostos nos quais a matéria atinge um elevado grau de ordem ou regularidade. Uma vez utilizados, voltam a um estado muito mais simples, por degradação, no todo ou em grande parte, da ordem que possuíam.

É a "ordem a partir da ordem" em contraposição à "ordem a partir da desordem" também dita "ordem por flutuação".

E de imediato se nos depara a possibilidade de dois "mecanismos" diferentes através dos quais se podem produzir os fenómenos ordenados: o "mecanismo estatístico ou da probabilidade" que dá origem à "ordem a partir da desordem", e um outro que conduz à "ordem a partir da ordem". O primeiro comporta facilmente os fenómenos naturais e o seu carácter irreversível; o segundo, o "fluxo de organização" que atravessa o evoluir dos seres vivos. Mas impõe-se perguntar: será que dois mecanismos totalmente diferentes se podem explicar pelo mesmo tipo de leis físicas?

## 4.1 – A ordem a partir da desordem

"O movimento browniano de uma pequena partícula suspensa num liquido revela-se completamente irregular. Mas, se houver muitas partículas semelhantes, vão dar origem, devido ao seu movimento irregular, ao fenómeno regular da difusão". Deparamos aqui com "uma irregularidade completa que coopera apenas na produção de uma regularidade de grau médio"[41]. O mesmo se verifica em muitas outras situações, a nível macroscópico, decorrentes de um "comportamento irregular" de partículas a nível microscópico, conhecido, por isso mesmo, por caos molecular.

A Física newtoniana e a Mecânica quântica, no seu conteúdo determinista, sempre sentiram um certo mal-estar quando confrontadas com este tipo de ordem, a "ordem por flutuação", não obstante a aplicação que as leis de uma e outra fazem da lei dos grandes números. A ideia de um universo estático com todas as transformações naturais, por mais complexas que sejam, a ser descritas em termos de trajectórias deterministas ou por

---

[41] Idem, p.81.

"pacotes " de onda, cujo movimento é, num caso e noutro, inteiramente reversível, em que o presente determina, de uma maneira simétrica, tanto o futuro como o passado, decorre duma lei dinâmica reversível. Ora, a "ordem por flutuação" implica trajectórias dinâmicas em que não é possível evitar, em muitos casos, a irreversibilidade do crescimento entrópico[42].

A lei geral das trajectórias deterministas da Física Clássica ou da Mecânica Quântica que determina a passagem dum sistema entre dois estados instantâneos sucessivos, quaisquer que sejam, permite à trajectória definida desdobrar-se de estado em estado, tanto para o passado como para o futuro. O futuro e o passado desempenham nela o mesmo papel. A definição de um estado instantâneo em termos das posições das partículas do sistema contém de igual modo o passado e o futuro em que cada estado pode ser tratado como um estado inicial ou um estado resultante de uma longa evolução.

A situação é diferente no caso das trajectórias dinâmicas que descrevem processos em que a irreversibilidade do crescimento entrópico tenha lugar, qual é o caso dos processos em que ocorrem a ordem por flutuação, processos que trabalham a matéria, reacções químicas, condução, decomposições radioactivas, etc. Aqui, próximo do estado de equilíbrio para que tendem, nada há a observar ao carácter universal das leis físicas que se lhe aplicam; porém, para além do limiar de estabilidade, isto é, longe do estado de equilíbrio, a universalidade dessas mesmas leis dá lugar, muitas vezes, à ocorrência de comportamentos qualitativamente diversos que dependem não só de transformações dissipativas possíveis, como também do próprio passado do sistema. Nelas, o determinismo dinâmico dá lugar a uma dialética complexa entre acaso e necessidade, onde as leis médias deterministas se revelam inteiramente satisfatórias nas regiões entre bifurcações do sistema, mas nem sempre são suficientes para explicarem cabalmente as ocorrências nas regiões de instabilidade cuja actividade produz novidade e onde a evolução do sistema "é inovação, criação e destruição, nascimento e

---

[42] I. Prigogine e I. Stengers, *A Nova Aliança* ( Lisboa, Ed. Gradiva, 1987, Col. Ciência Aberta, nº 14), pp. 276-277.

morte", para usar as próprias palavras do autor que mais se tem devotado ao estudo aturado deste tipo de situações, Ilya Prigogine[43]. Esta é uma evolução irreversível que não é possível descrever em termos das leis reversíveis da dinâmica.

O devir irreversível é específico do chamado "mundo dos processos complexos" a que são intrínsecas flutuações comportamentais dos elementos componentes, em contraposição com o devir reversível do mundo das trajectórias da dinâmica determinista. Será que em ambas as situações as mesmas leis gerais da física serão aplicáveis em toda a sua extensão e do mesmo modo? Ou será que atingido um certo estágio elas "deixam" de se aplicar, por se revelarem incompletas e/ou inadequadas para a situação, ou mesmo por se revelarem inverazes?

Só um conhecimento mais profundo das condições de estabilidade das estruturas engendradas pelos processos irreversíveis, em certas circunstâncias, poderá permitir esboçar uma resposta à questão que assim se põe. Por ele passa, também, a possível redução dos processos auto-organizadores às leis da física.

Para ultrapassar o conceito de trajectória determinista, a física recorreu a uma descrição estatística, quer na Mecânica Clássica, quer na Mecânica Quântica, com particular realce para a introdução do conceito "operadores" que agem sobre funções e, com eles, as relações de incerteza e de complementaridade.

Se há operadores que comutam, há-os também que não comutam. Relativamente a grandezas correspondentes a estes últimos, só são possíveis informações estatísticas. A função de onda sobre que "operam" não é uma quantidade física observável em si, mas contém a evolução das diferentes probabilidades dos valores que podem tomar as grandezas observáveis. É a sua evolução que determina toda a mudança observável do sistema no decurso do tempo. Em estados estacionários a evolução do sistema é estritamente reversível; na mudança de um estado estacionário para outro, o sistema pode sofrer uma transformação irreversível.

---

[43] Idem, p.277.

Porque o mundo dinâmico, a nível microscópico, não é um mundo isolado, a reversibilidade e a irreversibilidade coexistem na sua evolução. A "desordem" a nível microscópico articula-se com a ordem a nível macroscópico. A nível microscópico, a ideia de uma determinação infinitamente precisa das condições iniciais necessárias à definição de trajectórias reversíveis não é apenas uma idealização; é uma idealização inadequada. Não conhecemos uma trajectória, mas um conjunto de trajectórias no espaço de fase. E neste, toda a região guarda uma riqueza de possibilidades qualitativamente diferentes, com possibilidade de criar movimentos também qualitativamente diferentes. Dois pontos tão chegados quanto se queira no espaço de fase, correspondendo a dois sistemas tão semelhantes quanto se deseje, podem, a todo o momento, orientar-se em direcções diferentes. A evolução dinâmica de cada ponto é, certamente, determinista; porém, a descrição da evolução de toda a porção de espaço de fase em questão, tão pequena quanto se queira, tem um carácter estatístico a que não pode fugir, pois que a operação de passagem do conjunto à trajectória individual não pode ser efectuada. A fraca estabilidade do sistema confere-lhe um carácter aleatório irredutível que o torna não-integrável[44].

Em vez duma dinâmica de trajectória temos, assim, uma dinâmica de funções de distribuição e de operadores que agem sobre elas. Nela, a entropia macroscópica de um sistema está ligada a um "operador" microscópico e a função de onda que a descreve corresponde a uma superposição das funções de onda próprias da mesma observável, a nível microscópico. Na sua individualidade, estas traduzem um estado de desordem, mas o valor próprio da superposição, o valor médio da função de onda a que se reduz a superposição, traduz um estado de ordem. É a "ordem por flutuação", a "ordem a partir da desordem".

O recurso a este tipo de "mecanismo estatístico" para explicá-la permite-nos compreender as linhas gerais do desenrolar dos fenómenos naturais, incluindo a sua irreversibilidade, em termos das leis físicas conhecidas.

---

[44] Idem, cp. IX, pp. 328 – 359.

## 4.2 – A ordem a partir da ordem

A racionalização do mecanismo da ordem por flutuação no quadro das leis da física hoje conhecidas que acabámos de referir mostra-nos, como dissemos, que o mundo dinâmico a nível microscópico não é um mundo isolado; na sua evolução, a reversibilidade e a irreversibilidade coexistem. Enquanto num sistema isolado o estado de máxima entropia "atrai" todo e qualquer outro estado de entropia menor, o mesmo não acontece necessariamente num mundo que não é isolado. Só assim podemos observar, na natureza, situações de evolução de menor ordem para maior ordem, qual é o caso dos fenómenos de auto-organização espontânea do processo de replicação que caracteriza os seres vivos.

Este nutre-se de fluxos que afastam do equilíbrio os sistemas físico-químicos em que se verifica, com rupturas de simetria e evoluções no sentido duma complexidade e diversidade crescentes[45].

A sucessão de fenómenos que se desenrolam durante o ciclo vital de um organismo mostra admirável ordem e regularidade sem qualquer paralelo no domínio da matéria inerte. Nessa sucessão, o ser vivo apresenta "uma assombrosa faculdade de concentrar em si próprio uma «corrente de ordem», escapando ao caos atómico"[46]. No ser vivo, a evolução de um estado bem ordenado para um outro também bem ordenado e até com um grau de ordem superior, num processo de auto-organização, aparece como "natural": as forças por ela responsáveis são, à temperatura em que existem como seres vivos, suficientemente poderosas para evitar a tendência para a desordem por parte da mobilidade térmica molecular.

Daqui se infere que a estrutura da matéria viva, sob a acção das forças que a caracterizam como tal, se comporta de maneira que não pode ser reduzida às leis físicas conhecidas. Não porque haja qualquer "força nova" que dirija o comportamento de cada átomo no seio do organismo vivo, mas porque a sua edificação é diferente da actuação normal, no quadro

---

[45] Idem, pp. 367-368.
[46] E. Schrödinger, o. cit., p. 80.

das leis físicas conhecidas[47]. No mecanismo da ordem por flutuação, o curso dos fenómenos em que há desordem atómica e molecular é uma regularidade média em que é patente a ausência duma determinação individual; de modo bem diferente, na "ordem a partir da ordem" que caracteriza o curso regular dos fenómenos inerentes ao ser-vivo – o específico processo de replicação – um grupo de átomos existindo apenas num modelo ou cópia produz fenómenos ordenados e ajustados de maneira admirável entre si e em relação ao ambiente que se não coadunam com o "mecanismo probabilístico". A sua explicação requer inevitavelmente leis bem mais subtis[48].

Por mais subtis que possam ser essas leis, não podemos dizer, até prova em contrário, que sejam leis estranhas à física. Só o conhecimento cada vez mais profundo e pormenorizado da evolução das diversas formas de vida poderá levar à sua desejável compreensão e formulação. Para ele concorre, possivelmente mais do que nenhum outro, o conhecimento cada vez mais completo e preciso, sobretudo nos seus aspectos químicos, da origem e evolução dos compostos orgânicos a partir dos quais o processo replicativo se desenvolve.

## 5. A evolução química

Como já o referimos, a origem da vida é ainda um mistério científico cujo enigma central é o problema do limiar. Sabemos que a vida se afirmou só quando certas moléculas orgânicas formadas a partir de outras muito mais simples atingiram um certo nível muito elevado de complexidade, que só então foram capazes de incorporar uma vastíssima quantidade de informação de forma estável que viabilizou o armazenamento da cópia para replicação e os meios necessários para a efectivar[49].

---

[47] Idem, cp. VII, pp. 79-86.

[48] Idem, pp. 111-112.

[49] F. Crick, *Vida, o mistério da sua origem e natureza* (Ed. Gradiva, Lisboa, 1988, Col. Ciência aberta, nº 23); Vários, *As Origens da Vida* (Ed. Rei dos Livros, Lisboa, 1997).

Mas, como foi transposto o limiar desse nível de complexidade por processos físicos e químicos comuns? Em particular, quais os acontecimentos químicos que ocorreram na Terra prebiótica ( ou qualquer outro local do Universo de onde os primeiros seres vivos terrestres possam ter sido importados) que determinaram o aparecimento da primeira célula viva?

A resposta a estas e outras perguntas do género prende-se com a questão da própria evolução do Universo. Como, quando e em que condições teve o seu início? Como e em que condições se processa, na teia de todo um conjunto de equilíbrios e desequilíbrios cuja caracterização termodinâmica envolve a complexa evolução da ordem a partir da desordem, como da desordem a partir da ordem? Não iremos referir-nos aqui a essa evolução, nem às teorias que pretendem explicá-la, a partir de pressupostos básicos. Limitar-nos-emos a uma breve referência aos problemas da evolução química relacionados com essas questões.

A resposta possível às mesmas, no quadro da ciência actual, tem por base experiências laboratoriais em que se simula o presumível ambiente da Terra prebiótica. Tais experiências jogam com um conjunto de dados provenientes dos conhecimentos actuais em domínios científicos diversos, nomeadamente no domínio da astronomia, da geologia, da biologia, da química orgânica e da química das radiações, e são o fundamento da chamada teoria da evolução química da vida que tem vindo a ser desenvolvida a partir da década de 1920, na sequência, em particular, dos escritos de Oparin e Haldane defendendo, o primeiro em 1924, e o segundo em 1929, que a vida na Terra terá aparecido a partir duma "sopa prebiótica" de compostos orgânicos, formada em certos locais do planeta, particularmente nos oceanos, lagos e charcos[50-51].

---

[50] A. I. Oparin, *Proiskhozhdenie Zhizni* (Izd. Moskovskii Rabochii, Moskow, 1924).

[51] J.B.S. Haldane, *Rationalist Annual*, 1929; Idem, *Science and Human Life* (Harper Bros, NY & London, 1933).

Muito genericamente, de acordo com tal teoria, o primeiro ser vivo ter-se-ia formado na sequência duma evolução da matéria inerte em que seria possível distinguir as seguintes etapas fundamentais[52]:

(i) – formação de compostos orgânicos simples e voláteis, nomeadamente o formaldeído e o cianeto de hidrogénio, a partir dos elementos componentes, sob a influência de energias variadas;

(ii) – formação dos primeiros monómeros bioquímicos (aminoácidos, bases heterocíclicas e açúcares) a partir da dissolução em água dos compostos orgânicos simples antes formados;

(iii) – formação de polímeros de interesse biológico (peptídeos e polinucleótidos) por condensação dos monómeros bioquímicos anteriores;

(iv) – aparecimento duma fase orgânica separada da fase aquosa que permitiu a diferenciação dos polímeros formados;

(v) – aumento da complexidade dos mesmos, permitindo o estabelecimento de processos auto-catalíticos e levando ao aparecimento de estruturas auto-organizadas que por sua vez, terão levado à formação de sistemas auto-reprodutores, num processo de replicação – os primeiros seres vivos.

A viabilidade das primeiras quatro destas cinco etapas é hoje suportada por numerosos trabalhos experimentais e teóricos, na sequência da célebre experiência de Miller-Urey, em 1953, crédito bastante para a verosimilhança da "sopa prebiótica" primitiva[53], já referida no nosso trabalho anterior[54].

O aparecimento das estruturas auto-organizadas com a formação de sistemas auto-reprodutores a que se reporta a última das etapas evolutivas mencionadas é, hoje, a grande questão em aberto e objecto de numerosos trabalhos, quer a nível experimental, quer a nível teórico. A nível

---

[52] F. Raulin, *Pontos de vista modernos sobre a origem da vida* in Bol. Soc. Port. Química, Série II, nº **13/14** (1983), pp. 20-21.

[53] S. L. Miller, *Science*, **117** (1953), 528.

[54] A. M. Amorim da Costa, *loc. cit.*, pp...26-27.

experimental, são de realçar as experiências com moléculas sintéticas produzidas em laboratório capazes de produzirem cópias de si mesmas[55]. A nível teórico, impõe-se uma referência específica à já mencionada teoria das estruturas dissipativas de I. Prigogine.

## 5.1 – A síntese abiogénica nas condições terrestres primitivas

As investigações realizadas posteriormente à experiência de Miller-Urey têm mostrado que a síntese dos constituintes básicos do ser vivo ou a dos seus precursores, nas condições terrestres primitivas, é um fenómeno natural desde que um número de condições físico-químicas seja satisfeito.

O estado actual da ciência aponta no sentido de que a química dos fenómenos ocorridos nas condições terrestres primitivas tenha sido determinada pela natureza da atmosfera de então; a atmosfera terá sido a verdadeira controladora dos processos químicos que ocorreram no seu seio e também dos processos químicos que ocorreram simultaneamente, nos oceanos e nas rochas[56].

A mesma ciência indica que essa atmosfera era predominantemente uma atmosfera formada por hidrogénio. Aquando da formação da Terra, a maioria do carbono, azoto e oxigénio que nela existiam encontrar-se-iam na forma de metano e outros hidrocarbonetos de cadeia

---

[55] J. Rebek, Jr., *Synthetic self-replicating molecules* in Sci. Am., Julho 1994, 34; J. Horgan, *Trends in Evolution in Sci*. Am., Fev., 1991, 100.

[56] R. M. Lemmon, *Chemical Evolution* in *Chem. Rev.* 70 (1970), 95 e referências que apresenta; Vários, *L´Histoire de la Vie, 3 milliards d´années d´évolution*, in *Recherche*, 296 (1997); C. de Dure, *Construire une cellule – essai sur la nature et l´origine de la vie* (Inter Ed., Paris, 1990); A. Brack e F. Paulin, *L´Évolution chimique et les origines de la vie* (Masson Ed., Paris, 1991); A. Eschenmoser and M. Volkankisarküker, *Chemistry and the origin of Life* in *Helv. Chim. Acta*, 79 (1976), 1249; J. P. Ferris, *A química da Origem da Vida* in *Chemical and Engineering News*, 62 (1984), 23-25, trad in *Bol. Soc. Port. Química*, Série II, n° 22 (1985), 5-18; H. D. Pflug, *Evolução microbiana no precâmbrico – Evidência Química e morfologia* in *Bol. Soc. Port. Química*, Série II, n° 22 (1985), 19-24; H. Maia, *A Evolução Química na Terra e o Problema da Origem da Vida* in *Química e Sociedade*, vol.1 (Soc. Port. de Química, Lisboa, 1990), pp. 27-48; A. M. Lobo, *Moléculas da Vida* in *Química e Sociedade*, vol.1 (Soc. Port. de Química, Lisboa, 1990), pp. 49-62.

carbonada curta, amoníaco e água[57]. Os intensos campos gravitacionais e as baixas temperaturas que então dominavam o planeta favoreciam a retenção de moléculas leves, tal como se verifica acontecer em nossos dias, por exemplo, no sistema de Júpiter[58].

Sob a acção de radiações ionizantes, nomeadamente radiações ultravioleta, ter-se-ão formado diversos compostos biologicamente importantes, v. g., aminoácidos, açúcares, purinas, etc. utilizados como primeiros "blocos" na construção da primeira célula viva. De início, os cromossomas que se terão formado terão operado num meio anaeróbico, o que significa que a divisão celular terá ocorrido durante um período temporário de anaerobiose[59]. Durante este período, que do ponto de vista da evolução química compreende cerca de um bilião de anos após o aparecimento da primeira célula viva, o carbono inicialmente existente na atmosfera na forma de metano e outros hidrocarbonetos, como dissemos, terá passado a existir predominantemente na forma de dióxido de carbono. Do ponto de vista químico, passou-se, paulatinamente, duma atmosfera terrestre redutora para uma atmosfera terrestre oxidante, com uma camada de ozono, nas camadas superiores, protegendo o planeta das intensas radiações ultravioleta da luz solar. A radiólise ultravioleta do vapor de água existente na atmosfera e o progressivo desenvolvimento do processo de fotossíntese das plantas explicam tal transformação[60].

O mais provável é que a primitiva síntese abiogénica da primeira célula viva tenha ocorrido nos oceanos, onde primeiro se terá acumulado, por um processo natural de arrastamento e sedimentação, uma grande quantidade de compostos orgânicos e onde os primeiros aminoácidos e açúcares facilmente poderiam absorver uma grande variedade de partículas inorgânicas existentes no depósito de lamas e argilas que lhes servia de

---

[57] A. I. Oparin, *Origin of Life* (MacMillan, Nova Iorque, 1938) p. 101.

[58] H. C. Urey, *The Planets: their origin and development* (Yale Univ. Press, New Haven, Conn., 1952).

[59] H. Stern, *Science*, **121** (1955), 144.

[60] R. M. Lemmon, *loc. cit.*, p. 97.

fundo, simultaneamente matéria prima e catalítica do processo em curso. O seu desenvolvimento nas profundezas submarinas estava protegido da fotólise por radiação ultravioleta[61].

As suposições que acabámos de enunciar sobre a síntese e desenvolvimento abiogénicos da primeira célula viva têm vindo a ser testadas, cada vez com mais pormenor e eficácia, em laboratório.

Em trabalho publicado em 1828, Frederico Wöhler relatava a primeira síntese artificial de um composto orgânico, a ureia, que havia conseguido no seu laboratório, sem usar qualquer extracto animal[62].

A preparação artificial de compostos orgânicos a partir de material inorgânico sem intervenção de qualquer tipo duma possível "força vital" específica abriu perspectivas inteiramente novas à prática da química orgânica[63]. É, todavia, já na segunda metade do século XX que se intensificam as sínteses abiogénicas, em laboratório, dos chamados biomonómeros (as unidades constituintes das proteínas, dos ácidos nucleicos e dos poli-sacarídeos), sob a acção de altas energias sobre misturas de metano – amoníaco – água.

As experiências efectuadas não só comprovam como explicam o possível mecanismo de ocorrência da síntese que poderá ter tido lugar na atmosfera terrestre prebiótica, de aminoácidos[64], purinas e pirimidinas[65], açúcares[66], nucleótidos e nucleósidos, nomeadamente,

[61] J. B. S. Haldane, *locs. cits*; I. S. Shklovskii and C. Sagan, *Inteligent Life in the Universe* (Holden-Day, Inc., S. Francisco, Calif., 1966) p. 233.

[62] F. Wöhler, *Poggendorffs Ann.* **12** (1828), 253-256; Idem, *Ann. Chim. Phys.* **37**( 1828), 330-333; Idem, *Quart. J. Sci. Art.*, Series 2, Part.I, April/June 1828, 491.

[63] W.H. Warren, *Contemporary reception of Wöhler´s discovery of the synthesis of urea* in *J. Chem. Educ.*, **5** (1928), 1539-1553; J. H. Brooke, *Wöhler´s urea and its vital force – A veredict from the chemists* in *Ambix*, **15** (1968), 84-114; P. S. Cohen and S. M. Cohen, *Wöhler´s synthesis of urea: how do the textbooks report it* in *J. Chem. Educ.* **73** (1996), 883-886.

[64] S. L. Miller, *Ann. N. Y. Acad. Sci.*, **69** (1957), 260.

[65] C. Ponnamperuma, R. M. Lemmon, R. Mariner and M. Calvin, *Proc. Natl. Acad. Sci., U. S.*, **49** (1963) 737.

[66] S. L. Miller and H. C. Urey, *Science*, **130** (1959), 245.

adenosina, ribose e deoxiribose[67-68], ácidos gordos[69-70], porfirinas[71-72], proteínas[73-74] e ácidos nucleicos[75-76].

## 5.2 - Evolução molecular e estruturas dissipativas

Comprovada a possibilidade e compreendido o possível mecanismo da formação das bio-macromoléculas na atmosfera terrestre prebiótica, num processo de evolução química, fica por explicar a evolução do processo de auto-organização dessas mesmas macromoléculas para o complexo estado de ordem que caracteriza o ser vivo[77].

De acordo com a teoria "coarcevativa" de Oparin[78] e também de acordo com a teoria das "microsferas" (proteinodes), as "esférulas" formadas durante o arrefecimento de soluções aquosas saturadas de proteínas e outros compostos orgânicos afins, desenvolvida por Fox e colaboradores[79], a auto-organização verificada no evoluir dos seres vivos seria o resultado inevitável de forças de associação e organização inerentes ao processo químico da evolução dessas próprias moléculas. Que forças são essas?

[67] C. Ponnamperuma, C. Sagan and R. Mariner, *Nature*, 199 (1963), 222 C.

[68] C. Ponnamperuma and P. Kirk, *Nature*, 203 (1964), 400.

[69] S.C. Lind and D.C. Bardwell, *J. Am. Chem. Soc.*, 48 (1926), 2335.

[70] W. Mund and W. Koch, *Bull. Soc. Chim. Belges*, 34 (1925), 119.

[71] D. Shemin, *Proc. 3rd Intern. Congress on Biochemistry*, Brussels, 1955, p. 197.

[72] G. W. Hodgson and C. Ponnamperuma, *Proc. Natl. Acad. Sci., U. S.*, 59 (1968) 22.

[73] S. W. Fox and K. Harada, J. Am. Chem. Soc., 82 (1960) 3745.

[74] S. W. Fox and T. V. Waehneldt, *Biochim. Biophys. Acta*, 160 (1968) 246.

[75] A. Kornberg, *Enzymatic Synthesis of Deoxyribonucleic acid* (Academic Press, N. Y., 1961) pp. 83-112.

[76] M. Goulian, A. Kornberg and R. L. Sinsheimer, *Proc. Natl. Acad. Sci., U. S.*, 58 (1967) 2321.

[77] K. Dose, *Evolução molecular e protobiologia – uma panorâmica* in *Bol. Soc. Port. Química*, Série II, n°13/14 (1983), 22-25.

[78] A. I. Oparin, *The chemical Origin of Life* (Charles Thomas Publ., Chicago Ill., 1964).

[79] S. W. Fox, K. Harada and J. Kendrick, *Science*, 129 (1959) 1221; S. W. Fox, K. Harada and A. Vegotsky, *Experimentia*, 15 (1959), 81; S. W. Fox an K. Dose, *Molecular Evolution and the origin of life* (Marcel Dekker, N. Y., 2nd edition, 1977).

Qual a sua verdadeira natureza? Como comparam com os demais tipos de forças naturais?

A sua não caracterização satisfatória pelos autores que para elas apelam, deixa-nos naturalmente insatisfeitos e pouco significa do ponto de vista de uma explicação verdadeiramente científica.

Tentando uma explicação mais satisfatória, Ilya Prigogine desenvolveu a sua teoria das estruturas dissipativas a que fizemos já referência. Segundo esta teoria, a ordem complexa que caracteriza os sistemas biológicos teria a sua origem em processos físicos altamente desequilibrados do ponto de vista termodinâmico de cuja instabilidade resultaria uma organização espontânea em larga escala, sem necessidade de qualquer força vital específica.

A actividade química que constitui a actividade metabólica da célula viva é uma actividade altamente ordenada, tanto do ponto de vista da coordenação das diferentes velocidades das reacções, como do da sua localização na célula. A maioria das reacções em causa são reacções catalisadas, em que os catalisadores são, sobretudo, proteínas, em especial enzimas, em processos frequentemente auto-catalíticos, isto é, em que as moléculas reactivas activam elas próprias uma enzima estabilizando-a numa das suas múltiplas configurações possíveis, aquela a que seja mais acessível o local reactivo. Durante o processo reactivo, um produto da reacção pode "retroagir" sobre a velocidade da reacção que o fez aparecer.

Uma das propriedades notáveis dum sistema reactivo deste tipo, do ponto de vista da sua cinética química, é que as equações cinéticas que descrevem a sua evolução são equações diferenciais fortemente não-lineares.

Neste processo evolutivo não-linear a estabilidade não é um atributo de um estado como tal, envolvendo, sim, uma regressão de todas as flutuações possíveis. O sistema será instável se alguma das flutuações, em vez de regredir, se puder amplificar e invadir todo o sistema, fazendo-o evoluir para um novo regime de funcionamento qualitativamente diferente dos estados estacionários pelo mínimo de produção de entropia.

No domínio da termodinâmica linear, o fluxo entrópico é nulo quando o sistema atinge o equilíbrio e é uma função linear da força que o determina quando próximo do equilíbrio em que as forças por ele responsáveis são termodinamicamente muito fracas; não assim, no domínio da termodinâmica não-linear. Aqui, o modo como o fluxo entrópico depende da força que o determina é uma função bem mais complicada: na evolução global para o equilíbrio, mas ainda longe dele, os fluxos irreversíveis podem criar, de maneira previsível e reprodutível, a possibilidade de processos locais de auto-organização. Longe do equilíbrio, nestes sistemas, a dissipação de energia e de matéria pode tornar-se fonte de ordem. É às estruturas em que essa dissipação se dá que se chama *estruturas dissipativas*. Elas são uma forma de *organização supermolecular*.

Na formação das estruturas dissipativas, o sistema torna-se específico e dependente, de maneira crítica, do mecanismo das transformações químicas que as determinam. Não existe lei universalmente válida donde possa ser deduzido, para cada valor das condições-limite, o seu comportamento geral; cada sistema constitui um problema singular; cada conjunto de reacções químicas que o determinam deve ser explorado de per si, pois pode determinar um comportamento qualitativamente distinto.

Enquanto as recções "não-lineares", cujo efeito (a presença do produto de reacção) reage em compensação sobre a causa, são relativamente raras no mundo inorgânico, elas constituem praticamente a regra geral nos sistemas vivos, onde processos de auto-catálise, auto-inibição e catálise cruzada constituem os mecanismos clássicos de regulação que asseguram a coerência do funcionamento metabólico.

O mecanismo fundamental da transmissão e exploração de informação genética é, ele próprio, um mecanismo "não-linear". A informação genética é recopiada num mecanismo auto-catalítico de réplica do DNA, ao ritmo da multiplicação das células. Enquanto em equilíbrio e próximo dele, o sistema se mantém espacialmente homogéneo, longe do equilíbrio a difusão dos reagentes através do sistema e toda uma série de oscilações temporais, traduzidas noutras tantas estruturas dissipativas, conduzem a possíveis situações de instabilidade em que o sistema pode adoptar um comportamento que já não é periódico, mas estacionário, espacialmente estruturado.

Longe do equilíbrio, a própria homogeneidade do tempo é destruída, quer pela natureza global do espaço-tempo que confere ao sistema o comportamento de uma totalidade organizada, quer pela história que o aparecimento de tais estruturas implica e que é, em muitos casos, simples fatalidade. Uma vez tornado instável, o sistema fica aberto não a uma mas a várias possibilidades de saída que constituem outras tantas bifurcações na trajectória da sua possível evolução. A sua progressão para uma delas depende da natureza da flutuação que vier efectivamente a desestabilizá-lo. Não é possível justificar essa progressão evocando apenas a sua composição química e/ou as condições-limite. De facto, não se pode deduzir destas o estado singular para o qual o sistema avança, pois a partir de cada bifurcação, outros estados lhe eram igualmente acessíveis[80].

É o carácter estritamente linear ou não-linear da causalidade no domínio da biologia que está em causa. Até onde e em que termos "acaso e necessidade" informam, conjuntamente ou não, o processo evolutivo em que a vida se desenrola?[81] A evolução genética aparece como fortemente marcada pelo acaso em que as estruturas dissipativas marcam e conduzem o rumo efectivo.


## 6. Conclusão

Do que fica dito pode concluir-se que, apesar dos estupendos avanços registados pela ciência relativamente à explicação em termos da Física e da Química de muitos dos fenómenos relacionados com a vida, as questões que se põem sobre a *sua natureza* e os cenários relativos à *sua história* continuam a ser inúmeros. Uma e outra resistem cruelmente, muito mais que as questões relativas à matéria inanimada, ao escalpelo

---

[80] I. Prigogine e I. Stengers, *o. cit.,* pp. 206 –236.

[81] J. Monod, *Le Hasard et la Nécessité – Essai sur la Philosophie naturelle de la biologie* (Ed. Du Seuil, Paris, 1970).

do pensamento científico[82]. As questões sem resposta são tantas que dizer, hoje, que a vida na sua origem e natureza última é redutível a uma explicação cabal no quadro das leis físicas e dos processos químicos, é muito mais um acto que se escuda nas maravilhas com que o progresso científico nos brinda, dia a dia, do que uma atitude científica alicerçada em factos comprovados.

---

[82] *L´Histoire de la vie – 3 milliards d´années d´évolution* in *loc. cit.*, Editorial.

# 7. A GÉNESE DOS MINERAIS E A VEGETAÇÃO METÁLICA*

## 1. A Embriologia dos metais

Para operar a transmutação dos metais vis em prata ou ouro, os alquimistas procuravam a energia necessária num elixir, a Pedra filosófica. Hoje, diríamos que esta seria um pequeno mas potente embrião de energia criativa que, ao juntar-se ao corpo a ser transmutado, funcionaria como uma transfusão de sangue num doente anémico. No caso concreto dos metais, o serem vis, desprovidos do carácter nobre do ouro e da prata, dever-se-ia ao facto de estarem impregnados apenas por um pequeno quantum de alma, num estado verdadeiramente moribundo. Projectar sobre eles o elixir da transmutação seria vivificá-los, permitindo-lhes crescer e aperfeiçoar-se, podendo atingir um estágio em que se tornem imunes à deterioração. Este seria atingido quando se transformassem em ouro.

Numa palavra, o metal vil que sob a acção do elixir "Pedra filosofal" ao transformar-se em ouro adquiria uma energia criativa que o regenerava do estado anímico em que se encontrava. Energia criativa, gerador do ouro vivo, esse elixir que torna possível uma tal transmutação deveria ser tido como verdadeira semente de metais e como tal actuava[1].

Num plano mais geral, toda a criação era, para o alquimista, valorizada em termos da Vida, com um destino antropocósmico. Como o Homem, toda a Natureza nasce, vive e morre. Toda ela é, também, sexuada e

---

* A. M. Amorim da Costa, *A Génese das Substâncias Minerais e o essencialismo em Ciência* in Discursos e Práticas Alquímicas II (Lisboa, Ed. Hugin, 2002), pp.119-134.; A. M. Amorim da Costa, *Newton e a Química Vegetal* in *Química*, Bol. Soc. Port. Química, 110 (2008), 19-24.
[1] S. Mahdihassan, *Elixirs of mineral origin in Greek Alchemy*, Ambix, 24 (1977), 133-142

fecunda. Nela, por toda a parte, está presente o elemento masculino e o elemento feminino de cuja união resulta a continuação permanente da Vida. Nascem, crescem e morrem, em renovação contínua da Vida, o Homem, as plantas e os animais, como nascem, crescem e morrem, no seio da Terra-mãe, como o feto no útero materno, resultado duma união fecunda do masculino com o feminino, os minerais, as pedras, os metais; e de igual modo, os vegetais. Interessados, em particular, na preparação do ouro e da prata, os alquimistas preocupavam-se, muito especialmente, com a sua possível intervenção no processo generativo e evolutivo de tudo quanto nasce, vive e morre.

Esta concepção embriológica dos minerais e a sua descrição em termos ginecomorfológicos informa claramente a maioria dos tratados clássicos da alquimia que se conhecem. Do ponto de vista místico-religioso, uma tal concepção não é sequer um elemento estritamente característico e próprio da filosofia alquímica. Encontrámo-la, de um modo ou de outro, no elemento religioso das mais variadas civilizações, em áreas geográficas inteiramente diferentes, com tradições eruditas também muito diversas, como é o caso das civilizações Inca e Maya da América Central, as primitivas civilizações da América do Sul, dos Gregos e dos Semitas, como as mais antigas civilizações da Europa Setentrional, e as civilizações da África e da Oceania[2].

Com diferenças de pormenor mais ou menos acentuadas, é-lhes comum a crença fundamental de que os minerais se geram no seio da Terra-mãe e aí crescem e amadurecem. O diferente grau de amadurecimento em que se encontram, traduz-se em diferente grau de perfeição que, por sua vez, corresponde a diferentes minérios, na utilização do dia a dia.

Concepção muito arcaica por remontar a civilizações muito antigas, esta concepção embriológica dos minerais resistiu bem a séculos de experiências técnicas e de pensamento racional[3]. Plínio, na sua *História Natural*[4] afirma-

---

[2] M. Eliade, *Forgerons et Alchimistes,* Flammarion Ed., Paris, 1956, capítulos 3-4.
[3] *Idem,* p. 48.
[4] Plínio, *Historia Natural*, XXXIV, 49.

va claramente que as minas precisavam ser deixadas em repouso, durante longos períodos, para que nelas os minerais se regenerassem novamente. Outro tanto referia Strabon na sua *Geografia*[5]. E, já no século XVII, o autor espanhol Barba referia que uma mina esgotada é capaz de refazer os seus filões, contanto seja devidamente selada e deixada em repouso por cerca de dez a quinze anos. E expressamente afirma: "enganam-se grosseiramente aqueles que pensam que os metais foram criados, no começo do mundo, tal e qual existem; não, os metais nascem e crescem nas minas"[6].

O mesmo afirmava explicitamente Glauber: "a natureza opera sobre os metais um ciclo de nascimento e morte igual àquele que opera sobre os vegetais e animais"[7].

Embriões formados no seio da Terra, os metais nela crescem lentamente, com seu ritmo temporal de gestação próprio, num processo em tudo idêntico ao ritmo temporal de gestação dos organismos vegetais e animais. À medida que crescem, vão atingindo a sua maturidade própria. O seu ritmo geológico temporal de maturação é diferente de metal para metal, como, entre os animais ou entre os vegetais, também difere de animal para animal ou de vegetal para vegetal. Se um dado metal for extraído do seio da Terra-mãe, arrancado prematuramente das trevas telúricas em que se verificavam as condições adequadas ao seu amadurecimento correcto, será um metal imperfeito. E assim como o embrião animal ou vegetal tirado do seio "materno" antes de cumprido o ciclo geológico de amadurecimento próprio não sobrevive porque não atingiu ainda a formação mínima que lhe permita existir por si, também o metal que seja extraído do seio da Terra-mãe antes de cumprido o seu ciclo de maturação não é aquilo que devia ser. É um aborto de metal que é o que são os metais vis, cujo desenvolvimento embrionário está ainda muito longe de ter atingido o grau de amadurecimento que lhe confere total perfeição e vida, a perfeição do ouro vivo.

---

[5] Strabon, *Geografia*, V, 2.

[6] Citado por P. Sébillot, *Les Travaux Publics et les Mines dans les Traditions et les Superstitions de Tous les Peuples*, Paris, 1894, p. 398.

[7] Citado por G. Bachelard, *La Terre et les Rêveries de la Volonté*, Paris, 1948, p. 247.

Neste ponto, a crença de quase todos os alquimistas ia muito mais longe: se o ciclo de crescimento e maturação de qualquer embrião mineral no seio da Terra não fosse interrompido, por extracção extratemporânea, num entrave forçado do processo natural de gestação, todos os minerais resultariam, com o tempo, em ouro. A "nobreza" do ouro seria o resultado da sua "maturidade"; os outros metais são metais "comuns" porque "crus", não amadurecidos[8].

O alquimista acreditava, todavia, que seria possível intervir no processo natural de gestação dos minerais sem prejudicar o seu correcto crescimento e devida maturação. Mais: acreditava que o homem poderia intervir nesse processo, modificando o seu ritmo temporal, no sentido de o apressar. E este era o sentido de muito da sua actuação: colaborar com a natureza, ajudando-a no processo de formação, crescimento e maturação dos metais que se efectuava no seio da Terra, substituindo-se ao tempo que ela precisava para o realizar. Aquilo que a Natureza levava centenas ou milhares de anos a realizar, pretendia o alquimista realizá-lo no decurso de sua vida, de algumas dezenas de anos, mercê da Pedra-Filosofal que em si encerraria as condições necessárias para alterar por completo o ritmo geológico natural.

Deste modo, ele propunha-se retomar e aperfeiçoar a obra da mãe-natureza, afirmando-se como co-criador e "salvador-fraterno", ao ajudá-la a cumprir a sua finalidade, a atingir o seu "ideal" que é a realização plena do processo de progenitura - mineral, vegetal, animal e humana - até à sua maturidade suprema, a concretizar-se na imortalidade e na liberdade absolutas[9].


## 2. As razões seminais das pedras e dos metais

A crença hilozoista traduzida numa visão organicista de todo o Universo, dominou por completo o desenvolvimento do pensamento científico do

---

[8] Mircea Eliade, *o. cit.*, p. 55.

[9] W. Theisen, *John Dastin, The Alchemist as co-creator* in Ambix, 38 (1991), 73-78; Mircea Eliade, *o. cit.*, pp. 54-56.

mundo Ocidental até meados do século XVII. Só a interpretação mecanicista dos fenómenos naturais com origem em Newton, Descartes, Gassendi e outros, a destronaria paulatinamente. Não nos é de todo lícito afirmar que a gradual passagem de uma interpretação a outra se tenha consubstanciado em explicações alternativas mais convincentes dos mesmos fenómenos. Julgamos ser mais correcto afirmar que houve uma alteração na problemática científica que interessava aos cultores da ciência.

Na abordagem mecanicista da mineralogia, a atenção dos seus praticantes centra-se quase exclusivamente no estudo da composição e utilização dos minerais; pouco ou nada se questiona a sua origem. A questão da sua génese foi relegada para um plano secundário e votada praticamente a conformado silêncio. Na abordagem organicista, a génese dos minerais era a questão primordial e determinante, preocupada com a essência ontológica na própria origem de que decorre a sua constituição. Talvez não seja inadequado afirmar que o pragmatismo domina a abordagem mecanicista enquanto o essencialismo científico é a preocupação primeira da abordagem organicista.

Na convicção profunda de que o ciclo de nascimento, vida e morte dos minerais é em tudo análogo ao dos vegetais e animais, a sua origem deveria ser, na sua essência, idêntica à deles. Embora com ciclos temporais muito variados, os processos de nascimento, desenvolvimento e morte de vegetais e animais são, na sua essência, os mesmos: uns e outros têm a sua origem em sementes germinais para cuja formação contribui um elemento masculino conjugado com um elemento feminino. Depositadas no seio "materno", o húmus, no caso dos vegetais, o ovo, no caso animal, aí se desnvolvem, crescem e atingem a perfeição característica da espécie a que pertencem. Por que não há-de acontecer o mesmo com os minerais, sejam eles as pedras ou os metais?

Na visão organicista da Natureza, essa era a crença geral. Na filosofia Ocidental, o discurso que a suporta desenvolveu-se com base nas chamadas "razões seminais", o seu princípio activo. Na teoria das Ideias de Platão encontramos os primeiros traços desse discurso. Estóicos, discípulos de Zenão (c.490-430 a.C) e neo-platónicos, discípulos de Plotino, seriam, subsequentemente, os seus mais expressivos fautores.

Para os Estoicos, o *Logos*, potencialidade criativa, actua através das *logoi spermatikoi*, gérmens racionais ou razões generativas, disseminadas por todo o universo. Parte intrínseca de toda a matéria, a estas razões seminais se deve a capacidade de geração e crescimento que a mesma possui. Identificado o *Logos* do Universo com o *Pneuma*, os *logoi spermatikoi* seriam *pneumas actuantes em separado* sobre os diferentes tipos de matéria[10].

No seu Livro sobre as Pedras, Teofrasto fala-nos de pedras masculinas (pedras de tons escuros) e pedras femininas (pedras de tons mais claros), referindo que das sementes dos corpos que se formam no interior da terra, umas têm a sua origem no elemento água, outras no elemento terra. Das primeiras resultam os metais; das segundas, as pedras[11].

Nos séculos XV e XVI, o neo-platonismo de Marsilio Ficino (1433-1499), e o ecletismo místico e cabalista de Paracelso (1493-1541), deram-lhe nova ênfase. Se considerarmos a influência deste último, durante todo o século XVI e parte do século XVII na interpretação científica dos fenómenos naturais, poderemos fazer um juízo sobre a importância da teoria das "razões seminais" no domínio da mineralogia antes da aceitação generalizada da filosofia mecanicista, referindo as ideias que defende, nomeadamente, nos tratados *A Economia dos Minerais e Sua Genealogia*[12] e *O Livro dos Minerais*[13]. Neles se sugere que a formação dos minerais é em muitos aspectos idêntica ao desenvolvimento dos frutos nas plantas, cujo desenvolvimento se faz a partir de sementes, no seio do elemento terra e no interior do elemento ar. A terra serve de matriz em que as sementes se desenvolvem e apropriadamente se alimentam. Os ramos das plantas estendem-se em todas as direcções totalmente circundados pelo elemento ar. De modo semelhante, a água serve de elemento matricial

---

[10] J. R. Partington, *A History of Chemistry, Vol. I, Part.1 : Theoretical Background*, London, MacMillan & Co.Ltd, 1970, pp. 158.

[11] *Theophrasti de Lapididus Liber*, ab Adriano Turnebo Latinitate donatus, Paris, Officina F. Morelli, 1577.

[12] Paracelsus, *A Economia dos Minerais e Sua Genealogia* in Paracelsus, *Opera Omnia*, Ed. A. E. Waite, London, 1894, vol.I, pp. 89-113.

[13] *Livro dos Minerais* in Paracelsus, *Opera Omnia*, Ed. A. E. Waite, London, 1894 vol.I, pp. 237-56.

às sementes dos minerais que no seio dela se alimentam, desenvolvem e crescem até se tornarem espécimens amadurecidos. A matriz dos minerais – o elemento água – forma uma "árvore" dentro do seu próprio corpo onde deposita os seus frutos, quando chegada a estação própria, estão prontos para serem colhidos pelo homem[14].

Na sequência de Paracelso, Bernard Palissy (1510-1590), Miguel Sendigovius (1556-1636), J. R. Glauber (1603-1670), E. Jorden (1569-1632), J. B. van Helmont (1579-1644) e seu filho Francisco M. van Helmont (1614-1698), J. Webster (1619-1682), J. J. Becher (1635-1682) e G. E. Stahl (1660-1734), entre muitos outros, foram fiéis defensores da teoria das razões seminais, ao longo dos séculos XVI e XVII, crendo convictamente na transmutação natural de uns metais em outros, no seio da terra, depois de gerados a partir delas. Para todos eles, como escrevia Sherley, em 1672, referindo-se à influência de J. B. van Helmont nas concepções mineralógicas da época, "as pedras e todos os corpos sublunares são feitas de água, condensada por virtude de sementes que nela actuam, com a assistência de Odores fermentativos, causa e origem de todas as transmutações que na matéria ocorrem. A matéria de todos os corpos é, na sua origem, mera água". Sob a acção de "sementes" que nela operam, alterando a sua textura e figura, a água coagula, condensa e assume as diversas formas que caracterizam diferentes corpos"[15].

Os quatro elementos de Empédocles que a filosofia de Aristóteles consagrou, serviriam meramente de matrizes ou lugares de amadurecimento e crescimento dessas sementes quando neles fossem depositadas. Substâncias corpóreas, finíssimas e subtis, imperceptíveis para qualquer órgão sensitivo, tais sementes eram, para os mais religiosos, "ideias" disseminadas por Deus nos elementos, em que se continha o carácter do mineral, da planta ou do animal a que haveriam de dar origem, governadas por uma força vital, o *archeus*; ou, para os mais seduzidos pelo carácter dual masculino-feminino de todas as coisas, o resultado de um

---

[14] Paracelsus, *Opera Omnia*, Ed. A. E. Waite, London, 1894, vol.I, pp.92-93; 240 – 241.
[15] T. Sherley, *A Philosophical Essay: Declaring the probable causes, whence Stones are produced in the Greater World*, London, 1672.

processo copulatório do enxofre e mercúrio filosóficos. Becher diz-no-lo com toda a clareza: os vapores sulfurosos e mercuriais entrelaçam-se no seio da terra levando à geração dos metais; o enxofre é o actor masculino; o mercúrio, o feminino. Por coagulação, no processo copulatório, se forma a semente; por fixação, no seio materno, a semente cresce, no sentido dum total amadurecimento que determinará a sua perfeição[16].

## 3. A génese dos metais no quadro duma mineralogia corpuscular-mecanicista

O avanço da filosofia corpuscular dos sistemas de Descartes e, sobretudo, de Gassendi, procurando a explicação de todas as coisas na matéria e extensão, vai de mão dada com o crescente apagamento da filosofia organicista. Mais que uma questão de manifesta incompatibilidade entre os dois tipos de abordagem filosófica da Natureza, o declínio da visão antiga face à nova concepção deve atribuir-se, principalmente, ao facto da explicação dos fenómenos naturais em termos corpusculares se ter afirmado, pouco a pouco, como mais convincente, mais elucidativa e, porventura, mais eficaz no campo duma prática cada vez mais experimentalista. Não surpreende pois, que alguns dos mais destacados adeptos das novas teorias corpusculares se tenham mantido fiéis, durante muito tempo, a muitos dos princípios defendidos pelos organicistas. No caso particular da explicação da génese dos minerais, podemos dizer que a afirmação das razões seminais dos minerais não foi de imediato erradicada dos escritos dos novos filósofos.

No desfiar da sua teoria corpuscular, o próprio Gassendi, ao remontar-se à origem dos minerais, em geral, e dos metais, em particular, subscrevia a teoria dos antigos, afirmando, embora, que a estrutura destas sementes seminais deveria ser pensada em termos da composição atómica da ma-

---

[16] J. J. Becher, *Institutiones Chimicae Prodomae, id est, Oedipus Chimicus Obscuriorum Terminorum & Principiorum Chimicorum, Mysteria aperiens & resolvens*, Amsterdam, 1664.

téria[17]. Também R. Boyle (1627-1691), um dos mais ardentes defensores da filosofia mecanicista, no fascínio com que o seduziram muitos dos escritos de J. B. van Helmont[18-19], confessou-se preparado para considerar, com grande seriedade, ainda que com alguma cautela, a origem seminal dos minerais. No *Sceptical Chymist* pode ler-se: " parece-nos que as Terras Minerais e as correntes Metálicas contêm no seu âmago alguns Rudimentos seminais, ou algo semelhante"[20]. E no seu ensaio *Sobre a Origem e Virtudes das Pedras Preciosas*, Boyle relata vários casos de aparente crescimento de metais em minas que seriam do seu conhecimento[21].

Esta situação deve, todavia, ser tida como um período de transição, no quadro da nova filosofia. De facto, com a crescente aplicação de métodos de análise química ao estudo dos minerais por Bergman e seus discípulos, e, paralelamente, o desenvolvimento da cristalografia com Romé de l´Isle e Haüy, nas últimas décadas do século XVIII, a visão organicista cede por completo à concepção geomorfológica de Descartes explicando todos os fenómenos minerais em termos de interacções mecânicas entre corpúsculos ou fluidos de várias espécies constituídos corpuscularmente[22].

Empenhado em explicar a origem e a história geológica do Globo terrestre, Descartes, nos seus *Principia Philosophiae*, partiu de um conjunto de princípios que considerou ostensivamente evidentes por sua própria natureza, dos quais deduziu uma explicação coerente do modo como terá sido construido o nosso planeta. Admitindo que com partida duma mesma origem, teriam sido possíveis diferentes processos de formação do universo de que poderia ter resultado uma grande variedade de "possíveis" mundos, não o preocupou especular sobre outros processos que

---

[17] P. Gassendi, *Abrégé de la Philosophie de Gassendi en VIII Tomes. Par F. Bernier, Docteur en Medicine de la faculté de Montpellier*, Lyon, 1678, V, 85, 91, 107 and passim, citado in D. R. Oldroyd, *Mechanical Mineralogy*, Ambix, 21 (1974), p. 159.

[18] A. G. Debus, *The Chemical Philosophy*, Vol.II, Science History Publications, N.York, 1977, pp. 473-484.

[19] D.R.Oldroyd, Some Neo-platonic and Stoic influences on mineralogy in the sixteenth and seventeenth centuries, Ambix, 21 (1974), p. 153.

[20] R. Boyle, *The Sceptical Chymist*, London, 1661, p. 364.

[21] R. Boyle, An Essay about the Origin and Virtues of Gems, London,1672.

[22] D. R. Oldroyd, *Mechanical Mineralogy*, loc. cit., 157-178.

não aquele que realmente terá ocorrido e de que resultou o mundo em que realmente vivemos. Segundo ele, este mundo que é o nosso formou-se a partir de um certo número de entidades teóricas em contacto com as quais vivemos no nosso dia a dia e que são a atmosfera, os mares e a crosta terrestre[23]. Da interacção entre estas entidades teóricas, resultaram as diferentes camadas ou regiões de que se compõe o Globo terrestre. Lá bem no interior, uma região formada de partículas muito subtis, o que resta da matriz elemental da origem; à sua volta, uma camada compacta e opaca de material resultante de matéria solar; mais exteriormente, em camadas concêntricas, uma região muito irregular composta de corpúsculos muito ramificados, seguida de uma outra região composta por uma camada líquida de água a partir da qual se terão formados os oceanos, formada por corpúsculos aquosos à mistura com outras partículas de geometria variada; circundando esta região, aparece a crosta terrestre e a camada fluida que constitui a atmosfera.

Não entraremos aqui nas considerações de Descartes sobre o modo como os diferentes corpúsculos que entram na composição de cada uma das diferentes camadas se terão formado, e consequentemente, no modo como se terão constituído essas mesmas camadas. Apenas algumas palavras no que se refere à génese e evolução dos minerais no interior da crosta terrestre.

Segundo Descartes, num processo muito semelhante ao descrito pela teoria das exalações de Aristóteles explicando a formação das pedras e dos metais a partir da transformação dos fumos e vapores gerados no seio da terra ao serem exalados para fora dela, no tempo quente, os corpúsculos de água líquida que entram na composição da camada terrestre mais interior à sua crosta sólida, libertar-se-iam, através dos muitos poros existentes na interface de ambas as camadas e combinar-se-iam com partículas da camada gasosa, formando partículas com tamanho tal que já não conseguiriam voltar para a camada interior de onde saíram. Num processo longo de muitos anos, os "espaços" vazios deixados na camada mais interior por ausência das partículas que a deixaram, forma-

---

[23] E. J. Aiton, *The Vortix Theory of Planetary Motions*, London, 1972

riam cavidades subterrâneas que ao aluirem sob o peso da camada mais exterior levariam à fragmentação desta. Ao dar-se o colapso, muitos dos fragmentos iriam cair em meios "pantanosos", com uma matriz líquida de composição diversa de local para local. Da incorporação de porções desta matriz líquida nos interstícios dos fragmentos nela caídos resultariam os diferentes minerais.

Descartes não era um mineralogista. Conhecia, todavia, as substâncias mais comuns de que é formada a crosta terrestre, tentando explicar a sua formação em termos da teoria mecanicista que defendia. Esta sua explicação foi adoptada por quase um século por mineralogistas e geologistas, particularmente em França. Da sua explicação resulta clara a tese de que os diferentes minerais não existiram sempre na forma e na composição que encontramos hoje. Foram-se formando a partir de diferentes corpúsculos e por processos variados, não significando que o aparecimento de um dado metal numa determinada região da crosta terrestre tenha seguido exactamente a mesma tramitação do aparecimento de igual metal numa outra região, sob condições de formação diferentes. Não pode, pois, dizer-se que segundo Descartes, há sementes específicas de cada metal, ou que na transformação de um metal em outro se verifique um processo reprodutivo do tipo do que se verifica nos animais e nas plantas. Consequentemente, da filosofia de Descartes não fazia parte a crença de que todos os metais, num processo intrínseco de aperfeiçoamento, tendem a converter-se, gradualmente, com o evoluir do tempo, em prata, primeiro, e ouro, depois.

Sem dúvida que para Descartes e para os geólogos e mineralogistas que durante tantos anos seguiram a sua doutrina, a especificidade de cada mineral ou de cada metal é determinada pela sua composição que nos dará conta da sua essência. Essa composição não é, todavia, determinada de modo único a partir das mesmas "sementes", no caso, de idêntico tipo de corpúsculos. Determinantes são também, os diferentes movimentos e as diferentes circunstâncias em que operam as forças que levam a essa composição.

## 4. A génese dos metais e a ciência contemporânea

Nos nossos dias, a ideia das "razões seminais" dos minerais continua presente, um pouco por toda a parte, dentro e fora do campo da ciência. Muito perto de nós, no norte do nosso país, em Manhouce, são motivo da curiosidade de todos as chamadas "pedras parideiras"; os cosmógonos falam das "sementes das galáxias"[24], como os biólogos falam das "sementes da vida". Seduzido já pela Mecânica Quântica, Hopkins teorizou sobre o embrião gerador do ouro, chamando-lhe o Ios[25].

Qual grão lançado à terra que antes de germinar parece conhecer a morte num processo de aparente apodrecimento e dissolução, o desenvolvimento natural do Ios está condicionado pelo "seio materno" em que foi lançado e sobre ele têm influência determinante os diferentes astros. Um e outros ditam o seu ciclo natural de desenvolvimento, à semelhança do que se passa com o ciclo de germinação, crescimento e amadurecimento das diferentes espécies de animais e vegetais. Quantum de energia criativa, a sua estabilidade é tão grande que na nossa escala temporal, o podemos considerar perene. Por isso é também elixir de vida eterna. Ele consubstancia uma matriz de finas partículas de matéria energicizada, "mar" informe de protões, neutrões e electrões, a partir da qual, por diferente associação e combinação, todos os elementos naturais podem ser formados. O segredo da sua actuação como "razões seminais" de tudo quanto existe, nomeadamente dos diferentes minerais, talvez deva ser procurado no dinamismo que terá informado os primeiros instantes do universo e, mais restritamente, nas condições de pressão e temperatura que ainda hoje se verificam em muitas estrelas, nas quais se inclui o sol. Nelas se formam continuamente novas e diferentes jazidas metálicas a partir de elementos totalmente diferentes. As recentes experiências levadas a efeito, em Genebra, por um grupo de Físicos, tentando reproduzir os primeiros instantes que se seguiram ao big-bang em que se terá originado o Universo apontam nesse mesmo sentido. Nesses primeiros instantes

---

[24] Teresa Firmino, *As sementes das Galáxias* in Público, 27 de Abril.2000.

[25] A. J. Hopkins, *The kerotakis process of Zozimus*, Isis, 29, 1938, 327

apenas existia uma matéria ainda não organizada em átomos, nem núcleos, o *quagma*, uma "sopa" de quarcks e glutões, com uma energia e uma densidade tão grandes que não permitiriam a distância necessária a qualquer organização elemental. Da "interacção forte" que manteria ligados os quarcks constitutivos de cada protão e de cada neutrão, sob a acção de glutões, se constituiria a semente dos diferentes elementos que nos instantes seguintes se foram formando, num processo de crescimento e amadurecimento que ainda hoje não está terminado, e não sabemos se algum dia terminará[26].

A chave da transmutação de um qualquer metal noutro está na sua própria origem a partir dessas "razões seminais" primitivas que foram e são as partículas elementares constituídas em "mar" informe de protões, neutrões e electrões. No dia em que o homem as saiba manipular, compreenderá a possível formação e crescimento dos minerais no seio da terra-mãe, como compreende já a formação de vegetais e animais a partir de um óvulo fecundado tornado semente que em si contém a formação, crescimento, vida e morte do ser em que se pode tornar. E a ciência que lhe permite já hoje manipular este óvulo, e lhe perspectiva a síntese laboratorial do próprio DNA na tentativa de "criar" vida artificial[27] abrir-lhe-á as portas da possível manipulação das "razões seminais" de que se formam os minerais.

Se há quinze mil milhões de anos não havia tempo, nem espaço; se então, num vazio inimaginável, apenas existia uma pequena bola de fogo incomensuravelmente quente e densa; se então, de repente, numa gigantesca explosão de radiações e matéria, nasceu o universo e com ele o Tempo e o Espaço, porque não nascem também, noutro momento da história, os minerais, como nasceu a vida vegetal e animal? E uma vez formados, porque não hão de crescer e morrer com ciclos e mecanismos próprios?

---

[26] Teresa Firmino e Ana Gerschenfeld, *O Big Bang dentro da Televisão*, in Público, 27 de Abril, 2000.

[27] *Cientistas querem criar Vida Artificial* in Público, 28 Janeiro, 2000.

Refira-se, a propósito, a química da formação das pedras, incluindo as pedras preciosas, sejam elas o rubi, a safira, a esmeralda, ou outras. Elas são, em geral, misturas de sais de dois ou mais elementos. Quanto mais desfavoráveis forem as condições termodinâmicas da formação da mistura que caracteriza uma determinada pedra, mais rara ela será. E a raridade é, por via de regra, sinónimo de preciosidade. É o caso da esmeralda, um ciclosilicato semelhante à safira [ciclosilicato de berílio e alumínio, $Be_3$ $Al_2$ $(Si_6O_{18})$] em que o alumínio é parcialmente substituído por crómio, vanádio e, menos frequentemente, ferro. As dificuldades destas substituições estão na origem da sua raridade. De facto, o crómio, o vanádio e o ferro, por um lado, e o berílio e os elementos alcalinos, por outro, têm, na sua generalidade, jazidas geoquímicas muito diferentes: os primeiros são constituintes preferenciais do manto terrestre, enquanto os segundos são da crosta continental, o que não favorece fácil intercâmbio[28].

## 5. A química vegetal: do *Jardin du Roi* a Newton

Com o sucessivo desenvolvimento da prática química ao serviço da Medicina, iniciado no séc. XVI, na sequência das teorias de Paracelso (1493-1541) e J. B. van Helmont (1579-1644), a chamada medicina espagírica, iatroquímica ou farmacoquímica, começaram a merecer especial atenção os fenómenos de formação e desenvolvimento de todas as coisas que formam qualquer dos reinos da natureza. Mais que nenhumas outras, as concepções e práticas dos químicos do *Jardin du Roi* criado, em 1640, pelo Rei Luís XIII, nas margens do Sena, em Paris, marcaram todo esse desenvolvimento. Jean Béguin (1550-1620), Nicaise Le Febvre (1610-1669), Christopher Glaser (1615-1672) de quem foi discípulo Nicolas Lémery (1645-1715), mais tarde, Professor de química na Escola de Farmácia de Montpellier e autor do mais influente Manual de Química do século XVII, com mais de treze edições enquanto era ainda vivo[29] e

---

[28] *La Science au présent*, in Encyclopaedia Universalis, 1999, pp.63-64
[29] N. Lémery, *Cours de chymie*, 1675.

G. François Rouelle (1703–1770) de quem foram alunos, entre outros, D. Diderot (1713–1784), Joseph Proust (1754–1826) e Lavoisier são, sem margens para dúvida, as suas figuras principais. Todos eles químicos e farmacêuticos por profissão, pouco devotados a grandes especulações teóricas, unanimemente consideraram que o grande objectivo e empenho da tarefa química deveria ser a preparação dos medicamentos necessários à receita médica. J. Béguin deixou-o bem claro, em 1604, numa série de lições públicas sobre matéria química e, anos depois, em 1610, no tratado *Tyrocinium Chymicum*, destinado aos principiantes em química. Nele define a química como "a procura prática e experimental dos medicamentos"[30 - 31]. O mesmo fizeram N. Le Febvre e C. Glaser nos tratados químicos que escreveram[32 - 33].

Conhecidas as dificuldades da solubilização da maioria dos metais e sua consequente dificuldade em serem assimilados pelos organismos que os ingerem, e, conhecidos também os muitos efeitos perniciosos, nomeadamente tóxicos, resultantes da ingestão de alguns deles, em doses inadequadas, sendo muito difícil encontrar o doseamento correcto, as substâncias do reino mineral sempre foram parte menor do elenco do receituário medicinal dos iatroquímicos, não obstante não aceitarem a posição do receituário galénico que os bania por completo. Duarte Madeira Arraes (?–1652), médico do Rei D. João IV de Portugal, deixou-o bem claro ao recomendar que o médico metódico e douto se deveria abster tanto quanto possível de usar os medicamentos metálicos pois que embora sejam "especiosos catárticos e façam efeitos admiráveis em gravíssimas e extremas doenças", "por mais que lhe pareçam que têm a decente preparaçam", "he impossivel que ainda assim não escape alguma qualidade venenosa e perniciosa de que os mineraes são bem

---

[30] Jean Béguin, *Tyrocinium Chymicum E Natura Fonte et Manuali Experientia*, Paris, Renatum Ruellium, 1610.

[31] T. S. Patterson, *Jean Béguin and his Tyrocinium Chymicum in Annals of Science*, 2 (1937), 243-298

[32] N. Le Febvre, *Traité de chymie*, Paris, 1660.

[33] C. Glaser, *Traité de la Chimie*, Paris, chez l´autheur, 1663. *Nota*: este tratado foi traduzido para inglês e publicado em Londres em 1677 com o título *The Complete Chymist*, respectivamente, em 1660 e 1663.

aquinhoados"; (...) "até agora poucos foram os que particularmente usaram delles que chegassem a morrer velhos. E se lá chegaram, viveram cachéticos e hydropicos"[34].

De facto, a grande fonte das substâncias utilizadas pelos iatroquímicos sempre foi o Reino vegetal, na peugada das dezenas e dezenas de produtos da matéria médica elencados desde Dioscórides a Ibn Al Baiter a que se vieram juntar os muitos produtos vegetais com efeitos terapêuticos trazidos dos "novos mundos" das Descobertas seiscentistas. Conhecê-los bem do ponto de vista químico tornou-se para eles uma tarefa obrigatória. Não foi por acaso que os iatroquímicos do *Jardin du Roi* montaram o seu laboratório de preparações farmacêuticas num Jardim, conhecido também por *Jardim real das plantas medicinais* que só em 1718 passaria a Jardim Real das Plantas e, depois da Revolução Francesa, a Jardim das Plantas, onde viria a ser formado o Museu Nacional de História Natural dos nossos dias. A prática da Química no *Jardin du Roi,* centrada no estudo de produtos farmacêuticos extraídos de compostos naturais, sobretudo os de origem vegetal, perdurou até ao século XIX. Nele trabalharam, entre outros, Fourcroy (1755–109), N. L. Vauquelin (1763–1829), M. E. Chevreul (1786–1889) e Gay-Lussac (1778–1850), sendo de destacar o trabalho de Vauquelin na descoberta e isolamento de diversos alcalóides e toda uma série de compostos orgânicos extraídos de plantas. Herdeiro do *Jardin du Roi*, o Museu de História Natural de Paris tem, ainda hoje, nas suas instalações, um Laboratório de Química cujo objectivo primeiro é o estudo de substâncias naturais.

Não foi também por mero acaso que a criação de um grande número de jardins Botânicos afectos a grandes Instituições científicas teve a marca do interesse da iatroquímica. Basta que lembremos aqui o que sobre alguns deles referiu o Marquês de Pombal na carta que dirigiu a D. Francisco de Lemos, Reitor da Universidade de Coimbra, reprovando a planta apresentada por D. Vandelli (1730-1816) e Giovanni A. dalla

---

[34] Duarte Madeira Arraes, *Tratado das Virtudes dos Óleos de Enxofre, Vitríolo, Philosophorum, Alecrim, Salva e Agoa Ardente*, Lisboa,1648; Ms. 193 da Biblioteca Geral da Universidade Coimbra, pp. 22-22vs.

Bella (1726–*ca*.1823) para o *Horto Botânico* que os Novos Estatutos dados à Universidade em 1772 determinavam se construísse. Opunha-se o Marquês à grandiosidade do Jardim delineado pelos dois Professores porque entendia que não servia ao fim desejado, aquele que vira praticado nos Jardins Botânicos das Universidades da Inglaterra, Holanda e Alemanha e lhe constava que sucedia também no de Pádua, donde eram originários os dois Professores: "todos estes jardins são reduzidos a um pequeno recinto cercado de muros, com as commodidades indispensáveis para um certo numero de hervas medicinais e próprias para o uso da faculdade medica; sem que se excedesse d´ellas a compreender outras hervas, arbustos e ainda árvores das diversas partes do mundo, em que se tem derramado a curiosidade dos sequazes de Linneu..."[35].

Este grande interesse químico pelas substâncias de origem vegetal constituiu aquilo que muitos dos químicos dos séculos XVII e XVIII trataram sob a designação de "Química Vegetal". Essencialmente centrada em problemas de análise química, procurando prioritariamente os princípios activos do ponto de vista farmacêutico de muitos dos componentes que era possível extrair das plantas, ela interessava-se também por todo o tipo de fenómenos relacionados com a sua fisiologia, com muitas experiências sobre a sua respiração e sobre os melhores processos de as conservar, como aconteceu, em particular, no *Laboratório Chimico* da Universidade de Coimbra nos anos que se seguiram à Reforma de 1772[36]. A mesma designação é usada ainda hoje em muitos Manuais e Cursos de matéria química cujo objecto se centre no estudo químico de vegetais, um pouco à revelia da divisão da química, apresentada em 1777 por Torben O. Bergmann (1735–1784), em *Química Orgânica* e *Química Inorgânica*, relegando para esta última o estudo dos compostos de origem mineral, e incluindo na primeira o estudo de todos os compostos obtidos directamente dos seres vivos, animais ou vegetais. A "Química Vegetal" era um dos assuntos do conteúdo da Química Orgânica. Outra

---

[35] A. M. Amorim da Costa, *Primórdios da Ciência Química em Portugal*, Lisboa, Instituto de Cultura e Língua Portuguesa, 1984, pp. 29-30.

[36] J. A. Simões de Carvalho, *Memória Histórica da Faculdade de Filosofia*, Coimbra, Imprensa da Universidade, 1872, p. 282.

não deverá ser, porventura, a sua caracterização e classificação se nos confinarmos estritamente ao estudo material dos compostos vegetais. A designação assume, todavia, um carácter polémico quando se ousa avançar para além do estritamente material. Desde logo é posto em causa o seu carácter científico. Não deixa de ser paradoxal que se deva a Isaac Newton (1642-1727), o pai mais consagrado da ciência moderna, a marca principal dessa polémica.

## 6. Newton e a química dos vegetais

A visão mecânica do Universo compaginada nos *Principia Mathematica* de Newton (1646-1723) não é aquela que melhor traduz a visão do seu autor sobre matéria química[37]. Para bem nos inteirarmos sobre a sua posição a respeito desta é necessário analisar a secção final do seu tratado de *Óptica*[38] de 1704, onde encontramos toda uma série de questões relativas a especulações sobre a estrutura da matéria, numa abordagem essencialmente experimental; e é necessário, sobretudo, analisar muitos dos seus escritos relacionados com a sua intensa actividade como alquimista. Depois da descoberta, na década de 1930, de um grande número de manuscritos de Newton sobre assuntos de alquimia que haviam passado despercebidos depois da sua morte, a faceta alquimista de Newton não pode deixar de ser tida na devida consideração quando se pretende estudar a sua posição em matérias do domínio da química. Deles se depreende que Newton dedicou um tempo imenso à alquimia, provavelmente maior do que à mecânica. Porque o fez no quadro de uma actividade privada e sem divulgação imediata, nem mesmo o seu assistente directo terá tido conhecimento pormenorizado dela. Hoje, referindo-nos à sua visão sobre matéria química, não a podemos ignorar.

---

[37] Isaac Newton, *Philosophiae Naturalis Principia Mathematica*, Londres, Apud Joseph Streater, 1687.

[38] Isaac Newton, *Opticks or a treatise of the reflections, refractions, inflections and colours of light*, London, Sam. Smith & Walford, 1704, p. 400.

Do ponto de vista mecânico, Newton foi partidário das filosofias corpusculares acreditando que todos os corpos eram constituídos de partículas primitivas extremamente pequenas, sólidas, compactas, duras, impenetráveis e móveis, com tamanhos, figuras e proporções os mais adequados à formação dos corpos que constituem. Sólidas e incomparavelmente mais duras que quaisquer dos corpos porosos delas formados, tais partículas nunca se romperiam nem seriam desfeitas em bocados[39]. Combinando-se entre si e com porções de espaço vazio entre elas, essas partículas primitivas dariam origem a partículas maiores que por novas combinações entre si e com outras porções de espaços vazios acabariam por dar origem às diversas espécies de matéria visível e invisível. Tudo isto sob a acção de certas forças pelas quais, por causas que considerava ainda desconhecidas, seriam ou mutuamente impelidas umas para as outras, convergindo em figuras regulares, ou mutuamente repelidas. Tratar-se-ia de forças do tipo das forças da atracção universal que explicavam os fenómenos celestes, actuando a curtadistância, entre as partículas constituintes de todos os corpos[40] - [41].

Nesta sua visão mecânica da constituição da matéria, Newton confessava que por muitas razões era induzido a suspeitar que todos os fenómenos da natureza poderiam depender dessas forças pelas quais as partículas dos corpos, por algumas causas até então desconhecidas, seriam mutuamente impelidas umas em direcção às outras, formando corpos regulares, ou então mutuamente repelidas[42].

Lendo, todavia, os seus escritos relacionados com muitas das suas práticas de alquimia, por mais que uma vez o vemos afirmar a necessidade de outros princípios para além de tais forças, para explicar a complexidade do mundo físico. Em particular, quando se trata de explicar certos

---

[39] Isaac Newton, *Opticks*, 1704, p. 400

[40] *Unpublished Scientific Papers of Isaac Newton*, Ed. A.R.Hall and M.B.Hall, Cambridge Univ. Press, Londres, 1962, p. 341.

[41] A.M. Amorim da Costa, *Newton e a Química* in *Bol. Soc. Port. Química*, 27 (1987), pp. 40-42.

[42] Isaac Newton, *Philosophiae Naturalis...,.*, Auctoris Praefatio ad Lectorem.

*Princípios Activos* que ele considerava serem responsáveis pelo complexo comportamento **químico** da matéria.

De facto, nestes escritos verificamos que Newton professava, neste domínio, a ideia de um universo preenchido pelo éter com elementos **animistas**, incluindo a crença numa substância subtil denominada *magnésia*, como princípio constitutivo dos materiais magnéticos, uma emanação que *reviuifica* a matéria, e, a crença numa *"virtude fermental"* ou espírito vegetal, a *força da fermentação* a que se referira em algumas das suas *questões* da *Opticks*. Esta seria uma autêntica entidade alquímica *"o agente vital difundido através de todas as coisas que existem no Mundo; o espírito mercurial, mais subtil e completamente volátil, disperso através de todos os lugares ..."*.

Com a *virtude fermental,* Newton buscava um princípio único capaz de modificar a matéria e de produzir as suas múltiplas formas, inclusive as diversas **formas de vida**, para cuja geração seria necessário, em seu entender, algo mais que uma simples acção mecânica. Os filósofos naturais da época eram unânimes em afirmar que a simples acção mecânica jamais poderia dar conta de certo tipo de processos da natureza como, por exemplo, o processo de assimilação, no qual a comida se transforma nos corpos de animais, vegetais e minerais. Tão pouco poderia dar conta da grande variedade de formas no mundo, emanadas todas de uma matéria única. Pura e simplesmente, as leis mecânicas na base das quais seriam explicados, na sua generalidade, os fenómenos químicos, não poderiam explicar todo o comportamento da matéria orgânica e inorgânica. Em particular, a química dos vegetais não poderia ser totalmente enquadrada no âmbito da matéria química. Um vegetal seria muito mais que um ser inanimado, possuindo uma respiração etérea para refrigerá-lo e para refrigerar também o seu fermento vital, num processo em que seriam emitidas fortes exalações.

Deste modo, a Química vegetal não poderia prescindir do estudo do espírito vital subtil que ele buscava, traduzido no mistério sagrado que envolvia a matéria na sua estrutura íntima. Para Newton, a Química vegetal extravasaria necessariamente o âmbito da química vegetal das preparações farmacêuticas da espagírica, nas suas manipulações de análise e síntese dos compostos vegetais. E não poderia ser confinada à visão mecânica da química que ele próprio caracterizara nos *Principia* e na *Optiks*.

Tentando caracterizar a virtude fermental dos vegetais, Newton foi um confesso adepto do animismo e da alquimia. Esta vertente da sua actividade permite-nos perceber quão arbitrárias e fluidas eram ainda as fronteiras entre magia e ciência ao tempo em que escreveu esses dois tratados básicos da ciência moderna. E ilustra de maneira clara as continuidades que, paralelamente às rupturas, moldaram a revolução de que nasceu a ciência moderna. Não é de todo defensável a existência de hiatos e descontinuidades radicais entre a ciência antiga, distorcida pela superstição e o empirismo ingénuo, e a ciência moderna, assente no empirismo racional. Pela dedicação com que cultivou uma e outra, e pela crença que em ambas depositou, Newton acabaria por ser considerado "o último dos magos e o primeiro dos físicos"[43].

## 7. Metalogénesis e palingénesis

O animismo dos escritos alquimistas de Newton que suporta o tratamento que fez da química vegetal na consideração duma virtude fermental traduzida numa emanação que *revivifica* a matéria vegetal como seu elemento constitutivo, estendeu-se aos seus estudos sobre os metais. Seduzido pelas ideias de Ireneu Filaleto sobre a exalação mineral no processo da formação dos metais, Newton deixou-se fascinar pela beleza da "teia" duma liga de cor púrpura viva que conseguiu preparar a partir de antimónio e cobre. Hoje, qualquer de nós pode deixar-se possuir por igual fascínio, em nossas próprias casas, com preparações semelhantes, seguindo receitas muito simples, amplamente divulgadas em catálogos que referem o crescimento de cristais. Os "kits" da Smithsonian e outros estão ao alcance de todos. Com um sentimento de magia, é fácil preparar autênticos jardins de cristais, com um colorido deslumbrante, a partir de soluções muito simples de variados elementos metálicos. Seduzido por este fenómeno, Newton acreditava que a geração dos metais se processaria no seio da terra-mãe, por transformações contínuas em tudo idênticas às transformações observadas nos vegetais. A química mineral e a quí-

[43] *Newton e o Cálculo Diferencial Integral* in http://plato.if.usp.br/1-2003/fmt0405d/ apostila/ renasc7/node12.html

mica vegetal deveriam ter enquadramento similar, ambas empenhadas na caracterização de princípios e processos semelhantes. A formação ou génese dos metais no seio da Terra-mãe, a *metalogénesis*, seria, nos seus aspectos fundamentais, um processo de vegetação, a *vegetação metálica*. Conhecer a natureza da *virtude fermental* que está na sua origem, e o mecanismo da sua actuação seria entrar no segredo e na posse da chave do processo da metalogénesis.

Ao tempo em que Newton se interessava pela *virtude fermental* da vegetação metálica, muitos dos estudiosos das plantas interessados na sua descrição e classificação interessavam-se também pela sua análise química, já no quadro das preparações farmacêuticas a que se dedicavam, já no quadro de estudos gerais de botânica. Era o que acontecia, em França, no já referido *Jardin du Roi* e também na Academia Real das Ciências e um pouco pelo resto da Europa, na Inglaterra, em Itália, na Polónia, etc. Nesta prática, a maceração dos mais variados tipos de plantas em frascos de vidro, aquecidos por utilização de diferentes graus de calor, começando com um banho de água mais ou menos quente, seguido de um aquecimento directo em fogo brando que se ia tornando cada vez mais intenso, tornou-se um processo rotineiro. Foi nesta prática que se desenvolveu um grande interesse pela chamada *palingénesis*, o processo da "ressurreição" duma planta destruída pelo fogo, a partir das cinzas formadas, a que nos referiremos mais adiante. Tal como na vegetação metálica, o que estaria em causa seria a natureza e o modo de acção da virtude fermental que actuaria num caso e noutro. Nela residiria a possibilidade do praticante de alquimia ser capaz de fazer, no curto tempo da vida de um vivente humano, o que a Natureza leva séculos no seio da Terra-mãe, a transformação dos metais vis em metais nobres, e também a possibilidade do elixir da longa vida, que num processo de "ressurreição" contínua aproximaria o homem mortal da imortalidade do próprio Deus.

Nesta convicção, Newton e os seus contemporâneos que com ele partilhavam a mesma crença, limitavam-se a fazer sua uma crença que vinha da Antiguidade Clássica e atravessara toda a Idade Média, a ideia generalizada entre os *mineralogistas* ocidentais de que os metais cresciam no seio das minas donde eram extraídos[44]. Pouco menos de um século antes de Newton, Jerónimo Cardan (1501-1576) referia-se ao assunto em termos bem claros: " o que é uma mina senão uma planta coberta de terra? Os metais existem nas montanhas do mesmo modo que as árvores, com as suas raízes, os seus troncos, os seus ramos e as sua folhas próprias"[45]. Por sua vez, séculos antes, R. Bacon (1219-1292) escrevia que « alguns escritores antigos referem que se podia encontrar na ilha de Chipre uma espécie de ferro que cortado em pequenos bocados e enterrado em terreno lavrado frequentemente, aí vegetaria de modo tal que todos os bocados enterrados se tornariam muito maiores"[46].

Com esta ideia de que os metais nascem e crescem no seio da terra, a que acima nos referimos ao escrever sobre a embriologia dos metais, muitos proprietários de minas iam ao ponto de suspender de tempos a tempos, a actividade da sua exploração, deixando-as repousar, por períodos mais ou menos longos, para que a mina recuperasse do seu processo de formação, tal qual é habitual fazer com os terrenos de cultura vegetal.

Na Antiga Grécia, Aristóteles (384-322 a.C.) na sua obra *Meteorológica*[47] descreveu a formação das substâncias minerais em termos de exalações subterrâneas devidas ao calor do sol que penetrava através da crosta terrestre e se ia acumulando no seio da terra. Actuando sobre a humidade subterrânea, este calor levaria à formação de exalações húmidas que se libertariam das substâncias ali existentes, deixando-as com um excesso de exalações secas, o que explicaria a existência de substâncias líquidas e substâncias sólidas, substâncias em que predominaria o elemento àgua e substâncias em que predominaria o elemento Terra. Os metais seriam substâncias compostas resultantes da combinação, em proporções di-

---

[44] Mircea Eliade, *Forgerons et Alchimistes*, Flammarion Ed. Paris, 1956, pp. 47- 48.

[45] Hierome Cardanus, trad 1556, pp.106-108, cit. in Gaston Bachelard, *La Terre et les Rêveries de la Volonté*, Paris, 1948, 244-245.

[46] R. Bacon, *Sylva Sylvarum*, III, p.153 cit. in Gaston Bachelard, *o.cit.*, p.244

[47] Aristotle, *Meteorologia*, IV.

versas, das substâncias com exalações húmidas com as substâncias com exalações secas, por interacção das próprias exalações[48].

Referimos já o que sobre o assunto escreveram, também, ainda na Antiguidade, Plínio, o Velho, que na sua *História Natural* escreveu sobre umas minas de chumbo, existentes em Espanha, donde se extraia a galena[49], e as indicações do mesmo jaez apontadas na *Geografia* de Strabo de Capadócia (57 a.C- 21 d.C)[50].

Já nos finais da Idade Média, Jorge Agricola ( 1494-1555), na sua obra *De Re Metallica*, o mais autorizado tratado sobre extracção e tratamento de metais nos 250 anos que se seguiram à sua primeira publicação em Basileia, no ano de 1556, num diálogo entre Daniel, um profundo conhecedor de todas as tradições mineralógicas, e um jovem mineiro ainda aprendiz, iniciando-o nas técnicas de rejuvenescimento das minas e na arte de extracção, refere outro tanto.

E como também já referimos, Paracelso, no seu livro *De Mineralibus* e no tratado sobre a *Economia dos Minerais e sua Genealogia*, confessa a sua crença no processo da vegetação metálica dizendo que nela, à semelhança do que se passa com as plantas, os minerais envoltos pelo elemento Ar, germinam no seio da terra a partir de sementes jacentes no elemento matricial Água, com um período de desenvolvimento mais ou menos longo, até se tornarem espécimes amadurecidos. Mas, qual Fénix, das cinzas a que são reduzidos podem renascer em processo de renovação contínua. Por isso não se esgotarão jamais no seio materno em que são gerados. Cabe ao homem ressuscitá-los das cinzas em que jazem.

É na comunhão desta ideia centrada numa *virtude fermental* de metais e vegetais que metalogénesis e palingénesis assumem igual enquadramento conceptual e a química vegetal enquadra a vegetação metálica.

---

[48] John A. Morris, The Mineral Exhalation Theory of Metallogenesis in Pre-Modern Mineral Science in Ambix, 53 (2006) 43–65.

[49] Caius Plinius Secundus, *Naturalis Historia*, XXXIV, 49.

[50] Strabo d´Amasée, *Géographie* , V , 2

A terminologia usada pode ser encontrada na filosofia dos antigos Estóicos que a usavam para se referirem à contínua recriação do Universo sob acção do Demiurgo depois de ter sido por ele absorvido. Filo de Alexandria (20 a.C – 50 d.C) usara-a ao falar de Noé e seus filhos para referir a renovação e renascimento da terra após o dilúvio a que tinham sobrevivido. E Plutarco (45–125) usara-a para se referir à chamada metempsicose, a perenidade da alma que sobrevive à morte do corpo em que habita, por transmigração, à hora da morte dele, para um novo corpo, num processo de eterna renovação e eterno renascimento.

Todavia, a interligação da vegetação metálica de Newton com a *virtude fermental* que ele tinha como elemento intrínseco de todo o processo vegetativo, permite-nos estabelecer uma relação muito mais estreita entre os dois processos, a metalogénesis e a palingénesis pela qual havia, ao tempo de Newton, um grande e generalizado interesse, sobretudo entre aqueles que mais se interessavam pela química vegetal.

Muito desse interesse, sobretudo ao longo do século XVII, foi alimentado por um relato de Joseph Du Chesne (1546–1609), médico e Embaixador de Henrique IV, conhecido por Quercetanus, referindo uma experiência de que fora testemunha, num laboratório de Cracóvia, em que várias plantas teriam sido "ressuscitadas" após terem sido calcinadas, a partir das cinzas obtidas. De facto, este relato foi ao tempo, e por muitos anos, testemunho de referência sobre o fenómeno. O próprio Diderot, no seu texto sobre palingénesis na *Enciclopédie,* o refere com grande destaque. Diz J. Du Chesne que um médico Polaco (cujo nome não menciona), em Cracóvia, o levou ao seu Laboratório e aí lhe mostrou as cinzas de diversas plantas pertencentes a diferentes espécies que conservava em mais de trinta frascos hermeticamente fechados. Tomando um desses frascos, o médico aqueceu-o durante algum tempo sob fogo brando. Maravilhado e espantado, Du Chesne assistiu ao germinar, no frasco, de um rebento que rapidamente tomou a cor, o formato e o tamanho da espécie original de que as cinzas provinham, acabando no desabrochar duma flor. Quando o médico deixou de aquecer o frasco, à medida que o arrefecimento se dava, a "ressuscitada" planta que dentro dele se formara transformou-se de novo nas cinzas de que brotara. Ali mesmo, o médico afiançou a Du Chesne que obtivera idênticos resultados utilizando cinzas de rosas, de túlipas e de calêndulas, podendo repetir as experiências vezes sem conta[51].

K. Digby (1603–1665) numa palestra de 1660 que intitulou de *Discurso sobre a Vegetação das Plantas* foi um dos muitos autores que no século XVII manteve vivo o interesse pelo fenómeno da palingénesis, creditado no relato de Du Chesne, referindo ele próprio o interesse que ao assunto votaram muitos dos autores da época, com especial menção de A. Kircher (1602–1680) e W. Davisson (1662–1728)[52,53,54,55,56].

Ao interesse pela "ressurreição" de plantas a partir das suas cinzas se associou rapidamente o interesse pela experimentação que permitia preparar as chamadas árvores metálicas ou "árvores de Diana" a partir de soluções de sais metálicos que atraíram a atenção de muitos curiosos das práticas laboratoriais[57]. A descrição das experiências que se faziam no âmbito desta experimentação era correntemente referida como palingénesis; hoje, é preferencialmente designada por *vegetação metálica.*

A curiosidade pelo fenómeno narrado tornou-se grande, mesmo entre os mais cépticos. Tornou-se grande o número de curiosos que em algumas cidades, por exemplo em Paris, pagavam para assistir a experiências anunciadas e descritas como ressurreições de rosas e túlipas. Plantas "ressuscitadas" tornaram-se objectos apetecidos para exibição em Gabinetes de curiosidades de História Natural[58]. Neste

---

[51] J. Du Chesne, in *Hermeticis disciplinis defensio contra Anonymum* p.231; Idem, *Le Grand Miroir du Monde*, Lyon, 1593, p.89.

[52] - J. Marx, *Alchimie et palingénésie* in Isis, 62 (1971), 275-289.

[53] A. G. Debus, *A Further note on Palingenesis* in Isis, 64 (1973), 226.

[54] François Secret, *Palingenesis, Alchemy and metempsychosis in Renaissance medicine* in Ambix, 26 (1979), 81-92.

[55] Charles Bonnet, *Palingénèse philosophique ou idées sur l´état passé et futur des êtres vivants*, 1770.

[56] Pierre Simon Ballanche Lion, *Essais de palingenésie sociale*, 1833

[57] G. Schott, *Technica Curiosa Sive Mirabilia Artis*, Wurzburg, 1664, 1351-1360.

[58] G. Voigt, *Curiositates Physicae, de ressurrectione plantarum, cantatione cygnea, congressu et partu viperaru, chamaeleonis vitu*, Gustrovi, 1668.

contexto, na caracterização da natureza e modo de actuação da *virtude fermental* constitutiva de minerais e vegetais como a concebia Newton, a *palingénesis* servia melhor a causa dos interesses alquimistas do que a sua caracterização confinada ao fenómeno da *metalogénesis*. Se voltada apenas para esta, servia, como já atrás o referimos, o objectivo alquimista da transformação dos metais vis em metais nobres, mas relegava para segundo plano o grande objectivo da regeneração contínua do homem por uso do Elixir da longa vida, até à possibilidade de o transformar no próprio Deus. O estudo *virtude fermental* pela via da *metalogénesis*, a *vegetação metálica*, assente no estudo da química mineral era mais sedutora e, porventura, mais realista, na prossecução do objectivo alquimista da transformação dos metais vis em metais nobres. Porém, o seu estudo pela via da *palingénesis*, assente na *química vegetal*, seria não só muito mais abrangente, como também mais nobre e adequado ao homem com o olhar posto no próprio Deus e comprometido na Sua Glória. E esta era uma atitude que os filósofos da Renascença não descuravam de modo algum. Newton professou-a e nela se comprometeu.

Comum a vegetais e minerais, a *virtude fermental* admitida por Newton como parte constitutiva de uns e outros e de que aqui nos servimos para diferenciar entre a sua concepção da química vegetal e a química dos vegetais (a fitoquímica), a química a que nos referimos hoje quando usamos a mesma terminologia, não deve ser identificada com a "força vital" do vitalismo, pois esta seria uma força de que só os seres vivos seriam dotados. Devido a ela, os seus defensores acreditavam que nenhuma substância orgânica poderia ser preparada ou produzida fora da acção de um qualquer ser vivo. Para Newton esta não era a questão. A *virtude fermental* de Newton, nota essencial da sua química vegetal, era a sua crença e a sua afirmação do espírito seminal de todas as coisas da filosofia química de J.B. van Helmont. Não consta que este pioneiro da nova química iniciada com Paracelso alguma vez se tenha interessado pela palingénesis, ou tenha escrito alguma coisa sobre ela; todavia, vários dos seus discípulos, nomeadamente Kircher, nas suas referências ao fenómeno por mais que uma vez o fizeram dizendo que ele era uma prova das teorias seminais por ele defendidas, segundo as quais todas as coisas seriam formadas a partir de sementes próprias que não seriam simples objectos materiais, mas antes o *"arquê"* ou ideia do seu princípio activo[59]. Para Newton, a *virtude fermental* seria uma dessas sementes.

---

[59] A. M. Amorim da Costa, *No Mundo dos Fluidos: o Gás, o Blás e o Magnal de J. B. van-Helmont* in A Palavra Perdida, Lisboa, 2005, Ed. Apenas Livros, 11-26.

# 8. A "ESTRUTURA MATEMÁTICA" DA NATUREZA E DA CIÊNCIA*

"A Química cria os seus próprios objectos"
M. Berthelot

## 1. Matemática e experiência

Quando se pretende fazer o elenco dos factos ou das figuras que mais marcaram uma determinada época, muito dificilmente o mesmo facto ou a mesma figura merecerá consenso unânime de quem seja chamado a fazê-lo. Com naturalidade, diferentes pontos de vista e diferentes critérios de valoração levam a diferentes catalogações. Ao terminar o segundo milénio da era cristã em que vivemos, um pouco por toda a parte, apareceram opiniões variadas sobre o acontecimento e sobre a figura que mais o terão marcado. No emaranhado da natural falta de consenso, a Revolução Científica ocorrida ao longo dos séculos XVI e XVII e, no contexto dela, os nomes de L. Da Vinci (1452–1519), N. Copérnico (1473–1543), J.Kepler (1571–1630), Galileu-Galilei (1564–1642) e I. Newton (1642–1727) recolhem o favoritismo da maioria dos analistas.

Reportando-nos à figura de Galileu, gostaríamos de notar aqui a importância que ele atribuía à matemática no estudo das ciências e, sobretudo, a filosofia em que suportava essa importância.

É justamente famosa a questão 6 do seu tratado *O Ensaiador*, escrito em 1623: «a filosofia do Universo, esse grandíssimo livro que continuamente está aberto em frente de nossos olhos, não se pode entender sem primeiro se conhecer a linguagem e os caracteres em que está escrita.

A sua linguagem é uma linguagem matemática em que os caracteres são os triângulos, os círculos e demais figuras geométricas, sem o conhecimento dos quais é impossível entender uma só das suas palavras»[1] De acordo com Galileu, é preciso conhecer bem a ciência matemática para poder conhecer a Natureza; e só é possível interrogá-la devidamente usando a linguagem matemática. É experimentando, com experiências reais e experiências imaginadas, que o cientista interroga a Natureza. Consequentemente, a teoria matemática precede a experiência.

Nesta concepção de Galileu encontramos, pela primeira vez na história do pensamento humano, a ideia da física matemática, ou, em afirmação mais enfática, a ideia do matematismo físico[2].

O papel das matemáticas no desenvolvimento da ciência física não era, ao tempo de Galileu, um problema novo. A sua consideração e discussão, no Ocidente, constavam de mais que uma das correntes das Escolas da Antiga Grécia. O próprio Galileu estava consciente disso e tinha por certo tratar-se duma questão que fora assunto fundamental de disputa entre Aristóteles e Platão. Disso mesmo nos dá conta no seu *Diálogo sobre os dois Principais Sistemas do Mundo,* escrito em 1632, onde, Salviati, o seu porta voz, afirma que "as conclusões matemáticas são exactamente as mesmas no abstracto e no concreto", refutando a posição de Simplício que, defendendo Aristóteles contra Platão, considerava que "as subtilezas matemáticas apenas funcioam muito bem no abstracto, mas não quando se tenta aplicá-las à matéria física sensível"[3]. E mais adiante: «não há outra disputa que tenha dado lugar a tantas especulações muito nobres e muito belas (...) como a questão sobre se o uso das matemáticas na ciência física, enquanto instrumento de prova e termo médio da demonstração é oportuno ou inoportuno; isto é, se ele nos traz alguma verdade, ou,

---

* A. M. Amorim da Costa, Química, Bol. Soc. Port. Química, 80 (2001), pp. 50-54.

[1] Galileo-Galilei, *Il Saggiatore,* (Roma, 1623) in *Opere* , VI, p.232; e *Lettre à Liceti* de 11.Jan.1641 in *Opere,* XVIII, p. 293. Nota: no presente trabalho, as referências às Obras de Galileu remetem para os 21 volumes da edição de A. Favaro ( Florença, 1890-1909) *Opere Complete di Galileo Galilei.*

[2] A. Koyré, *Estudos Galilaicos,* Publ. D. Quixote, Lisboa, 1986, pp. 345 ss.

[3] Galileo-Galilei, *Diálogo sopra I due massimi sistemi del mondo* (Florença, 1632), II, in *Opere,* III, p.423.

se, pelo contrário, é prejudicial e perigoso. Com efeito, Platão acreditava que as matemáticas eram muito particularmente acomodadas às especulações físicas; e é por isso que ele recorreu muitas vezes a elas para explicar os mistérios físicos. Mas Aristótels parece ter tido um sentimento inteiramente oposto, e atribuía os erros de Platão a um demasiado amor pelas matemáticas"[4].

Como nota A. Koyré, a diferença entre os sequazes de Aristóteles e os sequazes de Platão neste assunto não é, de modo algum, o problema da certeza, mas sim o da realidade; não é de modo algum o emprego das matemáticas na ciência física, mas sim o do seu papel na e para a própria estrutura da ciência, isto é, da própria realidade[5].

Reportando à estrutura da ciência e, consequentemente, da própria realidade, o matematismo físico de Galileu não é, todavia, de modo algum, a defesa da matematização da natureza, que outra coisa se não pode concluir da sua afirmação explícita: "nas demonstrações naturais, não se deve procurar a exactidão matemática"[6], pois que a realidade física – quantitativa e imprecisa – não se molda por si própria, à rigidez de noções matemáticas. A matéria natural nunca encarna formas precisas, e as formas nunca a informam perfeitamente; sobra sempre «jogo» e, portanto, a querer matematizar a natureza não se chega a lado nenhum. No mundo real – o mundo físico – não há rectas, nem planos, nem triângulos, nem esferas; os corpos do mundo material não possuem as formas regulares da geometria. As leis geométricas não lhes podem, portanto, ser aplicadas. As leis matemáticas são, para a realidade física, leis aproximadas; os seres físicos «imitam» e «aproximam-se» dos seres geométricos[7]. Na sua essência última, o real é matemático, o mesmo é dizer, pode traduzir-se em termos matemáticos; mas a matemática não é o real. A forma geométrica é homogénea à matéria e, portanto, as leis

[4] Ibidem, *Opere*, III, p. 424.

[5] A. Koyré, *o.cit.*, p. 348.

[6] Galileo-Galilei, *Diálogo sopra I due massimi sistemi del mondo* (Florença, 1632), I in *Opere*, III, p. 138.

[7] A Koyré, o.cit., pp. 349-351.

geométricas têm um valor real e dominam a ciência que as têm por objecto, mas não constituem elas próprias a realidade. A teoria matemática, como acima ficou escrito, precede a experiência porque é no seu formalismo que esta se objectiva; mas a objectividade da experiência não se consubstancia no formalismo que a suporta.

## 2. A "realidade" das orbitais moleculares

As considerações que acabamos de exprimir por referência sumária ao matematismo físico de Galileu, que temos como um dos mais marcantes acontecimentos do milénio ora findo, servem-nos de base para nos referirmos aqui à polémica recentemente gerada, no domínio da química-física, em torno do carácter experimental das orbitais moleculares, na sequência da "observação" das orbitais d por J. M. Zuo e colaboradores, da Universidade do Estado de Arizona, nos Estados Unidos, em 1999.

Na capa do seu número de 2 de Setembro de 1999, a revista *Nature* destacava "observadas orbitais", dando realce à comunicação de J. M. Zuo et al. que trazia publicada nas páginas 49-52[8]. E ainda antes de se chegar às páginas em que a comunicação era apresentada, na secção "news and views", Colin J. Humphreys, do Departamento de Ciência dos Materiais e Metalurgia, da Universidade de Cambridge (Inglaterra), reforçava a ênfase contida no título da capa, referindo que "o formato clássico das orbitais electrónicas apresentado nos livros de texto foi agora observado directamente"[9]. Apresentando expressamente a comunicação de J. M. Zuo e colaboradores inserta umas páginas à frente, C. Humphreys refere que estes "usaram uma combinação de difracção de electrões e raios-X para estudar o formato e ligação dos átomos de cobre no óxido de cobre. Este estudo revelou experimentalmente, pela primeira

---

[8] J. M. Zuo, M. Kim, M. O´Keeffe e J. C. H. Spence: *Direct observation of d-orbitals holes and Cu-Cu bonding in Cu₂O* in Nature, 401 (1999), pp.49-52.

[9] Colin J. Humphreys, *Electrons seen in orbit* in Nature, 401 (1999), 21-22.

vez, o impressionante formato de algumas das orbitais electrónicas".
E sublinha: "a comunicação de Zuo e colaboradores é notável porque
a qualidade dos mapas de densidade de carga que apresenta permite,
pela primeira vez na história, uma fotografia directa e experimental do
formato complexo da orbital $d_z^2$."

Na análise pormenorizada dos dados que obtiveram pelo já referido
método aplicado ao estudo da ligação Cu-Cu no $Cu_2O$, Zuo e colaboradores mostram-se de facto maravilhados pela notável correspondência
entre os mapas de densidade electrónica que obtiveram experimentalmente e os diagramas clássicos da orbitais $d_z^2$ que qualquer Manual de
Química apresenta: uma forte distorção não-esférica à volta dos átomos
de cobre, com o formato característico das orbitais d, e um excesso de
carga na região intersticial. O título da comunicação é o indicador mais
claro do sentido físico que os autores atribuem à interpretação dos dados
obtidos experimentalmente na sua relação com a natureza das orbitais
moleculares envolvidas na ligação química em apreço: "direct observation
of d-orbital holes...".

O impacto deste trabalho foi grande, tendo sido um dos considerados
na elaboração de uma lista dos cinco acontecimentos mais significativos
no domínio da Química, em 1999[10]. A validade da interpretação que os
autores deram aos resultados obtidos foi sublinhada com grande ênfase
em várias referências. Nomeadamente, em página da Internet, o assunto
foi apresentado nos seguintes termos: "de há muito que a ideia das
orbitais se revelou de grande utilidade para descrever matematicamente
que não fisicamente os átomos e as suas interacções. Agora tudo mudou.
Investigadores da Universidade do Estado do Arizona publicaram
recentemente na *Nature* as primeiras imagens verdadeiras de orbitais
atómicas no $Cu_2O$"[11]. De igual modo, M. Jacoby, no *Chem. Eng. News*,
declarava: "lembram-se daquela orbital d referida nos Manuais de Química
parecida com um oito tridimensional com um ´donut` em torno da sua

---

[10] P. Zurer, *Chem. Eng. News*, **77** (48) (1999), p.39.

[11] K. Leutwyler, *Observing Orbitals* in http://www.sciam.com /explorations /1999/ 092099cuprite.

parte central? Bem, ela acaba de ser observada experimentalmente por Cientistas da Universidade do Estado do Arizona"[12].

Esta interpretação e apresentação dos resultados experimentais do grupo de J. M. Zuo, sublinhando uma *observação directa* de uma entidade definida e tida como solução teórica de um formalismo matemático, de imediato suscitou a oposição em alguns meios académicos, mantendo viva a questão do realismo científico de muita da terminologia usada por químicos e físicos.

Uma das posições mais claras no quadro desta polémica foi a de Eric Scerri do Departamento de Química e Bioquímica da Universidade da Califórnia (Los Angeles). Editor Principal das revistas *Foundations of Chemistry* e *Hyle*, duas revistas dedicadas a aspectos filosóficos, históricos, educacionais, culturais e conceptuais no domínio da Química, E. Scerri é autor de variados e extensos trabalhos em que, por mais de uma vez, tem aflorado o problema do reducionismo e do realismo em Química[13].

Abordando expressamente a problemática suscitada pelo trabalho de J. M. Zuo e colaboradores e pelos comentários que sobre ele foram sendo publicados, em artigo publicado no *Journal of Chem. Education* de Novembro de 2000[14], Scerri é categórico: "o que Zuo e colaboradores fizeram foi ajustar dados experimentais obtidos por difracção de raios-X e de electrões a um modelo conhecido por refinamento de multipolo. Este método não assume qualquer soma factual de contribuições atómicas, mas ajusta os dados usando uma expansão em termos de funções radiais multiplicadas por harmónicos esféricos em vários centros. O resultado é uma densidade de carga que é então comparada com a densidade de carga que se obtém por sobreposição de contribuições atómicas supondo que o composto seja perfeitamente iónico. O mapa que traduz a variação

---

[12] M. Jacoby, *Chem. Eng. News*, 77 (36) (1999), 8.

[13] Ver, por exemplo: E. R. Scerri, *Br. J. Philos.* 42 (1991), 309-325; M.P. Melrose e E.R. Scerri, *J. Chem. Educ.*, 73 (1996), 498-503; E. R. Scerri e L. McIntyre, *Synthese* 111 (1997), 213-232; E. R. Scerri, *Am. Sci.*, 85 (1997), 546-553; E. R. Scerri, *Sci. Am.*, 279 (1998), 78-83; E. R. Scerri, *Int. Stud. Philos. Sci.* 12 (1998), 33-44; E. R. Scerri, *Foundations Chem.*, 2 (2000), 1-4; E. R. Scerri, *J. Chem Educ.*, 77 (2000), 522-525.

[14] Eric R. Scerri, *Have Orbitals Really Been Observed?* in *J. Chem. Educ.*, 77 (2000), 1492-1494.

da densidade de carga em estudo corresponde, pois, à diferença entre o ajuste experimental e o ajuste esférico ou puramente iónico. Na generalidade, o resultado das experiências deste tipo e a sua subsequente análise é a densidade electrónica total, que pode ser observada directamente, e é-o frequentemente. No caso de cristais moleculares ou de metais, não se assume sequer que o composto seja iónico.

"Não nego que as técnicas usadas por Zuo e col. forneçam uma imagem da densidade electrónica total nos compostos de cobre em questão. O que questiono é que essa imagem constitua uma observação directa das orbitais electrónicas. (...) Não se devem confundir os termos "densidade electrónica" e "orbital". Cada um deles tem o seu significado preciso e o de ambos é e deve ser conservado distinto"[15.]

Deixando claro que em sua opinião, o que Zuo e colaboradores haviam observado directamente está longe de ser as orbitais d de que falam os Manuais de Química, neste seu artigo Scerri é peremptório: "não está em causa apenas o facto de que as orbitais não podem ser observadas directamente; é que pura e simplesmente, não podem ser observadas. Enquanto nada há no formalismo da Mecânica Quântica que proíba a observação de átomos (ou densidade electrónica), a própria teoria estabelece que as orbitais não são observáveis. A teoria pode estar errada; mas, se esse é o caso, impõe-se encontrar evidência independente que mostre que ela se não aplica à situação em causa"[15].

Esta posição peremptória de Scerri negando toda a possibilidade de observação das orbitais, por não serem realidades físicas que possam ser objecto de detecção experimental directa (é neste sentido que neste assunto se deve entender o processo de observação), é posição por ele defendida há longos anos, como já referimos. E não está só. No mesmo sentido, reagiram, por exemplo, Spackman et al., da União Internacional de Cristalografia[16] e o grupo de W. H. Schwarz, na Alemanha[17].

[15] *Loc. cit.* pp. 1493-1494.

[16] M. A. Spackman, J.A.K. Howard and R. Destro, *Int. Union Crystal. Newlett*, 8 (2000), 2.

[17] S. G. Wang and W. H. Schwarz, *Angew. Chem. Int. Ed. Engl,* 39 (2000), 1757-1762.

É de referir aqui a polémica que nos princípios da década de 1990 se gerou em torno da natureza da ligação química, envolvendo o próprio Linus Pauling, a partir de um artigo de J. F. Ogilvie do Instituto de Ciências Atómicas e Moleculares da Academia Sinica (Taiwan), nas páginas do *Journal of Chemical Education*, em que o subtítulo era "there are no such *things* as orbitals"[18]. Neste seu artigo, Ogilvie deixava claro que as orbitais moleculares eram tão somente objectos de pensamento ("objects of thought") do tratamento quantitativo e matemático da teoria mecânico-quântica aplicado ao estudo da estrutura molecular e das reais propriedades da matéria; tomá-las como reais e fazer delas ponto chave da ciência química é altamente prejudicial para esta mesma ciência. Defensor de um tratamento do desenvolvimento da ciência Química baseado no estudo experimental das substâncias e suas propriedades, no referido artigo, para Ogilvie a caracterização geral da ligação química não precisaria de ir muito além do saber-se que ela reflecte forças eléctricas com origem em partículas eléctricas cujas coordenadas e momentos podem ser tratados pela lei de comutação. A consideração da sua natureza em termos de orbitais seria de todo irrelevante e irrealista por não serem elas mais que *artefactos matemáticos*. E não é de artefactos matemáticos que podem decorrer propriedades observáveis de um qualquer objecto físico[19]. E, referindo-se concretamente à estrutura tetraédrica de moléculas como o metano, afirma tratar-se de pressupostos falaciosos, pois "nem existe hoje, nem nunca existiu qualquer justificação quantitativa experimental ou teórica" que possa comprovar a hibridização $sp^3$.

Quase dois anos depois, na sua réplica a Ogilvie, Linus Pauling[20] não concorda de modo algum que se possa atribuir pouca importância e interesse à caracterização possível da ligação química e, mais genericamente, à estrutura molecular. Afirma uma vez mais o valor que continua a atribuir aos muitos trabalhos realizados por si e por toda uma numerosa pleiade de investigadores, na segunda metade do século XIX e ao longo de todo

---

[18] J. F. Ogilvie, *J. Chem. Educ.*, **67** (1990), 280-289.
[19] *Loc. cit.* p.287.
[20] L. Pauling, *J. Chem. Educ.*, **69** (1992), 519-521.

o século XX, e, em particular, a partir da teoria por si próprio desenvolvida, com início na sua publicação "*A Natureza da Ligação Química*", em 1931[21]. Mais de sessenta anos volvidos sobre os seus primeiros contributos para a caracterização do conceito da ligação química, reitera toda a sua convicção na validade do mesmo e afirma, novamente, ser esse conceito o mais valioso da ciência química moderna.

Mas, relativamente à afirmação substanciada no subtítulo do artigo de Olgivie, "there are no such things as orbitals", L. Pauling não conseguiu avançar com outros argumentos que não fossem os decorrentes da simples refutação lógica traduzida na afirmação de que Olgivie ao admitir que as orbitais mais não eram que "objectos de pensamento" estava a admitir imediatamente que elas eram "alguma coisa", precisamente "objectos de pensamento", pelo que não poderia afirmar, sem se contradizer, tratar-se pura e simplesmente de "coisas" que não existem.

Deixamos ao leitor ajuizar por si próprio a força dos argumentos exibidos de parte a parte, na certeza de que não faltou quem de imediato tercesse armas de argumentação em favor de qualquer das partes em contenda, como o deixa claro uma Nota do Editor do *Journal of Chemical Education* anexa à réplica de L. Pauling ao escrito de Olgivie. Por nós, voltamos aos escritos de Galileu em torno da estrutura matemática da ciência. A natureza está escrita numa linguagem matemática. As rectas, os círculos, os triângulos e outras figuras geométricas são os caracteres dessa linguagem que não poderemos compreender nem expressar em termos científicos se os não conhecermos, nem considerarmos. Mas daí a defender com Platão que também o elemento geométrico é constitutivo de tudo quanto existe, parece-nos ser ousadia que só o domínio estritamente filosófico comporta. Não há ciência sem interpretação dos factos observados. Caracteres da linguagem em que a natureza se exprime, as entidades matemáticas são a base da sua interpretação. Todavia, a sua natureza não permite que as possamos observar directamente; a sua validade traduz-se em juízos cujo verdadeiro valor é permitirem que delas se extraiam princípios gerais das experiências directas e imediatas que

---

[21] L. Pauling, *J. Am. Chem. Soc.*, 53 (1931), 1367-1400.

relacionem os resultados destas com outros acontecimentos já observados ou que poderão vir a ser observados.

Os químicos computacionais usam as orbitais e as configurações electrónicas como "ficções" matemáticas. A sua utilização para interpretar e melhor compreender quimicamente os fenómenos observados não pode ser feita atribuindo-lhe características duma existência definida, como frequentemente parece subjazer ao tratamento dos fenómenos químicos em que à química quântica é conferido autêntico estatuto de um axioma com base no qual se procura construir a ciência química por processo quase-dedutivo em que toda a ênfase é dada ao modelo teórico decorrente, a estrutura molecular, assente nas orbitais e configurações electrónicas dos elementos. Ao modelo teórico é conferida uma realidade física muito mais concreta do que aquela que de facto possui.

E uma vez mais vêm à liça algumas das múltiplas querelas que o uso do modelo da estrutura molecular na construção da ciência química tem suscitado, ao longo dos anos. Delas ressaltam, muito frequentemente, questões muito sérias sobre a sua conciliação com a própria química quântica. Pelo seu carácter directo e explícito, recordaremos aqui o interessante trabalho de R.G. Woolley, já lá vão mais de duas décadas, questionando logo no título o possível "realismo" da geometria molecular[22]. Nele, o autor mostra que a moderna concepção duma molécula como um todo ligado por uma colecção de electrões e núcleos não é invariavelmente equivalente ao modelo molecular clássico de átomos mantidos juntos por ligações. E daí conclui que a estrutura molecular não é uma propriedade intrínseca das moléculas. Anos depois, este trabalho de R.G.Woolley foi objecto de um outro não menos interessante da autoria de S. J. Weininger que logo no título, rotula a estrutura molecular como um "quebra cabeças"[23]. Nele analisa a delicada problemática duma química quase-dedutiva em que o formalismo quântico funcione como axioma.

---

[22] R.G. Woolley, *Must a Molecule have a shape?* in *J. Am. Chem. Soc.*, **100**(1978), 1073-1078.

[23] S. J. Weininger, *The Molecular Structure Conundrum: can Classical Chemistry be reduced to Quantum Chemistry?* in *J. Chem. Educ.*, **61**(1984), 939-944.

A estrutura matemática da construção da ciência da concepção galilaica, com raízes no platonismo, tornada paradigma da ciência moderna, levou a que uma abordagem dedutivo-presciente se tornasse paradigmática da mais eficaz explicação científica para a maioria dos físicos. Embora a fronteira que delimita os domínios das ciências química e física nem sempre seja marcada por contornos bem definidos e claros, é inegável que a ciência química tem um carácter explicativo e pragmático muito mais acentuado que o da ciência física onde a dedução e predição resultam melhor[24]. Ora, se na prática da própria ciência física há quem muito fundadamente, se oponha a uma abordagem marcadamente dedutiva, não surpreende que a oposição ao mesmo tipo de orientação seja muito maior entre os cultores da ciência química[25]. A indefinição, ou pior ainda, a confusão, entre a realidade lógica e ontológica dos caracteres em que está escrita a linguagem da natureza, só prejudica a posição assumida por uns e outros.

Porque a realidade física se não molda à rigidez de noções matemáticas, a aplicação destas à sua descrição não está isenta de situações paradoxais que claramente indiciam a falacidade da adequação do lógico ao ontológico e justificam os limites de preditabilidade de qualquer modelo teórico. Já em 1928, no auge do desenvolvimento do modelo mecânico-quântico, em Conferência proferida na Sociedade de Física de Frankfurt-on-Main, E. Schrödinger, discorrendo sobre a utilização dos modelos conceptuais em Física, alertava os seus pares para a inegável diferença que separa os dois mundos em que se moviam, o lógico e o ontológico. Expressamente, deixava o recado: "se a reivindicação duma «existência real» for baseada na possibilidade mínima de concepção (ainda que não de realização) de determinadas observações, e se as observações em causa forem, *em princípio*, restringidas por inultrapassável limite, então a nossa reivindicação de «existência real» será vã"[26].

---

[24] D. W. Theobald, *Chem Soc. Rev.*, 5 (1976), 203.

[25] D. Bohm, Brit. *J. Phil. Sci.*, 12 (1961/62), 103.

[26] E. Schrödinger, *Conceptual Models in Physics and their Philosophical Value* in *Science and the Human Temperament*, George Allen & Unwin, Londres, 1935, pp. 119-132.

As orbitais moleculares são elementos dum modelo lógico cuja validade não impede que se ponha em causa o carácter ontológico dos elementos que o constituem, seja no seu todo, seja em algumas das suas partes. Heisenberg, um dos grandes obreiros desse modelo, deixou-o bem expresso, ao referir-se à dificuldade subjacente ao alegado paradoxo da mecânica quântica relativo à existência de nodos nas funções de onda que descrevem as orbitais electrónicas. Aqui reproduzimos as suas palavras como conclusão adequada às considerações que tecemos a propósito da anunciada observação das orbitais d por M. J. Zuo e colaboradores:

"Essa dificuldade tem a ver com a questão de as mais pequenas unidades da matéria serem ou não objectos físicos, existirem ou não do mesmo modo que existem as pedras e as flores. Neste ponto, o desenvolvimento da teoria quântica mudou por completo a situação. As leis da teoria quântica, formuladas matematicamente, mostram claramente que os nossos habituais conceitos intuitivos não podem ser aplicados. Todas as palavras e conceitos que habitualmente usamos para descrever os objectos físicos, tais como a posição, a velocidade, a cor, etc., tornam-se indefinidos e problemáticos"[27].

[27] W. Heisenberg, *Across Frontiers,* Harper & Row, Nova Iorque, 1974, p. 114.

## 9. A HIPÓTESE DOS QUANTA DE ENERGIA, UM "ACTO DE DESESPERO"*

### 1. O nascimento e circunstância da hipótese dos quanta

A formulação da hipótese dos quanta de energia da autoria de Max Planck (1858-1947), em 1900, no virar do século dezanove para o século XX, foi marco de importância incalculável no desenvolvimento de toda a ciência moderna, com especial relevância no domínio da Física e da Química. O que levou Planck a essa formulação foi a necessidade de contornar várias dificuldades com que deparava, e como ele os demais Físicos do seu tempo, na interpretação satisfatória das leis da radiação do corpo-negro[1]. De facto, a teoria clássica não conseguia explicar cabalmente muitas das observações experimentais relativas à distribuição da energia da radiação emitida por um corpo-negro[2-3].

De acordo com os princípios gerais da Física Clássica e da Termodinâmica, o modo como a energia radiante confinada numa cavidade totalmente formada de paredes pretas, no equilíbrio, está distribuída pelas várias frequências que a compõem, o seu espectro, e depende apenas da temperatura, sendo totalmente independente do modo de construção da cavidade.

---

* A. M. Amorim da Costa, in Química, Bol. Soc. Port. Química, 79 (2000), pp.38-41.
[1] S. Dushman, J. Chem. Educ. 8 (1931), 1074-1113.
[2] S. Dushman, J. Chem. Educ. 12 (1935), 217-224.
[3] J. C. Polkinghorne, The Quantum World, Longman, Londres, 1984, p.5.

Lord Rayleigh (1842–1919 ) e James Jeans (1877–1946) tentaram calcular o espectro dessa radiação com base nesses princípios. O resultado a que chegaram foi desastroso.

Em vez do esperado equilíbrio de frequências, as vibrações de mais alta frequência apareciam desmesuradamente favorecidas, correspondendo-lhe a quase totalidade da energia presente. O espectro obtido não só estava em total desacordo com os resultados experimentais, como não fazia qualquer sentido. Sublinhando o seu carácter catastrófico, os Físicos de então passaram a designá-lo por *a catástrofe do ultravioleta*: *catástrofe* por se tratar de um resultado que não fazia qualquer sentido; do *ultravioleta*, por saírem privilegiadas as frequências de maior comprimento de onda, isto é, por o esperado equilíbrio aparecer totalmente deslocado na direcção do ultravioleta.

Os Físicos que assim rotularam o resultado desastroso em que se traduzia o cálculo do espectro radiante de um corpo-negro estritamente fiel aos princípios gerais da Física Clássica e da Termodinâmica sabiam que se não podiam conformar com ele, tanto mais quanto era vasto o domínio abrangido pelas implicações da caracterização satisfatória do fenómeno — toda a distribuição espectral da energia da radiação electromagnética.

Max Planck era um desses Físicos. Grande estudioso e investigador, desde 1878, dos processos irreversíveis, seduzido e estimulado pela teoria de Maxwell e, em particular, pelo desenvolvimento que Hertz dela fizera, passou a interessar-se, a partir de 1891, muito especialmente, pela aplicação da Termodinâmica aos processos electromagnéticos.

Nos seus estudos da distribuição da energia radiante de um corpo-negro, Planck seguiu de perto as teorias propostas por Wilhelm Wien (1864-1928), e aceitou como base de trabalho a função de distribuição que este apresentara em 1896, a saber:

$$J_1 = C\, 1^{-5}\, \exp(-c/lJ) \qquad (1)$$

onde $j_1$ = distribuição da energia radiante em termos de comprimentos de onda; J = Temperatura; l, comprimento de onda e C, uma constante.

Em 1900, os resultados obtidos por Ferdinand Kurlbaum e Heinrich Rubens no estudo do espectro da energia radiante de um corpo negro por decomposição espectral de radiações residuais de fluorite, de cloreto de sódio e de quartzo, claramente mostraram que a validade da equação proposta por Wien não era tão geral quanto se supunha. De imediato, outras funções foram propostas, nomeadamente por Max Thiesen[4], Lummer-Jahnke[5] e Lummer-Pringsheim[6]. Conhecedor dos resultados obtidos por Kurlbaum e Rubens (que os próprios lhe haviam comunicado pessoalmente), Planck propôs, em Outubro desse ano, uma função de sua autoria para o fenómeno:

$$E_l \, dl = (C \, l^{-5}) / (e^{\, c/l J} - 1) \, dl \qquad (2)$$

Em sua opinião, tratava-se de uma equação que não só explicava satisfatoriamente os dados experimentais então conhecidos, como decorria dum tratamento estatístico aplicado ao cálculo do aumento da entropia num sistema formado por $n$ osciladores num campo estacionário de radiação, e tinha ainda a seu favor o facto de ser "a equação mais simples possível"[7].

De facto, foi no âmbito do tratamento estatístico do cálculo do aumento da entropia num sistema formado por esses $n$ osciladores num campo estacionário de radiação que Max Planck avançou com a sua "hipótese dos quanta", em comunicação apresentada em Dezembro do mesmo ano[8].

Quer Rayleigh, quer Jeans nos seus cálculos da distribuição energética da radiação emitida por um corpo-negro, usando embora métodos diferentes, conformando-se com os conceitos básicos da Física Clássica, supunham que a energia emitida ou absorvida por átomos e moléculas podia ocorrer em valores cuja variação entre si fosse perfeitamente contínua. Com a

---

[4] M. Thiesen, *Verh. Deutsch Phys.Ges.* 2, (1900), 67.

[5] O. Lummer e E. Jahnke, *Ann.Phys*, 3, (1900), 288

[6] O. Lummer e E. Pringstein, *Verh. Deutsch Phys.Ges.* 2, (1900), 174.

[7] Max Planck, *Panck´s Original Papers in Quantum Physics*, Classic Papers in Physics, Hans Kangro Ed., Taylor & Francis, Londres, 1972, pp. 35-37.

[8] *Idem*, pp. 38-45.

sua "hipótese dos quanta", Planck sugeria que a variação da energia emitida ou absorvida por átomos e moléculas não podia ser contínua; átomos e moléculas só podem absorver e emitir energia em quantidades discretas, ou seja, em pequenas parcelas bem definidas. A mais pequena quantidade de energia que pode ser emitida ou absorvida na forma de radiação electromagnética por um átomo ou molécula era o que designou por um **quantum de energia**.

Ao tempo em que tornou pública esta sua hipótese, Planck, em conversa com seu filho, ter-se-á referido ao carácter de novidade científica que à mesma atribuía dizendo-lhe que estava convencido que havia feito uma descoberta que se viria a revelar ser tão importante para a Física quanto o haviam sido as formulações de Newton. O futuro demonstraria que não se enganava.

Num olhar retrospectivo sobre como fora levado à formulação dessa sua hipótese, confessaria Planck, mais de trinta anos depois, em carta dirigida a seu amigo R. W. Wood, que ela fora "**um acto de desespero**" levado a efeito contra a sua disposição de homem pacífico e não-aventureiro[9]. E pormenoriza: "há mais de seis anos (desde 1894) que vinha lutando com o problema do equilíbrio da matéria e da radiação sem sucesso. Sabia que se tratava de um problema de significado fundamental para a Física; conhecia a fórmula que reproduz a distribuição de energia no espectro normal; impunha-se encontrar, custasse o que custasse, e não importa a que preço, uma interpretação teórica para a mesma. Para tanto estava disposto a sacrificar qualquer das minhas convicções científicas, excepto os dois Princípios Fundamentais da Termodinâmica. Ao ver que a hipótese dos quanta de energia satisfazia a interpretação que buscava dei-lhe o tratamento que precisava, considerando-a, todavia, como uma hipótese puramente formal, sem lhe dar outra importância que não fosse a de ser a chave dessa interpretação".

Estas declarações do próprio Planck põem em realce, por um lado, o carácter do tratamento termodinâmico que presidiu à formulação da

---

[9] Carta de Max Planck a R.W.Wood, datada de 7 de outubro de 1931, citada in M. J. Klein, *Phys.Today*, 19, nº11, (1966), 23-32. **Nota**: esta carta encontra-se, actualmente, nos Arquivos do Centro de História e Filosofia da Física do Instituto Americano de Física, em Nova Iorque.

sua hipótese dos quanta e, por outro, a grande consideração que o autor tinha pela ciência termodinâmica, uma ciência que à data se encontrava ainda em efervescente desenvolvimento e à procura de esclarecimento consensual de alguns dos seus conceitos. Não se pode esquecer que sendo ele Professor de Física Teórica na Universidade de Berlim, devotou o mais esforçado do seu interesse ao estudo e desenvolvimento deste ramo das ciências físicas e suas aplicações nos domínios da electroquímica, da termo-electricidade, da radiação calorífica e da cinética molecular, como o atestam as suas *Lições de Termodinâmica* e as muitas Memórias que sobre o mesmo assunto escreveu e publicou a partir de 1879[10] .

## 2. A quinta-essência da hipótese dos quanta de energia

Como referimos acima, a equação proposta por Planck, em Outubro de 1900, como substituta possível da equação de Wien para interpretar o espectro da energia irradiada por um sistema de n osciladores num campo estacionário de radiação, decorria dum tratamento estatístico aplicado ao cálculo do aumento infinitesimal da entropia no sistema.

Dois meses depois, ao justificar esse tratamento, Planck deixava bem claro o ponto de partida do seu trabalho: posto que "entropia significa desordem; pensei que se deve procurar a desordem que ela traduz na irregularidade com que, mesmo num campo de radiação totalmente estacionário, as vibrações de um oscilador variam a sua amplitude e fase, quando se consideram intervalos de tempo muito longos relativamente ao período de cada vibração, embora pequenos quando comparados com o tempo em que são medidos. A energia constante do oscilador estacionário deve pois, ser considerada como um valor médio, ou, posto de outro modo, como o valor médio, em cada instante, das energias de um grande número de osciladores idênticos que se encontram no mesmo

---

[10] Max Planck, *Leçons de Thermodinamique*, Lib. Sci. A. Hermann &Fils, Paris, 1913, traduzida da 3ª Edição alemã por R. Chevassus. **Nota**: nas páginas 309-310 desta edição encontramos uma lista de 27 "Memórias" sobre assuntos de termodinâmica, publicadas pelo autor entre 1879 e 1910.

campo estacionário de radiação, mas suficientemente afastados uns dos outros de tal maneira que seja desprezável a influência directa que possam exercer uns sobre os outros. Dado que a entropia de um oscilador nestas condições é determinada pelo modo como a energia se distribui simultaneamente por um grande número deles, suspeitei que a devia calcular introduzindo considerações probabilísticas na teoria da radiação electromagnética, cuja importância na aplicação do Segundo Princípio da Termodinâmica fora já realçada por L. Boltzmann"[11].

Levado por esta sua suspeição, Planck considerou uma onda electromagnética de frequência ν irradiada da superfície de um sólido por um grupo de átomos oscilando com a mesma frequência, supondo que cada um deles, na sua oscilação, não poderia ter uma qualquer energia arbitrária, mas somente uma energia $e = nh\nu$, onde ν fosse um número inteiro positivo, ν a frequência do oscilador e h uma constante a ser determinada. Esta é a hipótese dos quanta de Planck. Utilizando valores experimentais de estudos do espectro energético de alguns sistemas radiativos da autoria de Kurlbaum[12] e da autoria de Lummer e Pringsheim[13], o próprio Planck calculou o valor da constante h que ficaria na história com o seu nome, a constante de Planck ($h = 6,6 \times 10^{-34}$J.s).

Considerando que os diferentes osciladores num campo estacionário radiativo estão em equilíbrio entre si, as suas energias distribuir-se-ão de acordo com a lei de distribuição de Boltzmann, ou seja, a probabilidade relativa de se ter um oscilador com uma energia $e = nh\nu$ é dada por $e^{-nh\nu/kT}$. A consideração desta restricção energética na equação que Planck propusera em Outubro de 1900 para interpretação teórica da distribuição espectral da energia radiante, a equação (2) que acima referimos, traduz-se na seguinte reformulação da mesma:

$$U_n \, dv = ( \, 8phn^3 \, / \, c^3 \, ) \, (dv \, / \, e^{\, h\nu/ \, kJ} - 1) \qquad (3)$$

[11] Max Planck, *Planck's Original Papers in Quantum Physics*, *loc. cit.* pp.38-39.
[12] F. Kurlbaum, *Ann. Phys*, 65 (1898), 759
[13] O. Lummer e E. Pringsheim, *loc. cit.*, p.176.

Porque a probabilidade de achar um oscilador de alta frequência que tenha energia suficiente para irradiar ( $n > 0$ ) é muito pequena, pois a um aumento de n corresponde uma diminuição de $e^{-nhn/kT}$ , no espectro de frequências da radiação emitida por um corpo, existirá muito pouca irradiação com altas frequências. Mais: em estado de equilíbrio, raramente os osciladores de alta frequência possuem energia mínima $hn$, necessária para irradiar.

A intensidade relativa da radiação de um sólido aquecido em função da frequência é reproduzida de um modo totalmente satisfatório usando a equação (3), sem lugar para as falhas da previsão da teoria clássica da matéria, verdadeiramente "catastróficas" na região das altas frequências.

Reformulada a equação de cálculo da distribuição energética da radiação emitida por um corpo radiante de modo a contemplar a sua hipótese dos quanta de energia, Planck fez questão de sublinhar novamente que na base do seu procedimento estava a termodinâmica: "toda a [minha] dedução — diz ele — baseia-se no teorema de que a entropia de um sistema de osciladores com uma dada energia é proporcional ao logaritmo do número total de possíveis complexiões para essa energia. Este teorema pode ser separado em dois outros teoremas: (1) — a entropia do sistema num dado estado é proporcional ao logaritmo da probabilidade desse estado; e (2) — a probabilidade de qualquer estado é proporcional ao número dos correspondentes complexiões, ou, por outras palavras, qualquer complexião é tão provável quanto o é qualquer outro complexião considerado. No que respeita aos fenómenos radiativos, o primeiro destes dois teoremas mais não é que a definição da probabilidade do estado, visto não termos, *à priori*, no caso da radiação de energia, outro modo de definir a sua probabilidade que não seja a determinação da sua entropia (...). O segundo teorema, é o coração de toda a teoria que suporta a minha dedução: em última análise, a sua prova só pode ser dada experimentalmente. Pode, todavia, ser entendido como uma definição mais pormenorizada da hipótese que introduzi relativa à radiação natural, a saber, que a energia se distribui de um modo totalmente aleatório por todas as vibrações presentes na radiação"[14].

---

[14] Max Planck, *Planck´s Original Papers in Quantum Physics*, loc. cit. p.43.

Em Outubro de 1911, numa Conferência que proferiu, em Berlim, na Sociedade Química Alemã, sob o título "O Teorema de Nernst e a hipótese dos quanta", Planck discorreria mais longamente sobre esta mesma ideia. Referindo-se às explicações avançadas por Einstein, por um lado, e por Nernst e Lindeman, por outro, na explicação da variação da capacidade calorífica de um sólido com a temperatura, Planck fazia notar que se todos os corpos possuírem certas "oscilações moleculares próprias" serão dotados de um "quantum universal de acção", para concluir de imediato: "em todas as leis elementares que regem as forças atómicas existem implicitamente certas descontinuidades que implicam regiões descontínuas de probabilidade. E só se pode falar de quanta de energia em fenómenos periódicos. Neles a descontinuidade é uma característica intrínseca. A entropia é a medida da probabilidade nessas regiões de descontinuidade"[15].

Dois anos mais tarde, na introdução que escreveu para a 2ª edição do seu livro sobre a radiação do calor, Planck dava ainda mais ênfase à sua posição: "quer a hipótese dos quanta, quer o teorema de Nernst sobre o calor podem ambos ser reduzidos à afirmação de que a probabilidade termodinâmica de um estado físico, ou, por outras palavras, a entropia de um estado tem um valor definido, positivo, com um valor mínimo possível igual a zero, em contraste com o previsto pela termodinâmica clássica segundo a qual a entropia pode decrescer indefinidamente até menos infinito. Considero actualmente que esta afirmação é em si mesma a verdadeira quinta-essência da hipótese dos quanta"[16].

Relacionando os dois conceitos que lhe eram mais caros, a entropia e o quantum de acção, esta consideração era, de facto, para Planck particularmente gratificante e tanto que, por mais de vinte anos, numa investigação muito activa, o verdadeiro cerne do seu interesse científico foi tentar estabelecer os critérios necessários para determinar o tamanho e configuração das células elementares necessários para calcular a

---

[15] Max Planck, *Le Théorème de Nernst et l'hypothèse des quanta* in Leçons de Thermodynamique, *loc. cit.*, p. 307.

[16] M. Planck, *The Theory of Heat Radiation*, 2nd ed., 1913 , p.vii

probabilidade termodinâmica, o mesmo é dizer, a entropia de qualquer conjunto de osciladores com uma qualquer frequência.


## 3. Os cem anos da Teoria dos quanta de energia

Elaborada para explicar o espectro da distribuição energética de corpos radiantes, a hipótese dos quanta não poderia ser aceite como princípio geral sem que primeiro fosse testada a sua aplicabilidade no domínio de outros fenómenos. Os testes necessários não tardaram.

Quase de imediato, Alberto Einstein (1879-1955) utilizou-a para explicar a variação da capacidade calorífica dos sólidos com a temperatura. No zero absoluto, o calor específico de todas as substâncias é nulo. À medida que aumenta a temperatura, o calor específico aumenta também. Embora este aumento seja diferente de substância para substância, no limite, a temperaturas muito altas, o calor específico para todos os sólidos é o mesmo, a saber, 6.3 calorias por grau, por mole de átomos. Para explicar esta variação, Einstein calculou a variação com a temperatura da energia interna de um sólido constituído por N massas pontuais a oscilar com uma frequência de vibração $\nu$ e considerando que cada um desses osciladores só poderia ter uma energia dada por

$$e_n = nh\nu \quad \text{com} \quad n = 0, 1, 2, 3, \dots.$$

No equilíbrio térmico, esses N osciladores distribuem-se segundo as várias energias permitidas satisfazendo a uma distribuição de Boltzmann, isto é, uma distribuição em que o número $N_n$ de átomos com energia $e_n$ está relacionado com o número de átomos $N_0$ com energia $e_o$ pela expressão:

$$N_n = N_0 \, e^{-nh\nu/kT} \qquad (4)$$

A energia total devida à oscilação dos N osciladores seria então, em cada uma das três direcções espaciais dada por $E = N_0$ å $nh\nu \, e^{-nh\nu/kT}$

em que o somatório se estende de n=1 a n= Y. Com este tratamento, obtém-se para energia média do cristal um valor dado por

$$(3\ hv)\ /\ (e^{-\ hv\ /kT} - 1) \qquad\qquad (5)$$

Para grandes valores de T, esta equação dá-nos uma energia total de uma mole de osciladores igual a 3RT, ou seja, uma capacidade calorífica a volume constante igual a 6 calorias por mole de osciladores, por grau, resultado que compara satisfatoriamente com o valor experimental, a pressão constante, de 6,3 calorias por mole e por grau. Por sua vez, a extrapolação dos valores teóricos obtidos utilizando a mesma equação para diversos valores de T reproduzem o valor nulo da capacidade calorífica de qualquer sólido no zero absoluto.

Depois, foi a reformulação das teorias sobre a natureza da radiação electromagnética e, em particular, da própria luz, em que foi importante ponto de partida e de chegada a explicação do efeito fotoeléctrico proposta por Einstein, em 1905, e, uns anos depois, a sua aplicação na explicação da estrutura atómica, primeiro pela mão de Niels Bohr (1885–1962), depois, por Luis Broglie (1892–1977), Erwin Schrödinger (1887–1961), Dirac (1902–1984) e muitos outros a quem se deve a elaboração duma nova Mecânica, a Mecãnica Quântica, toda ela alicerçada na substituição do contínuo pelo discreto. No dizer de Kronecker, Deus fez os "inteiros"; o resto é obra do homem.

Em 1905, Einstein assinalava que o efeito fotoeléctrico poderia ser explicado satisfatoriamente se a luz fosse constituída de diminutas partículas, os fotões, de energia hv. Esse tipo de partículas ao incidirem numa superfície metálica cederiam a sua energia aos electrões com que chocassem, sendo parte dela utilizada para superar as forças de atracção a que os electrões estão sujeitos na rede cristalina, ficando a restante disponível na forma de energia cinética, para a sua ejecção. Assim sendo, a energia cinética com que os electrões seriam ejectados variaria linearmente com a frequência dos fotões incidentes sobre o metal, correspondendo o coeficente angular dessa variação linear ao valor da constante de Planck. Os resultados experimentais confirmavam-no por completo.

Na sua aplicação da hipótese quântica à explicação da estrutura atómica, Bohr admitia que dentro de um átomo os electrões encontrar-se-iam em estágios estacionários de movimento, cada um deles com energia bem determinada e fixa. A variação da sua energia só poderia ocorrer em quantidades discretas de valor hv, em que v seria a frequência da radiação emitida ou absorvida na transição do electrão de um estágio estacionário de movimento para outro de energia diferente.

Não obstante o carácter gratuito de algumas das premissas do modelo atómico de Bohr, ele permitia explicar muito bem os espectros de emissão de átomos excitados, nomeadamente o espectro de emissão do átomo de hidrogénio, à época, objecto de intenso estudo.

Aceite a dualidade da natureza do movimentos dos electrões como partículas-onda, defendida por De Broglie, em 1924, estava encontrada uma justificação para a quantificação da energia e para o carácter estacionário dos estágios do electrão dentro do átomo.

O estudo deste movimento na base duma função de onda, levado a efeito por Schrödinger, em 1926, usando uma equação que inclui simultaneamente o comportamento corpuscular, em termos da massa $m$, e o comportamento ondulatório em termos de uma função de onda, uma função cujo quadrado da amplitude, $|Y|^2$, mede a probabilidade de encontrar o electrão numa certa região espacial, seria a consolidação dos Princípios fundamentais da nova Mecânica. Aplicando consistentemente estes Princípios à teoria de Maxwell sobre o campo electromagnético, Dirac, em 1928, construíu a primeira teoria quântica do campo que funcionaria como que uma contra-prova da validade geral da teoria quântica e libertou a ciência contemporânea do pesadelo do aparente paradoxo que a natureza da luz simultaneamente onda e partícula consigo carregava.

Quem com mais pormenor queira percorrer o caminho marcado pelo pleno desenvolvimento da nova Mecânica, encontrará um grande número de outros cientistas que a História da Ciência contemporânea dignamente regista. Os que aqui registamos são apenas "os grandes marcos".

# 10. RACIONALIZAÇÃO DA NOMENCLATURA QUÍMICA EM PORTUGAL*

## 1. Novas "drogas e simples" nos *Tratados de Matéria Médica*

É para todos clara evidência a afirmação de Duarte Nunes de Leão na sua *Origem e Orthografia da Língua Portuguesa*[1]: "As lingoas cada dia se renovão com novos vocábulos per que se deixão ou emendão os antigos (...) Destas inovações huas são voluntárias, que homens doutos ou bem entendidos fazem, pêra policia & pureza dos vocábulos que achão rudes. Outras são necessárias por invenção das cousas, a que he necessário dar-lhe seus vocábulos". Exemplificando, o mesmo Duarte Nunes de Leão, refere-se à situação concreta dos novos vocábulos decorrentes do avanço dos conhecimentos científicos: a grande enchente de vocábulos de novas doenças que se foram descobrindo ("soo de doenças de olhos dizem que há perto de um cento"!...), todos os nomes que os Latinos tomaram dos Gregos referentes a "hervas e plantas, & medicinas simples e compostas, de que verão os livros dos médicos, & authores herbolarios cheos", notando expressamente que "outros vocabulos usurparão os Latinos de outras gentes, por causa do commercio, ou conquistas que com elles tiverão (que foi o que) nos aconteceu a nos, que por as cousas que de novo se inventarão,

---

* A. M. Amorim da Costa, *Nomenclatura Química Portuguesa no Século XVIII* in Congresso Século das Luzes – Portugal e Espanha e a Região do Rio da Prata, Berlim, 2003; A. M. Amorim da Costa, *Drogas e Simples do Novo Mundo na Terminologia da Iatroquímica Portuguesa* in Congresso Internacional "Lingua Portuguesa, Origem e Porvir – no IV centenário da "Origem da Lingua Portuguesa de Duarte Nunes de Leão", Berlim, 2006.

[1] Duarte Nunes de Leão, *Origem da Língoa Portuguesa* (Lisboa, Off. Pedro Crasbeeck, 1606).

& por as conquistas & commercio que tivemos com outras gentes, nos vierão muitos vocabulos como foram da Índia (...) e da Africa"[2]. O facto de se não referir expressamente ao Brasil não significa que não nos tenham vindo também de lá muitos e muitos vocábulos por acção das novas gentes e das novas coisas que aqui se encontram. Afirmados os princípios genéricos, sempre acompanhados de elucidativos exemplos, Duarte Nunes de Leão exibe, em sete longos capítulos (VIII a XV, pp. 57-91), um longo elenco de vocábulos portugueses tomados dos Latinos, Gregos, Árabes, Franceses, Italianos, Alemães, Hebreos, Syrios e Godos a que junta os vocábulos que não foram tomados de outras gentes, mas consagrados nos escritos dos nativos e da plebe (capítulos XVI–XVIII, pp. 91-108).

Seguindo-lhe a peugada, aqui exploraremos o vocabulário da matéria médica das Farmacopeias Portuguesas.

O elenco base destas Farmacopeias foi o herdado do repositório de Galeno (131–201), Dioscórides (sec.I), Plínio (23–79), Hipócrates, Leoniceno, Teofrasto, Serapião, Isidoro, Aécio, Avicena (980–1037), Averróis e, no século XIII, do médico árabe Ibn Al Baiter de Granada que, no seu *Corpus Simplicium Medicamentorum*, incorporou os conhecimentos clássicos e a experiência árabe, caracterizando mais de 2000 fármacos, dos quais cerca de 1700 de origem vegetal. Esse elenco foi substancialmente enriquecido com os "simples e drogas" encontrados no "novo mundo" que os Descobrimentos dos séculos XV–XVI trouxeram ao conhecimento da Europa, traduzidos e identificados por recurso a um vasto conjunto de novos termos e vocábulos. Aqui nos propomos fazer um levantamento geral do seu teor.

## 1.1 – Drogas e Simples da África e da América

Iniciadas as descobertas portuguesas mar Atlântico abaixo, o mais fácil foi chegar às Canárias, navegando sempre à vista de terra, com mares

---

[2] Duarte Nunes de Leão, *Origem e Orthografia da Língua Portuguesa* (Lisboa, Typ. Rollandiana, 1784), pp.21-28.

e ventos bem conhecidos. Logo que depararam com as novas terras, no caso Porto Santo e Madeira, de imediato os seus descobridores se apressaram a colonizá-las, ocupando-as e cultivando-as. Nelas ensaiaram as capacidades germinativas e a produtividade de várias plantas que levavam consigo e que haviam sido já aclimatadas em algumas ilhas e territórios mediterrânicos, como a cana do açúcar, as laranjas doces, o trigo, o arroz, a batata (Mendes Ferrão, 2006). E nelas colheram, no meio da rica vegetação que em muitos casos as cobria, exemplares de plantas que lhes eram completamente desconhecidos, carregando com eles as suas naus como testemunhos de cada novo achamento, e cujo cultivo haveriam de tentar na metrópole de que haviam partido.

Logo em Porto Santo e na Madeira, encontraram em abundância uma planta de porte arbóreo, de estranha arquitectura, *o dragoeiro*, da qual por simples incisão no tronco, se extraía um pigmento muito apreciado, o *sangue de dragão*, que até então só as caravanas africanas faziam chegar à Europa. Era apenas o princípio do imenso rol de novas plantas "desvairadas das nossas" que vinham ao seu conhecimento[3].

À medida que foram avançando no continente africano e entrando nas suas terras, muitas outras foram as árvores, as plantas, as ervas, as raízes e outras coisas que foram descobrindo para uso de nossos males e maleitas. Da maioria deles nos chegaram longas e pormenorizadas descrições. Das plantas e outros produtos de matéria médica achados na África nos dão conta, nomeadamente, a *Relatione del Reame di Congo* (Roma,1591) baseada no relato feito por Duarte Lopes a Filipe Pigafetta; as *The Strange Adventures of Andrew Battel of Leigh in Angola and the Adjoing Regions* publicadas por Purchas em 1625; a *Relação de produções do Congo e de Angola* (1622) de Bento de Banha Cardoso; a *História Geral das Guerras Angolanas* (1680/1681) de António Oliveira de Cardonega; a *Istorica Descrizione dé tré Regni Congo, Matamba et Angola* (Bolonha 1687) de Giannantonio Cavazzi de Montecúccolo; a *Etiópia Oriental* (1609) de Frei João dos Santos; e a *História da Etiópia, a Alta* do Padre Baltazar Teles.

---

3 F. Catarino, *A Botânica e os Descobrimentos do Século XVI* in A Universidade e os Descobrimentos, (Lisboa, Imprensa Nacional/Casa da Moeda, 1993) pp. 196-208.

Para saborear o nome de alguns desses produtos, leia-se, por exemplo, o "Caderno que trata das ervas, raízes e outras cousas que se tem descoberto no Sertão do Reino de Angola, com várias virtudes" que o Sargento–Mor Afonso Mendes foi escrevendo por curiosidade. Em 88 secções, denominadas "receitas", com indicações terapêuticas para vários males, nele encontramos referências, entre outras, às raízes do mututo, do mubango, da mufuta, como também o pau-quicongo, o pau mussunda, o pau-paco, o óleo e a pedra de bezoar do elefante[4].

As plantas e outros produtos de matéria médica achados no Brasil mereceram também toda a atenção dos seus descobridores europeus. Umas e outros foram extensamente descritos pelo Padre José Anchieta (1534-1597) e pelo Padre Fernão Cardim (1540–1625). Anchieta deixou-nos uma minuciosa relação das plantas úteis à medicina utilizadas no Brasil, especialmente pelos Índios; Cardim, no seu tratado sobre o *Clima e Terra do Brasil*[5] descreveu as propriedades de catorze plantas medicinais das terras brasileiras. A estas descrições devem juntar-se a colecção de receitas medicinais do Irmão Manuel Tristão (1546–1621), enfermeiro e boticário em vários dos Colégios dos Jesuítas no Brasil, encontrada junto do manuscrito do Padre Fernão Cardim (1540–1625). Devem juntar-se-lhes também as descrições de Georg Markgraf (1610–1644) na sua *Historia Rerum naturalium Brasiliae* primeiro publicada em 1640 e de William Pies, mais conhecido por Guilherme Piso, na sua *Historia Naturalis Brasiliae*, publicada juntamente com nova edição da História de Georg Markgraf, em 1648 (Piso e Marcgrave, 1648). O Jesuíta baiano Padre Francisco de Lima (1706–1772) escreveu mesmo um tratado com o significativo título *Dioscórides Brasílico ou Plantas Medicinais do Brasil*[6]; e, entre 1624 e

---

[4] J. P. Sousa Dias, *A Farmácia e a Expansão Portuguesa (Séculos XVII e XVIII)* in A Universidade e os Descobrimentos, (Lisboa, Imprensa Nacional/Casa da Moeda, 1993), pp. 209-227.

[5] O manuscrito do Padre Fernão Cardim com este título foi roubado pelo corsário inglês Francis Cook tendo ido depois parar às mãos de Samuel Purchas, em 1601, quando o aprisionou, no seu regresso do Brasil. Tornado público por Purchas, em inglês, encontramo-lo hoje, editado em português, em 1925, no Rio de Janeiro, com o título *Tratados da Terra e Gente do Brasil*.

[6] Serafim Leite, *História da Companhia de Jesus no Brasil*, (Lisboa, vol. II, 1938), pp. 584-585.

1627, Frei Cristóvão de Lisboa (1583–1652) mandou escrever e desenhar a *História dos Animais e Árvores do Maranhão*, onde refere também, alguns elementos médicos do material descrito. O elenco do grande número de drogas com origem na flora e fauna brasileiras continuou pelos séculos seguintes. Para não nos afastarmos muito do espaço temporal que definimos para este trabalho, referiremos apenas que em 1766, na *Colecção de Várias Receitas* publicada, em Roma, no total das cerca de duas centenas de fórmulas dos séculos XVII e XVIII, se encontram 62 de boticários brasileiros[7]; e em 1762, também em Roma, e também da autoria de um jesuíta, foi publicado um receituário com dezenas de drogas feitas a partir de matéria médica do Brasil, com o sugestivo título *"Receituário Brazílico composto de variedades de Receitas e de curativos segundo a arte: de várias Ervas, Flores, Raizes, Fructas e de outras cousas que são próprias do Brazil"*[8].

Ao longo destas muitas descrições encontramos referência à descoberta e acção medicinal da ipecacuanha ou poaia, da copaíba, da camará, do jaborandi, da datura, da caroba, da capeba, da carapiá, das jurubebas, do urucu, da mil-homens, da pajamarioba, do inhame, da erva de onça, da butua, e muitas outras.

## 1.2 – Drogas e Simples do Oriente

Sobre estas, reportar-nos-emos aqui apenas às três maiores relações que sobre elas fizeram, ainda no século XVI, Tomé Pires (*ca*.1468–1540), na *Suma Oriental* (1515) e na *carta* que o mesmo dirigiu a D. Manuel I, datada de 27 de Janeiro de 1516, Duarte Barbosa (*ca* 1480–1545) no *Livro do que viu e ouviu no Oriente* (~1518) e, sobretudo, Garcia d´Orta (1499–1568), nos seus *Colóquios dos Simples e Drogas da India* (1563). O mais que outros escreveram sobre o assunto, ao tempo dos nossos Descobrimentos nos sécs. XV–XVI, é muito menos significativo, já porque

---

[7] J. P. Sousa Dias, *o cit*. p. 214

[8] *Idem, o. Cit.*, p. 215, nota 1.

se baseia, em muitos casos, na informação que nestas obras encontramos, já porque, pelo seu carácter sumário, pouco contribui para um mais vasto conhecimento da matéria exposta.

Seguindo um critério cronológico, começaremos com os dois escritos de Tomé Pires que acabámos de referir.

Boticário do Príncipe D. Afonso (filho de D. João II), Tomé Pires embarcou para a Índia, em 1511, com o cargo de "feitor de drogas". Chegado a Malaca em 1512, homem "curioso de inquirir e de saber coisas" (como dele escreveu Fernão Lopes de Castanheda), começou a escrever, nesse mesmo ano, a *Suma Oriental*, "nos pequenos intervalos de uma vida extremamente ocupada com suas funções oficiais", como ele próprio confessa, no Proémio Terceiro da obra, tendo-a terminado provavelmente, em 1515, já na Índia. Trata-se dum Relatório dirigido a El-Rei D. Manuel, possivelmente cumprindo uma recomendação que lhe fora feita antes de ter partido para o Oriente. Como tal, tinha um certo carácter secreto, razão pela qual poderá ter sido conservada, durante largos anos, na Biblioteca Real do Paço da Ribeira ou nos Arquivos da Casa da Índia, não se conhecendo hoje o original escrito pelo próprio Tomé Pires[9]. As versões hoje conhecidas são cópias não totalmente coincidentes, nem quanto ao total dos países que descrevem, nem quanto à ordem pela qual o fazem. Seguiremos aqui a versão apresentada por Armando Cortesão, uma versão que se apoia fundamentalmente na cópia existente na Biblioteca Nacional de Paris, um volume com 4 folhas de guarda e 178 fólios 26,3x37,7 cm, correspondendo os primeiros 116 a um livro de marinharia e um atlas da autoria de Francisco Rodrigues, capitão da armada de Simão de Andrade que chegou em 1519 a Tamão, em Cantão, e os 62 restantes à *Suma Oriental* de Tomé Pires.

Nesta versão, a viagem começa no Egipto seguindo por terras da Pérsia, Cabarim, Narsinga e Malabar até Cambaia (Liv.I), donde segue para Goa ao longo de toda a Costa Ocidental da Índia (Liv.II). De Goa passa a

---

[9] Armando Cortesão, *A Suma Oriental de Tomé Pires e O Livro de Francisco Rodrigues*, *Leitura e Notas* in Acta Universitatis Conimbrigensis (Coimbra, Por Ordem da Universidade, 1978), pp.10-65; 74-80.

Bengala e vai daqui à Indochina, passando por Sião, Birmânia e Camboja (Liv.III). E continua pelas ilhas de Java, Molucas, Ceilão, Japão, Bornéu e Filipinas (Liv.IV) até Samatra (Liv.V) e Malaca (Liv.VI). Descrição geográfica, económica e histórica dos países que refere, o relato debruça-se sobre a geografia física, a geografia económica e a antropologia, nos seus aspectos culturais e sociais desses países, com grandes minúcias sobre os diferentes povos que os habitam, as ligações entre eles, os seus costumes e o seu comércio. Quando descreve as mercadorias de cada reino, lá estão os produtos que nele se trocam, os naturais da terra e os importados.

Seria longo e repetitivo apontar aqui, terra a terra, todas as mercadorias que refere. Para o objectivo que nos propomos, confinados a produtos de matéria médica, o próprio Tomé Pires ter-nos-á facilitado o trabalho com a carta que dirigiu a D. Manuel I, em 27 de Janeiro de 1516, "um rol de certas drogarias que se mandaram catar" naquelas terras do Oriente para serem enviadas para Portugal, "dando conta donde cada uma nasce". Ao elenco dos vinte e tantos nomes indexados nesta carta, pouco haverá a acrescentar, a não ser as observações circunstanciais, seja a título de complemento, seja a título de elucidação do produto em referência.

Este é o elenco da dita carta: a *erva lombrigueira* de Cambaia e Chaul; o *ruibarbo*, da Tartaria e da Turquia; a *cana fístola*, da serra entre o Malabar e Narsinga e também de Daru, Samatra e Java; o *incenso*, da Arábia, Fartaques e Maderaca e também de Orixa, entre Narsinga e Bengala; o *ópio ou amfião*, do Egipto, Cambaia e Bengala; os *tamarindos*, em todo o Malabar, em Tamor e Choromandel, em Java e nas ilhas à sua volta; a *galanga*, raízes do tipo do gengibre, em Chaul, Mangalor, Índia e Cambaia; o *turbit*, de Mandam (não muito bom) , da Turquia (o melhor) e também em Portugal; os *mirabulanos e quibules* do Malabar, de Bacanor, de Baçalor e de Mangalor (com pequenas diferenças entre si), de Bengala, Malaca e das Ilhas Burney; o *aloés*, da Ilha da Çacotora, Adém, Cambaia, Samatra (existe também em Valência de Aragão; o de Cambaia não é muito bom); o *espiquenarde* do Reino de Dely e de Mandão; o *esquenante*, ou *palha de gengibre* de Çacotora, Arábias e Terras do Prestes João; *o serapino, o galbano e o opoponaque*, gomas fétidas e fedorentas, das Arábias, do Cairo, da Itália, Turquia e Damasco; o *bedelio e a mirra*, de Mandau e da Arábia, Félix e Dely; o *bálsamo xilo*, o *bálsamo carpo*, a *goma arábica e alguns alambares*, da Arábia e o *lápis lazúli*, da Arménia, uns e outros chegados à Índia via Alexandria; a *monja*, não o líquido fétido resultante da simples decomposição dos cadáveres humanos, mas o líquido que escorre dos corpos embalsamados com mirra e aloés, recolhida sobretudo nos desertos da Arábia; o *ispódio*, raízes de certas canas; o *tincar, a sarcacola e a alquitira* dos Reinos de Mandão e Dely e da Arábia; o *folio betele* do Reino de Goa, de Chaul até ao Camboja; o *róbis* do Reino de Racan, os vermelhos e os *balais* de Ceilão, junto de Sião donde vem o *lacar e o benjoim*, e onde se encontram os chamados *olhos de gato* e as melhores safiras; a *zedoaria* ou *cálamo aromático* do Malabar e Ceilão que cresce entre as plantas da canela; o *estoraque*, o *benjoim negro* derretido com *pó de sândalo* e *pau de aguilha*, ou então com fermento de mel e azeite, como se faz em Adem; e, finalmente, o *aljôfar* das ilhas de Dalac, no mar Roxo, perto do porto de Meca, do Baharem, a cento e cinquenta léguas de Ormuz, de Ceilão e de Hainam, umas ilhas entre o Reino de Cochim e a China.

Ao longo dos seis Livros da *Suma Oriental* (Pires, 1515), encontramos alguns outros produtos que o autor não chega a mencionar na carta dirigida ao Rei D. Manuel em Janeiro de 1516, mas que lhe merecem igual atenção, nomeadamente o *azernefe vermelhão* que levam de Malaca para Sião (p. 242), a *orpimenta* do Egipto e que alguns portugueses cativos, em Malaca, referiam a Afonso de Albuquerque, em carta datada de 1510, ser uma droga que deveria ser levada para a Índia (p. 141); o *cecotrino* e a *mirra* usados na Arábia, as *cubebas*, o *salaziche* e as finas *alaquequas* do Egipto e também da Arábia (pp. 146-150); as *oraquas*, o álcool de palmeira e a *madeira de sapão* do reino de Sião (p. 242); o *calambac* do reino de Champa (p. 247); as *tâmaras* em fardos de *amfião* (p. 136); as sementes *alipiuri*, os *âmios* e a *alforva* da Cambaia (pp. 203-204); os *bisalhões* e *papos* de almíscar de Aração (p. 228), etc... etc. Tudo isto para além da *caparrosa*, do *sal aziche*, a *pimenta*, o *cravo*, a *canela*, o *gengibre*, o *almíscar*, o *lenho de aloés*, a *cânfora*, o *gyracall*, os *cocos*, a *copra*, os *rabanetes*, a *mostarda*, os *limões*, as *azamboas* e *combalengas* e outras especiarias e plantas mais comuns que encontrou na maioria dos países da sua viagem do Egipto a Malaca.

Duarte Barbosa (*ca.* 1480–1545) que serviu como "escrivão da feitoria de Cananor" durante vários anos, entre 1503 e cerca de 1515, no *Livro em que dá relação do que viu e ouviu no Oriente* com redacção iniciada por volta de 1512 e com notas finais já de 1518, ano em que foi tornado público, em Lisboa[10-11], nas suas relações sobre o que viu nos muitos lugares por onde andou no Oriente, de Mombaça ao "muito grande reino da China", apontando a sua história, as pérolas (pérolas de aljôfar, rubis, diamantes, etc…) e as "drogarias", não acrescenta dados verdadeiramente significativos ao rol dos simples e drogas mencionados por Tomé Pires. Curioso é notar, todavia, a sua preocupação em referir os preço delas nas diferentes terras, nomeadamente, em Calecut e no Malabar, com indicações preciosas sobre as quantidades e as moedas que valem, onde fala do valor em *fens* e *fanões* das *façarolas* do *alácar-martabão* ou das *façarolas do benjoim*, dos tamarinhos, do incenso, da mirra e das maçãs[12].

Por sua vez, nos sessenta *Colóquios dos Simples e Drogas da Índia* de Garcia d'Orta (*ca.*1499–1568) que o Conde de Ficalho classificou como sendo "não somente um tratado de sciencias; mas também um monumento de história da arte (da preparação médica) e da linguagem"[13], encontramos ainda, para além das preparações e utilizações farmacêuticas que deles se fazem, outros produtos de matéria médica provindos do Oriente, novos uns, os mesmos, mas com nomes diferentes, outros, quando comparados com os apresentados por Tomé Pires e por Duarte Barbosa. No rol de uns e outros estão, por exemplo, o *amono*, o *anacardo*, a *árvore triste*, o *altide*, o *anjuden*, a *assa fétida*, o *betre*, o *bangue*, as *carandas*, os *doriões*, o *epiquenardo*, o *faufel*, o *turbit*, a *tutia*, o *zerumbet*, e outros mais.

---

[10] Manuel Longworth Dames, *The Book of Duarte Barbosa*, New Delhi, ASEA, 2 vols, 1989.

[11] Maria Augusta Veiga e Sousa, *O Livro de Duarte Barbosa* (Lisboa, Ed. Alfa, 1989); *Idem,O Livro de Duarte Barbosa* (Lisboa, Instituto de Investigação Científica e Tropical, 1996).

[12] Maria Augusta Veiga e Sousa, *O Livro de Duarte Barbosa* (Lisboa, Ed. Alfa,1989), pp. 166-168.

[13] Conde de Ficalho, *Colóquios dos Simples e Drogas da Índia por Garcia da Orta* (Lisboa, Imprensa Nacional, 2 vols, 1891), p. XII.

## 1.3 – O sentido de algumas das denominações e noções associadas às novas "drogas e simples" dos tratados de Matéria Médica

Não sendo possível analisar o sentido de todas as denominações e noções associadas à totalidade da vasta matéria médica provinda, nos sécs. XV e XVI, do Brasil, da África e do Oriente, tomemos, quase que aleatoriamente, alguns exemplos pontuais para realçar o tipo de questões que a sua adopção suscitou. E isto relativamente ao seu uso como matéria médica, e também relativamente à terminologia adoptada.

Os diferentes *Simples* e *Drogas* são diferentes preparados de cuja acção química se esperam efeitos terapêuticos, quando ministrados na dose e no tempo adequados. À época dos Descobrimentos dos séculos XV e XVI, a terapêutica que neles se buscava permite-nos classificá-los, servindo-nos do texto do *Thesouro Apolineo* de Joam Vigier, retomado pela *Farmacopeia Ulissiponense* de 1716, em alterantes, purgantes e confortantes: «**alterantes**, os que aplicados exteriormente, ou tomados interiormente, causam algumas mudanças em nosso corpo, seja esquentando, humedecendo, ou defecando, amolecendo ou indurando, rarefazendo ou condensando, constipando ou laxando, digerindo ou resolvendo, corroendo ou encravando, detergendo ou parando; **purgantes**, os que por certa fermentação e irritação que causam no corpo, desatam os humores supérfluos e fazendo-os fluidos os põem em estado de serem evacuados; **confortantes**, aqueles que pela conformidade de suas partes com os espíritos do nosso corpo, corrigem as alterações que se tinham feito nos humores e, juntamente com os espíritos, ou seja excitando-lhe o movimento que estava sufocado, ou seja moderando o que estava violento ou veemente e isto dando vigor à natureza, a que lance fora as impuridades que lhe sufocavam o seu movimento ou lho desordenavam"[14].

Foram as virtudes em qualquer destas categorias que guiaram os Descobridores dos "novos mares e novos mundos" na recolha dos produtos

---

[14] Joam Vigier, *Thesouro Apolineo, Galénico, Chimico, Chirurgico, Pharmaceutico, ou Compendio de Remédios para Ricos e Pobres* ( Lisboa, Off. Real Deslandesiana, 1714), pp. 21-24.

que aí foram encontrando, inexistentes no "velho continente" e que por alguma razão, poderiam ser utilizados como fármacos.

Usando a classificação da *Farmacopeia Ulissiponense*, diríamos que o *sangue do dragão*, a resina do dragoeiro, usado para cicatrizar as feridas, seria um bom alterante de aplicação externa; o *aloés*, um alterante de aplicação externa para encarnar algumas chagas e um purgante para uso em caso de lombrigas, colírios, no dizer de Garcia d´Orta. Aloés ou *aloá* seria o nome latino e grego dessa erva que os Árabes designavam por *cebar*, os Decanins por *catecomer*, os Castelhanos por *acibar*, os portugueses por *azevre* ou *erva-babosa* e de que existia grande quantidade em Cambaia e em Bengala, sendo a melhor e mais louvada a existente em Çocotora, dita por isso *aloés çocotorino*. A mezinha que dele se prepara é um sumo feito com a erva depois de seca que uma vez ingerido, de preferência em jejum, "abre as almoreinas", no dizer de Mesué, e por sua amargura abre também as veias, estimulando a virtude expulsiva, e assim purga o fel[15].

Deste ponto de vista, interessante é notar aqui o que Garcia d´Orta refere a respeito do "Amfiam dito assim corrompidamente porque o seu nome he opio" (cf. Colóquio XLI), "usado em comer entre muitos". Interessante, digo, pelo modo como a sua acção é explicada, posto ser considerado um simples em que a virtude imaginativa excede a virtude expulsiva (p.172), afirmação que não encontramos para nenhum outro simples. "Aos homens que o comem faz andar dormindo; e dizem que o tomam para nam sentir o trabalho" (p.171). O apregoado poder afrodisíaco que lhe era atribuído é negado por Garcia d´Orta dizendo que o que ele faz é retardar o "auto venéreo", no homem como na mulher, por "apertar os caminhos por onde vem a semente genital do cérebro, por causa da sua frialdade" (p.172), levando frequentemente à impotência sexual[16]. Interessante também, do ponto de vista linguístico, pelo cuidado com que Orta explica a etimologia do seu nome, revelando os conhecimentos do autor neste domínio: "todos lhe chamam *afiom*, scilicet, os Mouros donde o tomaram os Gentios, e nós mais corrompidamente lhe chamamos

---

[15] Conde de Ficalho, *o. cit.* , vol. I, pp. 23-44.
[16] Idem, vol. II, pp. 171-172.

*amfiam*; e a causa dos Mouros lhe chamarem *afiom* ou *ofiom*, é porque os Arábios tomaram muitos nomes da língua grega, a qual elles chamam *jhunami* (casi língua joniqua): e porque os gregos lhe chamam *opium*, e porque ácerqua dos Arábios a letra *f* e a letra *p* sam muito hirmans, e põemse muitas vezes huma por outra, chamaramlhe elles *ofium* ou *afium*, e também á *peonia* chamam elles *faunia*, e assim muitos outros nomes, mudando o *p* por *f*"[17].

Considerando ainda, quer a virtude médica que lhes era reconhecida, quer as razões dos nomes adoptados que lhes foram dados, deixaremos aqui alguns apontamentos sobre algumas dessas muitas drogas e simples novos, deixando inevitavelmente de fora muitas e muitas dezenas deles. Folheando, sobretudo, a obra de Garcia d´Orta, referir-nos-emos, numa escolha pratica-mente aleatória e assente em razões de maior desconhecimento no quotidiano das nossas vidas, às cubebas, à galanga, ao folio betel, ao bangue, à árvore triste, aos jambolões, aos tamarindos, ao turbit, à tutia e à zedoria.

As *cubebas* são o fruto da **Piper Cubeba**, um arbusto lenhoso que como a hera, se agarra às árvores que tenha na vizinhança, um fruto que se parece com a pimenta, mas que dela se distingue por um pequeno pedúnculo que possui; e também muito parecida com o mirto. A Piper Cubeba é espontânea em Java e na Sumatra. Como refere Garcia d´Orta não deve ser confundida com a pimenta, nem com o *mirto agreste* como o fizeram os gregos, nomeadamente Galeno e Dioscórides, que dela fa-laram só pelo que ouviram dizer, mas sem nunca a terem conhecido, o mesmo tendo acontecido com Serapião, Averrois e os árabes em geral. A árvore "he como macieira no tamanho, e as folhas sobem acima tre-pando, como nas árvores da pimenta". Os seus frutos nascem em cachos, como as uvas. Cheiram muito bem. Pelos efeitos afrodisíacos que lhes são atribuídos, os árabes fazem com elas a festa à rainha Vénus. Eles lhe chamam *cubebe* ou *quabeb* ou *quabebechini*. Na Índia e na Malásia, donde é verdadeiramente originária lhe chamam *cubabchini*[18].

---

[17] *Idem*, vol. II, p. 173
[18] *Idem,* vol. I, pp. 287-292.

A *Galanga* é a *lavandou* dos Chineses, ou a *lancuaz* dos habitantes de Java. Nem Dioscórides, nem os Gregos Antigos falaram dela. Foram os Árabes quem primeiro a terão usado, com Avicena a chamá-la *chamligiam* ou *calungiam*, num dos seus escritos, e *caserhendar*, num outro; e Serapião, *galungem*. Trata-se do rizoma, com nós como os da cana, da planta descrita, em 1870 por Hance, sob o nome linneano de "*alpinia officinarum*". Dela se conhecem duas espécies, uma maior, outra menor, respectivamente a galanga maior e a galanga menor. Uma e outra são "uma frutice ou mata de dois palmos em comprimento; tem folhas como a murta; dizem os Chins que nasce sem ser prantada; floresce com flor branca; deita sementes, mas não se semeia com elas; semeia-se das raízes dela mesma". Nem Avicena, nem Serapião a terão conhecido, tendo dela apenas notícia confusa mercê do que dela ouviram dizer. O rizoma é quente e com suave cheiro, servindo de proveito para os males do estômago e os maus cheiros da boca. Muitos a confundem com o *acoro*, especialmente em Espanha, ou com o *cálamo aromático*. Porém, anda por caminhos errados quem tal faz[19].

O *folio betele,* uma folha muito aromática conhecida por "folha da Índia" "produzida pela palmeira de Betel, assim chamada por existir em grande abundância nas margens do rio Betel, na costa Ocidental da Índia, também conhecida por a *Areca Catechu*. Tomada verde com avelã da Índia e limão é a chamada noz-areca, muito boa para fortalecer os dentes; uma vez seca não serve para nada. Os homens que a mascam regularmente, dia e noite, chegam aos oitenta anos com todos os dentes e têm óptimo bafo, mas se um dia a não tomam têm um bafo que se não pode suportar[20-21].

No seu Colóquio XXIII, Garcia d´Orta refere-se demoradamente ao "folio indo" ou "folha da Índia" sem a referir como folio de Betel,

---

[19] *Idem*, pp. 353-356.

[20] Tomé Pires, 1516, *Carta para El-Rei D. Manuel*, 1516, in Armando Cortesão, *A Suma Oriental de Tomé Pires e O Livro de Francisco Rodrigues, Leitura e Notas* in Acta Universitatis Conimbrigensis, pp. 446-458. (Coimbra, Por Ordem da Universidade, 1978).

[21] Maria Augusta Veiga e Sousa, *O Livro de Duarte Barbosa* (Lisboa, Ed. Alfa, 1989), pp. 167-168.

identificando-a com a *lingoa de vaca*, a *lingoa de pássaro* ou o *melam da Índia* dos catálogos de Avicena, referindo que para além de poder ser usado para tratar o mau cheiro da boca, é bom para "provocar a orina" e que conserva os panos, defendendo-os da traça[22].

O *bangue*, uma semente que Ruano, o interlocutor de Garcia d'Orta nos Colóquios, confunde com a do linho *alcanave*, o cânhamo, embora um pouco mais pequena e menos branca, que "os Índios comem pera ajudarse e comprazer às mulheres"[23]. É, de facto, a semente da chamada *Cannabis Sativa* da nomenclatura de Linneu, espécie a que também pertence o linho em questão. A mezinha que leva este nome faz-se do pó das folhas pisadas da planta bangue, uma planta muito parecida com o linho, juntando-lhe um pouco de *areca verde*. A poção assim preparada "embebeda e faz estar fora de si". Nesta preparação, muitas boticas, particularmente entre os Mouros, usam juntar um pouco de cravo, e outros cânfora de Bornéu, ou também *ambre, almisque* ou *amfiam*; o proveito que tiram desta mistura é levar aqueles que a tomam a "ficarem fora de si, como enlevados sem nenhum cuidado e prazimenteiros, e alguns rir hum riso parvo". E, acrescenta Garcia d'Orta, ter ouvido dizer a "muitas mulheres que, quando hião ver algum homem, pêra estar com choquarerias e graciosas o tomavão", e que também "os grandes capitães, antiguamente acustumavão embebedarse com vinho ou com *amfiam*, ou com este *bangue*, pêra se esquecerem de seus trabalhos, e nam cuidarem, e poderem dormir"[24].

A *árvore triste*, uma árvore que tão bem cheira e que Garcia d'Orta diz não ter encontrado em lugar algum fora de Goa[25]. Cristóvão da Costa (1525–1593), no seu *Tratado de las Drogas y Medicinas de las Índias Orientales* (Burgos, 1578) descreve-a em pormenor. Clusius, nas suas

---

[22] Conde de Ficalho, *o. cit.*, vol. I, pp. 343-348.
[23] *Idem*, vol. I, pp. 95-98.
[24] *Idem*, vol. I, p. 97.
[25] *Idem*, vol. I, pp. 69-72.

notas ao texto de Garcia d´Orta, apresenta o desenho de um ramo florido desta curiosa planta. Curiosa pelo nome que leva; e curiosa pelas lendas que lhe estão associadas. É uma planta que em terras da Índia, os nativos designam por *mogory* e têm por planta sagrada, procedente do céu, donde Krishna a trouxe a sua mulher por causa do fino perfume de suas flores. Estas cheiram a flor de laranjeira e seus comeres são cheirosos, como cheirosa é a água que delas se prepara. Na classificação de Linneu, são flores dum jasmim, o *Jasminum Sambac*, usadas na preparação de perfumes e com que as mulheres hindus fabricam coroas que colocam sobre a cabeça em ocasiões festivas. O seu estranho nome vem-lhe duma lenda em que se diz ter ela origens na filha de um grande senhor, *Parizataco* de seu nome, que tendo-se "enamorado do sol, a deixou depois de ter com ella conversação, por amores doutra; e ella se matou e foy queimada e da cinza se gerou esta árvore"[26].

Os *jambolões*, os frutos da *Eugénia jambolana*, uma árvore da família das mirtáceas, muito comum na Índia. O nome vem-lhes do nome por que são comerciados em Bombaim, *jambúl*. A árvore que os dá tem folhas que se assemelham às folhas do medronheiro. Parecem-se com azeitonas, embora muito mais azedos que estas. A sua cor é feita de branco e vermelho, que os assemelha também a essas bogalhas grandes conhecidas por maçãs de cuco. Têm cheiro a água rosada e um sabor que embora agradável, não incita muito o gosto por se tratar de um fruto muito aquoso. Embora comestíveis, não são fruta muito sadia. Com eles se parecem os *jambos* e as *jamgomas*, frutos de feição oval, do tamanho de ameixas, de plantas da mesma espécie, respectivamente, a *eugenia malaccensis* e a *flacourtia cataphiracta*, com flores roxas e muito bem cheirosas e folhas "como hum ferro de lança, grande e larguo, e de hum verde muito aprazível". Duns e doutros e das flores das árvores que os dão se fazem boas conservas[27].

Os *tamarindos*, os *tamarindi* dos Árabes que com este nome se referem às tâmaras da Índia. A árvore que os dá é grande como o freixo,

[26] *Idem*, vol. I, p. 71.
[27] *Idem*, vol. II, pp. 24-26.

a nogueira ou o castanheiro, com madeira rija e não porosa, muito fo-lhosa e ramosa, no que se distingue das tamareiras do Norte de África. Têm dentro caroços. Quando verdes são bastante azedos mas mesmo assim de bom sabor. Os caroços não servem para nada; a polpa come-se muito bem com um pouco de açúcar e serve para preparar infusões me-dicamentosas, seja com água, seja com azeite de coco, com bons efeitos digestivos e laxantes, purgando, no dizer dos maometanos, o "sistema de bílis e humores adustos", pois facilmente digerem e evacuam o humor colérico, incidem e cortam o humor freimático. E também para prepa-rar conservas e boas bebidas refrigerantes. As folhas da árvore de que provêm servem também para preparar infusões para cura das erisipelas. Pelo seu agradável sabor azedo, estas infusões servem para substituir o vinagre nos comeres. Todavia, não se deve confundir os *tamarindos* com os *datiles* do catálogo de Dioscórides, embora possam ter com eles algumas parecenças: estes são os frutos das tamareiras do norte de África que embora diferentes, apresentam, de facto, algumas parecenças com as tâmaras da Índia[28].

O *turbit* é o *tiguar* dos Canarins de Goa, uma pequena planta rastei-ra, com uma raiz muito pequena e pouco profunda, e um tronco pouco comprido e pouco grosso, não muito maior que um dedo. Uma planta da família das convolvuláceas, a *Ipomaea Turpethum*. As suas folhas são lobadas como as da malva francesa. As suas flores são bastante grandes. Nasce e cresce nas terras marítimas, mas não muito perto do mar. O seu sabor é insípido quando se colhe. A droga comercializada com o mesmo nome consiste na raiz e parte inferior do caule, cortados em bocados, de cor acinzentada por fora e branca no interior, contendo uma resina amarelada. Desconhecida dos gregos e dos latinos, era um medicamen-to de grande reputação, nas terras do Oriente, vastamente usado como purgante da bílis e do humor fleumático[29].

A *tutia*, um preparado vegetal ou um óxido metálico? Séculos antes de os Portugueses terem chegado à Índia e terem começado a trazer para a

---

[28] *Idem,* vol. II, pp. 319-324.
[29] *Idem,* vol. II, pp. 327-343.

Europa nova matéria médica, especialmente a de origem vegetal, já Marco Pólo se havia referido a uma mezinha que dava pelo nome de *tutia*, a *tutia* da região de Kerman, não longe de Ormuz. Era um preparado obtido a partir de uma certa terra que ali havia, queimada em grandes fornalhas. Nessa sua referência, Marco Pólo diz que essa mezinha outra coisa não seria que o *espodio* ou *pomfolix* dos Antigos Gregos, com diferente grau de pureza. Num caso e noutro, tratar-se-ia de um óxido impuro de zinco. Acontece que no século XII, Gerardo de Cremona (1114–1187), ao traduzir para latim algumas obras Árabes, nomeadamente as de Avicena, traduziu por espódio o *tabaxir* da matéria médica arábica, uma espécie de leite ou sumo existente em certas plantas, v.g., em algumas canas que invernou durante bastante tempo. Ficou-se assim, a partir de então, a designar pelo mesmo nome duas mezinhas totalmente diferentes: uma de origem mineral, o *pomfolix* ou *espodio dos Gregos*; outra de origem vegetal, o *tabaxir* ou *espódio dos árabes*. No seu Colóquio LI, Garcia d´Orta refere esta distinção e pugna pelo necessário esclarecimento para que se não confundam os dois tipos de matéria médica[30]. E deixa claro que o termo *espódio*, sem mais, deve ser reservado para o espódio dos Gregos, isto é, o *pomfolix* que Marco Pólo identifica como sendo a *tutia* em grau de purificação mais elevado. Neste ponto, Garcia d´Orta discorda de Marco Pólo referindo que a *tutia* é um preparado vegetal que se faz na Pérsia a partir da cinza da casca de uma árvore chamada *goan*, uma árvore cujo fruto comestível é também conhecido por *goan*. Garcia d´Orta conclui este assunto afirmando que a *tutia* que é levada da Pérsia a Ormuz e daqui a outras parte da Arábia, a Alexandria, a Portugal e demais partes da Europa, em muitas naus, é este preparado vegetal e não o preparado mineral dos Antigos Gregos, o *pomfolix* com que a identificou Marco Pólo[31].

Finalmente, para não nos alongarmos mais, a *zedoria*, essa mezinha que Avicena trata em dois substanciosos capítulos, com o nome de *geiduar* e Serapio num só, com o nome de *zerumbet*. Trata-se de um só nome para

---

[30] *Idem*, vol. II, pp. 301-307.
[31] *Idem*, vol. II, pp. 359-360.

o preparado medicamentoso feito do rizoma de duas diferentes plantas do mesmo género e família, a *curcuma zedoaria* e a *curcuma zerumbet*, ambas muito vulgares na Índia Meridional, ainda que Garcia d´Orta diga que elas se trazem de Seni, porque "na Índia não nascem estas raízes, senam na China". A primeira é a zedoaria amarela; a segunda, a zedoaria cinzenta. O preparado medicinal que delas se faz é muito usado em casos de envenenamentos e mordeduras de cobra, e também como condimento e especiaria e outros[32].

## 1.4 – A inclusão destas "drogas e simples" nas Farmacopeias

Toda esta nova e exótica matéria médica descoberta e explorada nos Descobrimentos ao longo dos sécs. XV e XVI e continuada nos séculos seguintes, ocuparia um grande número de páginas da *Origem da Lingoa Portuguesa* de Duarte Nunes de Leão, caso ao tempo em que a preparou já estivesse suficientemente consagrada e pronta para a necessária difusão. Com toda a naturalidade, entrou rapidamente no elenco da Farmacopeia Portuguesa, e, através dela, na Farmacopeia da Europa, com seus nomes, locais de origem e mezinhas que usando-a, era possível preparar[33-34].

Caso Nunes de Leão tivesse querido apresentar na sua *Origem da Língua Portuguesa*, à semelhança do que fez para alguns dos vocábulos tomados dos Árabes, dos Franceses, dos Alemães, etc, Tabelas com vocábulos vindos do Brasil, da África e das Índias, por via da matéria médica trazida pelos Descobrimentos ao Reino de Portugal, não lhe teria faltado por onde escolher; e o muito espaço e tempo de que dispusesse para o

---

[32] *Idem*, vol. II, pp. 363-368.

[33] Luis Pina, 1939, *As Ciências na História do Império Colonial Português* (Porto, Anais da Faculdade de Ciências, vol. 24, 1939) pp. 43-64; 88-122; 190-192; 248-255; *Idem, Flora e fauna brasílicas nos antigos livros médicos portugueses* in Brasília, vol. 3, 1945, (Coimbra,com 20 Figuras em Anexo) pp. 149-340; *Idem, As Ciências na História do Império Colonial Português. Século XV a XIX* (Porto, Anais da Faculdade de Ciências, vol. 39, 1945), pp. 236-282; *Idem, Reflexos Brasílicos na Velha Medicina Portuguesa* (Porto, Edições Marânus, 1961).

[34] José Pedro Sousa Dias, 1993, *A Farmácia e a Expansão Portuguesa (Séculos XVII e XVIII)* in A Universidade e os Descobrimentos (Lisboa, Imprensa Nacional/Casa da Moeda, 1993), pp. 209-227.

efeito, nunca seriam demasiados. Não era esse, todavia, o objectivo da sua obra, sem tergiversar na sua convicção de que "muitos mais são os negócios que os vocábulos e como os conceptos dos homens são infinitos e as palavras finitas, necessariamente as inventamos, ou buscamos e tomamos emprestadas de outras gentes". Perante a "necessidade de inovar e tomar emprestados" os vocábulos da nossa língua, não sendo de todo ajuizado que "depois de achado o trigo e os manjares que oje temos, tornemos a comer a lande e bolotas, e frutos sylvestres, como a principio dizem os Poetas que fazião os primeiros homens"[35].

Sem tempo nem espaço para elaborar e apresentar essas tabelas, Nunes de Leão fez questão de "dar algumas lembranças para a eleição que devemos fazer " do grande elenco das palavras que o tempo traz e leva pelas variadas maneiras que foi enumerando no seu tratado. Ao bom falante se pede que se guarde de palavras antigas e desacostumadas caídas em desuso, como se não usam as moedas que deixaram de circular, na certeza de que a principal virtude e requisito do uso que delas se faça é a clareza: a clareza no significado, clareza na composição, clareza na pronúncia[36].

As suas lembranças encontraram eco em muitos e bons sequazes das suas recomendações. Entre outros, impõe-se destacar: Zacuto Lusitano na *De Medicorum Principium Historia* (Lusitano, 1629), na *Praxis Medica* (Lusitano, 1634) e na *Pharmacopoea Elegantíssima* (Lusitano, 1667); Duarte Madeira Arrais no *Tratado das Virtudes dos Óleos de Enxofre, Vitríolo, Philosophorum, Alecrim, Salva e Agoa* (Arrais, 1648) e no *Método de conhecer e curar o morbo gálico* (Arrais, 1674); Curvo Semmedo na já referida *Polyanthea Medicinal* (Semmedo, 1716) com especial relevo para a *Memoria dos remédios exquisitos que da Índia e outras partes vém a este reino, em que se declaram as suas virtudes* publicada como Anexo, com algumas variantes, na maioria das edições da *Polyanthea*, com começo na edição de 1716, na qual se enumeram mais de setenta

---

[35] Duarte Nunes de Leão, 1784, *Origem e Orthografia da Língua Portuguesa* (Lisboa, Typ. Rollandiana, 1784), pp. 131-135.

[36] *Idem*, pp. 141-142.

desses remédios; e também os autores das Farmacopeias portuguesas que se seguiram à *Polyanthea* de Curvo de Semmedo que já acima relacionámos, todos mencionam e assumem a teriaca brasílica, africana e Oriental. João Vigier adicionou à sua Farmacopeia Ulissiponense de 1716 um *Tratado das Virtudes, e descrições de Diversas plantas, e partes de animais do Brasil, e das mais partes da América, ou Índia Ocidental, de algumas do Oriente, descobertas no último século, tiradas de Guilherme Piso, Monardes, Clúsio, Acosta e outros"* e ainda um *Vocabulário Universal, Latino e Português, de todos os nomes dos Simples, assim dos Antigos como dos que ultimamente se descobriram na Índia Oriental, e Ocidental, ou Brasil.* E, dois anos depois, faria publicar, a sua *História das plantas da Europa e das mais uzadas que vêm de Ásia, de África e da América*, uma obra em "dois volumes portáteis de algibeira (...) como em hum corpo abreviado, o que em obras anteriores tinha já publicado com tanta extensão" (Vigier, 1718, p.vi), nela apresentando o elenco dessas plantas, seguindo a ordem e classificação do Pinax de Gaspard Bauhino, recopilado e mandado imprimir por Nicolas Deville. Cada um dos dois Tomos desta *História* contém seis Livros com seis divisões cada, onde são referidas 616 diferentes plantas, consagrando na linguagem portuguesa os seus nomes indígenas. Para muitas delas, são referidos também os nomes Latinos, Franceses, Espanhóis, Italianos e Alemães. Nela encontramos não só a consagração dos nomes indígenas na terminologia da nossa Língua, como também a descrição das principais características dessas plantas, acompanhadas do respectivo desenho, o lugar donde vêm nascem e crescem e as virtudes medicinais a que podem servir. Do longo elenco, podem anotar-se os juncos aromáticos de Alexandria e o albafor da Síria e do Egipto (Liv.I, Div.II), os jacintos e os cálamos aromáticos do Oriente (Liv.II, Div.I), a mostarda e a eruca da Ásia, a salsaparrilha das Honduras, da Índia Ocidental e da China (Liv.III, Div.I), o ruibarbo da Etiópia, das Índias Orientais e dos Chins (Liv.III, Div.IV), as dormideiras (papoilas) dos Gregos (Liv.V, Div.I), o azebre ou aloés dos Gregos, Árabes e Canarins (liv. VII, Div.V), a alcatira da Ásia (Liv.X. Div.VI), a cana fístula e a siringa da Índia, a noz moscada e a pimenta das Índias Orientais, os sicómoros do Egipto (Liv. XI, Div. I-III), os figos da Índia, o estoraque da Sicília e da Síria e o mirto da Alemanha (Liv.XII, Div.I-VI).

## 2. A prática e a nomenclatura da Iatroquíca, a Química Espagírica

### 2.1 - A Química aplicada à Medicina e à Farmácia

A partir da segunda metade do século XVI até ao terceiro quartel do séc. XVIII, a Química foi totalmente enquadrada na arte médica, constituindo o que ficou conhecido por medicina espagírica, iatroquímica ou farma-coquímica. No seu *Tratado de Química*, Christophe Glaser (1628–1672), definia-a como a arte científica cujo objectivo era dissolver os corpos para deles extrair as várias substâncias de que são compostos, e juntá-las de novo de modo a formar compostos mais puros e superiores[37]. Toda ela se funda em Princípios activos e passivos em que se baseiam todas as suas manipulações e artefactos. Nela se considera pelo mercúrio, o evaporável; pelo enxofre, o inflamável; e pelo sal, o solúvel. Por isso ficou conhecida como "a química dos princípios"[38].

O carácter prático desta química aplicada à medicina e à farmácia, traduziu-se, nos dois séculos em que vigorou, num exame de carac-terização do *arquê* de todas as coisas. Para J. B. van Helmont e seus discípulos, ele seria o "Alkaest", um princípio que tudo dissolvia; para J. Mayow, R. Boyle e outros, ele seria o nitro, um "princípio engendrado pelo próprio sol", no dizer de N. Lefebvre, origem e causa do perpétuo antagonismo ácido-alcali. A sua consideração e apresentação pormeno-rizada tornou-se o objecto de atractivos manuais, de venda fácil, entre os quais se podem referir o *Tyrocinium Chymicum* (1610) de J. Béguin, o *Traité de la Chimie* (1663) de Christophe Glaser, o *Traité de Chimie*

---

[37] Christophe Glaser, *Traité de la Chimie*, (Paris, L´autheur ed., 1663), p. 3.
[38] M. Daumas, *La Chimie des Principes* in *Histoire Générale des Sciences* (Paris, Ed. René Taton, Presses Universitaires de France), Tom. II, 1972, cp.VI, pp. 354-367

(1664) de Nicasius Lefebvre, a *Physica Subterranea* (1669) de J. J. Becher, o *Tractatus Quinque Medico-Phisici* (1674) de J. Mayow, e o *Cours de Chimie* (1675) de N. Lémery.

O sucesso destes manuais deve-se ao sucesso do ensino e da prática a que se reportavam. De facto, desde os princípios dos anos seiscentos, tratava-se de matéria que era ensinada em todas as Faculdades de Medicina e que nenhum dos praticantes de farmácia dispensava.

Não é difícil ler esses manuais. Do ponto de vista explicativo, durante a segunda metade do século XVII e durante quase todo o século XVIII, a atenção dos seus autores virou-se cada vez mais para os problemas relacionados com a natureza da combustão e a natureza das forças actuantes nos compostos químicos: com G. E. Stahl (1660–1734), a explicação da combustão dos corpos acabou por se constituir no centro de toda a doutrina química, até finais do século XVIII, sendo a partir dela que se deu a revolução química de Lavoisier (1743–1794); por sua vez, com E. F. Geoffroy (1672–1731), a grande explicação das forças actuantes nos compostos químicos foi buscada nas chamadas afinidades químicas.

Do ponto de vista da prática química, nesses manuais é notório um crescente interesse pela descoberta e caracterização de novos elementos e compostos, utilizando métodos quantitativos cada vez mais rigorosos tornados na base essencial e indispensável de toda a investigação a que se procedia e que culminou com um determinante avanço no domínio da química dos gases, nomeadamente na sua diferenciação[39].

Do ponto de vista da terminologia que usam é notória a quase total ausência de qualquer sistematização na designação dos elementos e compostos químicos[40], como é notório o recurso a grande número de vocábulos tirados do elenco das práticas alquímicas que ainda reinavam

---

[39] H. M. Leicester, *The Historical Background of Chemistry* (New York, Dover Publ. Inc.,1956), p.119.

[40] Como exemplo desta falta de sistematização, permitimo-nos referir aqui que um manuscrito do século XVII de António Neri apresenta para o metal mercúrio 20 símbolos e 35 nomes difeerentes; e, num outro livro da mesma época, o chumbo era designado por 14 símbolos e 16 nomes. *Vid.* A.M. Nunes dos Santos in *Nota de Apresentação* da *Edição Fac-similada do original de Méthode de Nomenclature Chimique (1787) de Morveau, Lavoisier, Berthollet e Fourcroy* ( Lisboa,Petrogal, AS, 1991).

por toda a parte, embora já sem o esplendor que haviam conhecido nos séculos passados. A apologia de um certo secretismo continua expressa em muitos desses manuais, registando-se já, todavia, em alguns deles, uma rejeição frontal de tal prática.

A descoberta dos novos produtos naturais de plantas, animais e minerais provenientes do Oriente, da África e das Américas que os Descobrimentos de "novos mares e novas terras", nos séculos XV e XVI, trouxeram ao conhecimento europeu, acrescentou ao elenco das mezinhas e receitas vindas da Antiguidade e da Idade Média, toda uma série de novos termos que as Farmacopeias posteriores a tais acontecimentos registaram com maior ou menor destaque.

Nelas passámos a encontrar os nomes vulgares vertidos na linguagem portuguesa de dezenas e dezenas de produtos da matéria médica referidos elencados desde Dioscórides a Ibn Al Baiter, como sejam o Dragão Amansado, o sal Emafrodito, o mercúrio doce, o solimão, o ópio, o azougue, o benzoártico ou cordeal, o alcaest, os trociscos, os aljofres, os castelinhos, a água de Inglaterra, a água lusitana, a água seca, etc, acrescentados dos nomes dos produtos desses "novos mundos" com efeito terapêutico, particularmente os de origem vegetal, pois que eram estes que dominavam a farmácia da química espagírica. E também os termos usados para designar as diferentes operações químicas que permitem preparar a partir de todos esses produtos, as diferentes mezinhas: o alcoolizar, meteorizar, calcinar, circular, cohobar, deliquar, edulcorar, fixar, levigar, rectificar, etc.; e, ainda, os nomes de muitas das enchaquecas, maleitas e outros males a que os fármacos enumerados podiam servir, v.g., as almorreias, os fluxos de sangue, a conjunção das mulheres, as cezões, as febres malignas, os humores melancólicos... (Semmedo, 1716, pp.733–756).

Na parte final do século XVII e nas primeiras décadas do século XVIII, em Portugal, é nas Farmacopeias-dispensatórios que encontramos nos praticantes da matéria química a adesão dos cientistas portugueses às mais modernas teorias e práticas químicas cultivadas à época, além fronteiras. No decurso do século XVIII, a sua publicação atingiu um regime editorial que nunca conseguira antes, com a particularidade de serem redigidas em português. Predominantemente galénica e claramente marcada peos Descobrimentos Portugueses, ela reflecte todo o elenco farmacêutico dos séculos XV e XVI com as novas "drogas e simples" provenientes da África, da América e do Oriente, a prática iatroquímica portuguesa seguia fielmente a prática iatroquímica do resto da Europa. A nomenclatura usada perdurou até à introdução da química de Lavoisier, quase nos finais da década de oitenta do século XVIII. Encontramo-la, nas Farmacopeias que no país foram editadas, em vernáculo, "para que em todos os lugares e Villas deste Reyno possa ser percebido" que "não pode haver mayor ignorância que escrever o que eu quero que todos os Portugueses saybaõ, em lingua que nem todos os Portugueses entendem"[41]; como a encontramos em alguns Tratados e Manuais de matéria química que ao longo do século, no país, foram publicados antes da Reforma da Universidade, em 1772.

## 2.2 – Da Polyanthea Medicinal de Curvo de Semmedo à Historologia Médica de Rodrigues de Abreu

Aqui deixaremos referido, num breve apanhado e por ordem crono-lógica das primeiras edições, o elenco desse tipo de literatura científica destinada à aprendizagem da arte de boticário, bem como à execução prática dos medicamentos e estudo, colheita e conservação das matérias primas.

No princípio está a *Polyanthea Medicinal* de João Curvo Semmedo, com uma primeira edição ao fechar do século XVII, em 1697 e reeditada, em vida do seu autor, em 1704 e em 1716. Seguiram-se-lhe a *Pharmacopea Lusitana* de D. Caetano de Santo António, editada em 1704 e reeditada em 1711, 1725 e 1754[42]; a *Pharmacopea Ulyssiponense* de Joam Vigier,

---

[41] João Curvo Semmedo, *Polyanthea Medicinal*, 3ª edição, (Lisboa, Off. António Pedrozo Galram,1716), Prólogo ao Leytor.

[42] D. Caetano de Santo António, *Pharmacopea Lusitana, methodo pratico de preparar os medicamentos na forma galenica, com todas as receitas mais usuais* (Coimbra, Off. João Antunes, 1704); *Pharmacopea Lusitana Reformada* (Lisboa, Real Mosteyro de S. Vicente de Fora, 1711).

editada em1716[43]; a *Pharmacopea Tubalense* de Manuel Rodrigues Coelho, editada em 1735[44]; o *Thesouro Apollíneo Galenico, Chimico e Chirurgico* de Joam Vigier, editado em 1745 que não se intitulando farmacopeia o é de facto, pois se trata, como se lê no título extenso, de um "compêndio de remédios para ricos e pobres", contendo a "individuação dos remédios simplices, compostos e químicos[45]; a *Pharmacopea Portuense* de António Rodrigues Portugal, editada em 1766[46]; a *Pharmacopea Mediana* do inglês Ricardo Mead, editada em 1768[47]; a *Pharmacopea Dogmática* de João Jesus Maria editada em 1772; e, já depois da Reforma Pombalina da Universidade de Coimbra, a *Farmacopeia Lisbonense*, publicada em 1785 e reeditada em 1802, a primeira farmacopeia com rótulo de oficial, organizada por Manuel Henriques Paiva[48]. Todas elas são repositório da nomenclatura química anterior à revolução química de Lavoisier, incluindo a *Farmacopea Lisbonense,* que, elaborada e publicada durante os anos em que esta revolução estava em curso, tem por autor um médico que só tardiamente viria a aceitar as doutrinas que dela saíram, como adiante referiremos.

Não há diferenças significativas entre as diferentes farmacopeias enumeradas no que respeita às características da terminologia química que usam. Aquilo que as diferencia é, na generalidade, o número e tipo de medicamentos que apresentam e os métodos práticos que referenciam para os preparar[49].

---

[43] Joam Vigier, *Pharmacopea Ulyssiponense, Galenica e Chimica que contem os Principios e Termos Gerais de huma e outra Pharmácia* (Lisboa, Pascoal da Sylva, 1716).

[44] Manoel Rodrigues Coelho, *Pharmacopea Tubalense Chemico-Galenica (Lisboa* Occidental, Off. Antonio de Sousa Sylva, 1735).

[45] Joam Vigier, *Thesouro Apollíneo Galénico, Chimico,Chirurgico* (Lisboa, Off. Miguel Rodrigues, 1745).

[46] António Rodrigues Portugal, *Pharmacopea Portuense* (Porto, Off. de Francisco Mendes Lima, 1766).

[47] Ricardo Mead, *Pharmacopea Mediana,* (Porto, Off. de Francisco Mendes Lima, 1768).

[48] Manoel Joaquim Henriques de Paiva, *Farmacopeia Lisbonense* (Lisboa, Off. de Filipe da Silva e Azevedo, 1785).

[49] Rafael Folch y Andeu, *As Farmacopeias portuguesas* in Notícias Farmacêuticas, Coimbra, 10 (3-4), 1943/44, pp. 204-206.

Por isso, uma análise do teor do dicionário químico-farmacêutico da *Polyanthea Medicinal* de Curvo Semmedo em que se indicam os significados dos mais comuns nomes com que em diversos idiotismos se pedem os simples medicinais e se referem as operações da Arte química a ter em conta na sua preparação e utilização, dá-nos ideia bastante das características genéricas da nomenclatura adoptada.

Seguindo e citando abundantemente os mais conhecidos Tratados de Química da época em circulação além fronteiras, nela, a química é apresentada como a arte de abrir ou resolver todos os corpos compostos, purificando-os, para que os remédios que deles se fizerem tenham a maior virtude possível e obrem com a maior eficácia, numa acção toda orientada para o a sua manufactura[50]. Cumprindo este objectivo, à química se confiava a missão de aperfeiçoar ou transmutar os metais menos nobres usados pelos galénicos como remédios e que na natureza se encontram cheios de fezes, em metais mais nobres[51] e a missão de buscar a razão da acção do vinagre como remédio utilíssimo para os que têm modorras, do calor como causa parcial das febres, da causa da acção dos quartanários e da acção dos espíritos fixos e voláteis, do apetite de quem vive no campo, da acção da saliva como primeiro mênstruo fermentativo existente na Natureza, da acção curativa do aço e dos coraes para as Camaras, da preparação do aço sudorífero, da acção do azougue e dos pós de joannes e do mercúrio doce, da fervura da cal virgem em água, da virtude do solimão e do ópio, e também das coisas gordas no estômago.

Defendendo os progressos verificados nos conhecimentos e práticas da química que progressivamente foram abandonando os medicamentos galénicos, nela se faz a apologia da doutrina dos três Princípios de Paracelso, o sal, o enxofre e o azougue, sobre os quais se age recorrendo aos diversos graus de Fogo, formado por átomos ácido-nitro-aéreos que andam espalhados pelo ar[52].

---

[50] João Curvo Semmedo, *Polyanthea Medicinal, loc. cit.*, Tratado III, cp.I, § 1, p.693.
[51] *Idem*, Tratado III, cp.I, §§ 3-6, p.693-694.
[52] *Idem*, Tratado III, cp.I, §§ 10-22, p.695-697

O autor reconhece a heterogeneidade do vocabulário usado pelos diversos químicos seus contemporâneos para designarem os melhores e mais eficazes remédios que propõem; e defende a novidade que muitos desses nomes representa em relação aos nomes usados pelos Boticários Galenistas, citando, a título de exemplo, Riverius que preferiu designar por calomelanos o mercúrio doce sublimado, pondo de lado a terminologia de Béguim que o designava Dragão Amansado; ou então, Theophrasto que ao Sal de Caparrosa passou a designar por Gilla; ou Poterius que ao Salitre chamava Sal Ermafrodito e Água seca; ou ainda, Lémery e J. B. van Helmont que usaram a designação genérica de Archeu para se referirem ao Espírito Vital[53]. Ao reconhecer a heterogeneidade do vocabulário usado pelos químicos seus contemporâneos e para obviar às múltiplas e acrescidas dificuldades inerentes à heterogeneidade duma tal terminologia, o autor não se furta ao trabalho de indicar o significado de muitos dos termos que usa e os nomes das diversas operações e utensílios químicos, indicando expressamente para que devem ser usados os diversos remédios cujas virtudes enumera[54].

Ao fazê-lo, o autor justifica e defende as razões dessa heterogeneidade que tem por justíssimas. Citamos: "usam os chymicos destes e de outros nomes semelhantes ou porque são os mais próprios dos seus significados, ou porque não querem que os segredos que lhes custaram incansável estudo, os saibam, às mãos lavadas, os inimigos da chymica, que a abominam em publico e a usam em secreto"; e fazem-no "para se estimarem porque conforme a Platão para que as Artes cresçam e se respeitem devem ocultar-se os segredos delas, ou explicar-se por enigma. E assim o entendeu também Thomas Muffetus o qual diz que nenhuma lei proibe que as cousas grandes se ocultem, ou expliquem debaixo de algum rebuço, para que as não saibam os que as não merecem; imitando nisso os exemplos da natureza, que não cria o ouro à flor da terra, gera o homem na profunda escuridade e clausura do ventre, cria as pérolas e aljofres no profundo dos mares, e ainda lá as encerra e esconde em

---

[53] *Idem*, Tratado III, cp. III pp. 733-736.
[54] *Idem*, Tratado III, cp. III, 734-735; Cp. IV, pp. 736-756.

humas conchas; cobre e esconde o miolo e substância da castanha, não só com huma casca dura, mas o defende com as agudas setas e defensivas armas dos seus espinhos"[55].

**2.3** – Passando das Farmacopeias para outros Tratados e Manuais que no período pré-revolução científica de Lavoisier, em Portugal do século XVIII, versaram matéria química, merecem referência a *Historologia Médica* de José Rodrigues de Abreu[56], os *Elementos de Chimica e Farmácia* de Manoel Joaquim Henriques de Paiva[57] e as *Instituições ou Elementos de Farmácia* de José Francisco Leal[58]. Publicada entre 1733 e 1752, a obra de J. Rodrigues de Abreu compreende, no dizer do seu autor, "as instituições químicas do sistema do engenhoso e famigerado George Ernesto Stahl, doutrina do presente, nascida na Prússia, mas com tantos créditos já em toda a Europa"[59]. A obra de Manoel J. Henriques de Paiva "a primeira Obra de Chimica que — no dizer de seu autor — em nossa lingoagem sáhe à luz"[60], é na sua maior parte uma tradução do Manual de Scopoli, um dos Manuais adoptados no ensino da Química na Universidade Reformada pelo Marquês de Pombal antes da adopção do sistema de Lavoisier. Por sua vez, a obra de J. Francisco Leal, publicada já ao tempo em que estava consumada a revolução química de Lavoisier, é uma adaptação do Manual de Baumé. Estas três obras representam bem a química flogística ensinada, defendida e difundida no nosso país, focando as suas mais significativas orientações. A terminologia química que usam é, a par e passo, a terminologia dos originais estrangeiros que importaram para uso no nosso país, a maior parte dos grandes químicos

[55] *Idem*, Trat. III, cp. III, &10, p. 736.

[56] Joseph Rodrigues de Abreu, *Historologia Médica*: Tom. I (Lisboa Occidental, Off. da Musica, 1733); Tom. II, Pt. I (Lisboa Occidental, Off. de António de Sousa da Sylva, 1739); Tom. II, Pt. II (Lisboa, Off. Francisco da Sylva, 1745); Tom. II, Pt. III (Lisboa, Off. Francisco da Silva, 1752).

[57] Manoel Joaquim Henriques de Paiva, *Elementos de Chimica e Farmácia* (Lisboa, Real Academia das Sciencias, 1783).

[58] José Francisco Leal, *Instituições ou Elementos de Farmácia* (Lisboa, Off. de António Gomes, 1792).

[59] Joseph Rodrigues de Abreu, *o.cit.*, Tom. I, Prefácio.

[60] Manoel Joaquim Henriques de Paiva, *o.cit.*, Dedicatória.

da época, nomeadamente, Venel (1723–1775), Bergman (1735–1784), Louis Lémery (1677–1743), Guyton de Morveau (1737–1816), Pierre-Joseph Macquer, Antoine Baumé (1728–1804), Fourcroy (1755–1809), Priestley (1733–1804). Na primeira metade do século XVIII, com escola feita, talvez só Boerhaave (1668–1738), Professor de Medicina, Botânica e Química em Leiden, se tenha mantido à margem da teoria flogista de Stahl, embora as suas ideias se conformem facilmente com o esquema geral da mesma. A grande batalha de Lavoisier por uma nova química foi travada precisamente contra a teoria do flogisto. E não foi uma batalha fácil. Mesmo alguns dos seus mais chegados colaboradores só acabariam por abandoná-la já muito depois de Lavoisier ter proclamado que havia vencido. Priestley, por exemplo, acabaria por morrer sem nunca dela ter abdicado.

Conceptualmente cativante, a teoria do flogisto não desenvolveu para si qualquer sistema de nomenclatura química peculiar. Generalizaram-se os termos relacionados com a possível natureza e identificação do flogisto, como se generalizou o uso das Tabelas de afinidades, muitas delas com terminologia específica, mas as características gerais da terminologia química que vinham do anterior mantiveram-se.

**2.4** – Evitando desnecessárias repetições, aqui referiremos, por isso, apenas a terminologia química da *Historologia Médica* de J. Rodrigues de Abreu.

No que respeita à terminologia química que usa, importa folhear os livros dois e três do Tom. I onde J. Rodrigues de Abreu, a propósito do corpo humano, se refere à composição dos corpos; e os oito livros da primeira parte do Tom.II, onde são apresentados os remédios a usar para tentar restabelecer a saúde perdida, nos diferentes e variados tipos de enfermidade.

Conformando-se cegamente com as Instituições químicas de Stahl, o autor descreve o corpo humano como uma pulquérrima fábrica onde a Natureza ou Calido Innato é a Alma Racional[61]. Os elementos desse corpo, como de qualquer corpo em geral, são três: a Água, o Pinguedo

---

[61] *Idem*, Tom. I, Liv. II, Summario, pp. 200-202.

(ou Óleo) e a Terra. A Terra é muito ténue e facilmente se resolve em Água, à qual se une. A Alma Racional é o Agente vital que actuando sobre esses Princípios lhes dá vida, o agente responsável pela circulação das diversas partes do sangue, a lympha, o soro e demais humores, o Espírito elaborado no coração e convertido no cérebro em "succo nervoso".

Por sua vez, na primeira parte do Tom II, na descrição dos remédios a aplicar para restituir aos enfermos a saúde perdida, deparamo-nos com a história e qualidade dos vomitórios preparados com vegetais (a água escorcineira, o extracto de Losna, o extracto de Therical, a essência de Eleboro, o cypo, a cebola Albarran, a graciola ou gratia Dei, a sempre noiva vermicular, etc.), lado a lado com os vomitórios de antimónio, mercúrio e vitríolo (o antimónio detonado, o mercúrio precipitado branco, o ouro da vida de Keglero, os cristais da lua, etc.); a história e qualidade dos laxantes (a norça branca, a canafístola, os hermodactylos, etc.); a história e qualidade dos alviducos diaforéticos e sudatórios (a angélica, a anthora, a bistorta, o unicórnio fóssil e o verdadeiro, o veado succinado ou sal de Alambre, etc.); a história e qualidade dos diuréticos (toda uma variedade de raízes e também as flores de Bellis e de Plínio, a virgem aurea, etc); e ainda a história e qualidade dos errhinos e esternutatórios e outros expectorantes, bem como dos engrossantes, dos excitantes e dos remédios específicos para alguns tipos particulares de doenças, os simpatéticos, os arqueais ou os mumiais, onde se contam, entre muitos outros, o benjoim, uma goma índica, os rós ou sponsa solis, o millefólio para as hemorróides e cólicas intestinais, etc...[62].

## 3. A NOMENCLATURA QUÍMICA DA ESCOLA DE LAVOISIER

**3.1** – Nas décadas de setenta e oitenta do século dezoito, Lavoisier reformulou toda a química relativa à combustão dos corpos, baseando-se na acção do oxigénio. Ao fazê-lo, refutou arduamente toda a doutrina

---

[62] *Idem,* Tom. II, Pt. I, Livs. III-IV.

química baseada na acção do flogisto. A reformulação foi tão vasta que ele próprio a considerou uma verdadeira "revolução química". No processamento desta "revolução", Lavoisier estabeleceu definitivamente a composição do ar atmosférico e a composição da água, pondo em causa a teoria dos quatro elementos primordiais de todas as coisas da filosofia de Aristóteles, a Terra, o Ar, o Fogo e a Água. Em lugar destes, foram tidos como substâncias elementares outras, em número muito maior. Lavoisier viria a elaborar uma Tabela de substâncias simples onde, em vez desses quatro elementos, encontramos trinta e três, distribuídos por quatro classes[63].

Na Suécia, Lineu levara a cabo uma sistematização da nomenclatura para a Botânica que fora muito bem aceite pela comunidade científica. Pela mesma altura, em França, fazia-se sentir cada vez mais a influência do abade Étienne de Condillac (1715–1780) que no seu *Traité des Systèmes* (1749) e, sobretudo, no seu tratado *La Logique ou Premiers Dévelopements de l´Art de Penser*, editado em 1781, onde afirmava a necessidade da importância duma linguagem simples e sistemática para o bom desenvolvimento e prática de qualquer ciência. As palavras perpetuam os erros e preconceitos e daí que a linguagem não seja apenas expressão do pensamento, mas também instrumento da sua produção.

Arrastado por esta filosofia de Condillac e desejoso de se ver liberto do emaranhado da terminologia que então reinava no domínio da química, Lavoisier sentiu claramente que não podia ser bem sucedido na implementação da nova ciência química se não conseguisse dotá-la de uma nova nomenclatura, substituindo a simbologia alquímica e o marasmo da terminologia espagírica por uma linguagem racional e sistemática em que houvesse uma relação biunívoca entre os nomes usados e as coisas a que se referiam. Com Guyton de Morveau, Claude L.Berthollet e François de Fourcroy preparou um conjunto de comunicações sobre o assunto que foram apresentadas à Académie Royale des Sciences de Paris, na forma

---

[63] Lavoisier, *Traité Élémentaire de Chimie* ( Paris, Chez Cuchet Lib.,1789), p. 140.

de *Mémoires*, em Abril e Maio de 1787, depois reunidas num só volume, com o título *Méthode de Nomenclature Chimique*[64].

A nova nomenclatura química que propunha baseava-se, essencialmente em dois princípios: o papel fundamental atribuído ao oxigénio na formação de ácidos e sais e a constituição binária dos nomes subjacentes ao carácter dualístico da composição dos sais inorgânicos. Construída sobre uma linguagem clara e simples, rigorosa e precisa — "as denominações devem ser, tanto quanto possível, em conformidade com a natureza das coisas" — a nova nomenclatura sobreviveu às novas teorias e às novas descobertas e foi-se adaptando bem a umas e a outras. Objecto de variadas revisões e reformas ela é, ainda hoje, a base das denominações usadas pela ciência química. Lavoisier e seus colaboradores não tiveram grandes dificuldades em impor a nova nomenclatura química que propunham, não obstante algumas resistências iniciais.

**3.2** – Em Portugal, foi na Universidade de Coimbra reformada pelo Marquês de Pombal que as doutrinas de Lavoisier encontraram os primeiros adeptos.

Dos primeiros graduados do novo Curso de Filosofia contratados para a docência do mesmo curso e que deixaram, por seus escritos, testemunho público sobre a química que defenderam e praticaram, destacam-se os nomes de Manoel Joaquim Henriques de Paiva (1752–1829), Thomé Rodrigues Sobral (1759–1829) e Vicente Coelho Seabra (1764–1804).

Ainda estudante de Medicina na Universidade de Coimbra, Manoel Joaquim Henriques de Paiva iniciou funções de demonstrador de Química e de História Natural, de Maio de 1773 até 1777, data em que deixou a Universidade de Coimbra, e foi viver para Lisboa, onde exerceu como Médico da Corte e sempre manteve intensa actividade no domínio da química. Encarregado da regência da cadeira de Farmácia na Casa Pia de Lisboa, leccionou Química e História Natural no Laboratório de Francisco

---

[64] *Méthode de Nomenclature Chimique, proposée par MM de Morveau, Lavoisier, Berthollet & de Fourcroy. On y a join un nouveau système de caractères chimiques, adaptés à cette nomenclature par MM. Hassenfratz e Adet* (Paris, Chez Cuchet, Lib., 1787).

José Aguiar, e foi Redactor Principal do *Jornal Encyclopédico*. No âmbito da sua vasta actividade como químico, publicou os *Elementos de Química e Farmácia* (1783), a *Farmacopeia Lisbonense* (1785), e, usando os elementos extraídos e adaptados por José Francisco Leal da obra de Baumé, as *Instituições ou Elementos de Farmácia* (1792) e ainda várias *Memórias de História Natural, de Química, Agricultura, Artes e Medicina*, lidas na *Academia Real das Sciencias de Lisboa* (1790). Em todas estas suas obras, M. J. Henriques de Paiva não só não seguiu as novas teorias avançadas por Lavoisier, como as atacou e criticou severamente, aqui e ali, como o provam algumas notas e recensões críticas que fez no *Jornal Encyclopédico*. A linguagem química que usa é por inteiro a linguagem da química flogística que exemplificámos com o teor da *Historologia Médica* de J. Rodrigues de Abreu. Só tardiamente, M. J. Henriques de Paiva aderiu à química de Lavoisier, quando, já nos inícios do século XIX se deixou conquistar pela obra de Fourcroy que traduziu de francês para português, em repetidas edições[65].

Em particular, os seus *Elementos de Química e Farmácia* foram objecto de forte crítica por parte de Francisco Raimundo Xavier da Costa (?–1794) que sobre eles escreveu um grosso volume, em que ao longo de dez capítulos e quase quatrocentas páginas escalpela, não só os muitos erros que considera neles contidos, como a orientação seguida, as explicações doutrinais apresentadas e a terminologia usada[66].

Bem diferente da posição de Manoel Joaquim Henriques de Paiva é a posição de Thomé Rodrigues Sobral e Vicente Coelho da Silva Seabra

---

[65] Sobre a vida académica de Manoel Joaquim Henriques de Paiva e a sua obra veja-se: O. Carneiro Guiffoni, *Presença de Manoel Joaquim Henriques de Paiva na Medicina Luso-Brasileira do século XVIII* (S.Paulo, Brasil, 1954); Mário da Costa Roque, *Manuel Joaquim Henriques de Paiva, estudante coimbrão* in Arquivo de Bibliografia Portuguesa, vol. 115 (1969), pp. 59-60; A M. Amorim da Costa, João Rui Pita e J.P. Sousa Dias, *Manoel Joaquim Henriques de Paiva e a difusão das novas doutrinas e práticas de química e farmácia em Portugal*, (Segóvia, Congresso Louis Proust, 1992).

[66] Francisco Raimundo Xavier da Costa, *Apologia Crítico-Chimica e Pharmaceutica ao Primeiro Tomo da Obra intitulada: Elementos de Chimica e Farmárcia que há pouco deu à luz Manoel Joaquim Henriques de Paiva,Medico* (Lisboa, Off. Part. Francisco Luiz Ameno, 1786), Prólogo.

Telles, também eles dos primeiros discipulos de Vandelli, formados pela nova Faculdade de Filosofia da Universidade de Coimbra que nela assumiram funções de docência química. Contratados para o exercício destas funções quando terminaram a sua graduação, nelas serviram até à morte. Com a jubilação do Dr. Domingos Vandelli, em 1791, o Doutor Thomé Rodrigues Sobral, que fora antes demonstrador de História Natural e substituto extraordinário de Física, sucedeu-lhe como o novo lente de Chymica e Metalurgia e como Director do Laboratorio Chymico; na mesma altura, o ainda bacharel Vicente Coelho da Silva Seabra assumiu o cargo de Demonstrador da mesma cadeira[67].

O alinhamento de Thomé Rodrigues Sobral pelas novas teorias avançadas por Lavoisier e sua Escola ressalta claro do Prefácio que escreveu para o *Tratado das Affinidades Chimicas, artigo que no Diccionário de Chimica, fazendo parte da Encyclopédia por ordem de matérias, deu Mr. Morveau,* que ele próprio traduziu e a Real Imprensa da Universidade publicou em 1793. Esse alinhamento foi explicitamente testemunhado por Link com base nos contactos pessoais que com ele manteve ao tempo da sua estadia em Portugal nos anos 1797–1799: «Don Thomé Rodrigues Sobral professeur de Chimie, est un homme très-habile. Il connait les procedés des Français dans cette science; il enseigne la chimie d'après les nouveaux principes antiphlogistiques; il a même traduit leur nomenclature en portugais, et s'occupe maintenant à publier un manuel de chimie, qui manque en Portugal. Je ne doute nullement de son succès»[68].

Os longos escritos químicos que publicou no *Jornal de Coimbra* ao longo das duas primeiras décadas do século XIX apontam no mesmo sentido, e impuseram-no então como o mais distinto e autorizado químico português da época[69].

A tradução da nomenclatura química por ele elaborada a que se refere Link só viria a ser apreciada pela Congregação da Faculdade de Filosofia

---

[67] Carta Régia de 24 de Janeiro de 1791.

[68] Heinrich Friedrich Link,*Voyage en Portugal depuis 1797 jusqu'en 1799*, Paris, Levrault, Schoell et C.ie Lib.), Tom I, p.393.

[69] José Feliciano de Castilho, *Jornal de Coimbra*, 7 (1814), pp. 296-7.

a 29 de Julho de 1824, embora Rodrigues Sobral se refira a ela, em 1816, como estando pronta para ser publicada brevemente. Quanto ao Manual de Química que tinha em preparação sabe-se que o seu texto foi apresentado na Congregação da Faculdade de Filosofia de 31 de Julho de 1794, tendo sido nomeado seu censor Manuel José Barjona, e que foi aprovado até ao parágrafo 243, na Congregação da mesma Faculdade havida a 22 de Abril de 1795. Não se conhecem, todavia, quaisquer exemplares que tenham sido impressos; o próprio Thomé Rodrigues Sobral diz que todas as suas casas de habitação que possuía nos arredores da cidade, na Quinta da Cheira, foram, por retaliação, queimadas pelos invasores franceses, incluindo a sua preciosa biblioteca, não escapando ao incêndio um só volume, incluindo os seus preciosos manuscritos e especialmente o seu compêndio de química[70].

De Vicente Seabra se deve dizer que foi ele quem primeiro usou extensa e sistematicamente a nova nomenclatura de Lavoisier em português, pelo que é justo considerá-lo como o seu verdadeiro introdutor na língua portuguesa, como o considerou Jacinto da Costa na *Pharmacopea Naval e Castrense*, em 1819[71].

Nomeado Demonstrador de Química e graduado gratuitamente no grau de Doutor da Faculdade de Filosofia, Vicente de Seabra publicou, na Real Impressão da Universidade, em 1787, uma *Dissertação sobre a Fermentação em Geral, e suas Espécies*[72], o primeiro escrito em português em que se defende a decomposição da água "em gaz inflamável, e ar puro, ou oxigénio" de acordo com as teses sustentadas por Lavoisier. Nesse mesmo ano apresentou na Congregação da Faculdade de Filosofia de 21 de Dezembro, para aprovação, o texto de um Manual de química,

---

[70] *Vid.*, por exemplo, observações em rodapé em Thomé Rodrigues Sobral, *Oratio pro Solemni Studiorum annuaque de more instauratione* in Jornal de Coimbra, VII (1814), Pt. II, pp.83-84; *Idem, Sobre os Trabalhos em grande que no Laboratório Chimico da Universidade poderão praticar-se* in Jornal de Coimbra, vol. IX (1816), Pt. I, p.305.

[71] Jacinto da Costa, *Pharmacopea Naval e Castrense*, 2 vols. (Lisboa, Impressão Régia, 1819), p.VI.

[72] Vicente Coelho de Seabra, *Dissertação sobre a Fermentação em Geral, e suas Espécies* (Coimbra, Real Impressão da Universidade, 1787).

"offerecido à Sociedade Litterária do Rio de Janeiro para uso do seu Curso de Chimica", com o título *Elementos de Chímica*[73], cujo primeiro volume seria publicado no ano seguinte, e o segundo, em 1790.

Ao abrir da segunda parte do primeiro volume, Seabra refere que para se poder estudar e entender com facilidade a História Natural, "foi preciso que o grande *Linneo* e outros fizessem huma nomenclatura scientifica, e propria desta Sciencia" e que com muito mais razão se tornou necessário fazer o mesmo na química, "Sciencia muito mais extensa, do que aquella, pois trata de examinar todas as combinações possíveis dos corpos huns com os outros"; "se não houver nomes scientíficos, que indiquem por si mesmos os componentes dos corpos, o estudo da chimica será difficíllimo, e a vida do homem muito curta para decorar nomes insignificativos, que longe de ajudarem a nossa fraca memoria a enfraquecem cada vez mais"; " a estes inconvenientes ao progresso remediram os célebres *Morveau, Lavoisier, Berthollet, Fourcroy , Hassenfratz e Adet* com sua nova nomenclatura chimica". Porque "a nenhum sensato deixará de agradar semelhante terminologia", a "adoptamos, não levados da novidade, como alguns julgarão, mas persuadidos da sua utilidade real, e a accommodamos do modo possível ao idiotismo da nossa Lingoagem, da Latina, e Francesa, de sorte que se evitasse qualquer confusão, que podesse haver na mesma adopção"[74].

Em 1790, Vicente de Seabra abre o Segundo volume do seu Manual com duas citações e uma Advertência. As citações são da *Méthode de Nomenclature Chimique* de Lavoisier e colaboradores e do *Traité des Systèmes* de Condillac, ambas elas para deixar claro que é impossível isolar a Nomenclatura da Ciência e a Ciência da Nomenclatura. Na Advertência faz profissão de fé no uso da nomenclatura moderna pelas razões que referiu no primeiro volume, remetendo os leitores expressamente para a citada *Méthode de Nomenclature Chimique*, o *Traité*

---

[73] Vicente Coelho de Seabra, *Elementos de Chímica* (Coimbra, Real Officina da Universidade: Volume I – 1788; vol. II – 1790)

[74] *Idem,* vol I. Part.II, pp.55-56

*Élémentaire de Chimie* que Lavoisier piblicara no ano anterior, e para o *Prefácio da Nova Enciclopédia Metódica* em que Bergmann enaltece também a nova Nomenclatura e reprova a antiga, citando Morveau. E conclui esta Advertência dizendo: "com tudo, para evitar confusões, não uzo de palavras, que lhe não ajunte os seus synonymos antigos; nesta classe (a Classe II dos compostos químicos, os Corpos combustíveis, de que trata o volume em apresentação) porém por evitar confusões uso somente dos termos novos, quando estes já estão explicados na primeira Classe (a Classe I dos compostos químicos, os corpos incombustíveis, tratada no primeiro volume); e indo-se ao índice geral ver-se-á onde estão os seus synonimos"[75].

O uso, enaltecimento, defesa e utilização que Vicente de Seabra fez da nova nomenclatura química de Lavoisier culminariam com uma sua publicação, em 1801, com o título *Nomenclatura Chimica Portugueza, Franceza e Latina a que se junta o systema de Characteres Chimicos Adaptados a Esta Nomenclatura por Haffenfratz e Adet*[76]. Trata-se, usando as palavras do autor, duma sinonímia portuguesa, por ordem alfabética, dos compostos químicos conhecidos, acrescida da sinonímia francesa, e latina e, também, da sinonímia antiga. Na introdução, refere tratar-se da linguagem química que "toda a Europa tem já adoptado, uma linguagem analítica, única admissível nas Sciencias, e única apropriada para sua mais fácil intelligencia, e adiantamento". Já por toda a Europa, as Nações iluminadas a tinham adoptado; os Portugueses não deveriam ser excepção, "convencidos, como as outras nações, da sua bondade". Embora, com alguma adversidade e, sobretudo, com alguma irregularidade na etimologia que muitos adoptavam, pois uns seguiam a etimologia e desinência francesas, e outros a etimologia e desinência latinas, e outros, ainda, indistintamente, uma ou outra, pelo que continuava a verificar-se nos escritos portugueses uma certa

---

[75] *Idem,* vol, II, pgs. iniciais, não numeradas.

[76] Vicente de Seabra, *Nomenclatura Chimica Portugueza, Franceza e Latina a que se junta o systema de Characteres Chimicos Adaptados a Esta Nomenclatura por Haffenfratz e Adet* (Lisboa, Typographia Chalcographica, Typoplástica e Litterária do Arco do Cego, 1801).

irregularidade, que facilmente se tornava fonte de confusão e não servia a uniformidade e exactidão que se pretendia nesta matéria, tornando-se antes lesiva da sua elegância e beleza, podendo torná-la monstruosa, escura e inútil para o seu fim. Não obstante, tornou-se rapidamente adoptada pela maioria dos químicos portugueses. E para obviar às discordâncias reinantes, o próprio Vicente Seabra se deu ao trabalho de apresentar num quadro sinóptico de fácil comparação, "a Synonimia Portugueza, e a Synonimia Franceza, e os Diccionarios Portuguez-Francez, Portuguez-Latino e François-Portugais", seguindo geralmente a etimologia latina e a desinência portuguesa, "não somente porque o nosso idioma tem mais analogia com ella, como porque a dicção latina he hoje geralmente seguida em todas as obras chimicas e phisicas"[77].

O uso das doutrinas e da nomenclatura de Lavoisier valeu a Vicente de Seabra várias críticas. Assim, no mesmo número em que noticiava a tradução espanhola da *Méthode de Nomenclature Chimique*, sem qualquer juizo de valor[42], o *Jornal Encyclopédico*, de Junho de 1788, na secção dedicada a Bibliografia, fazia a recensão da *Dissertação sobre a Fermentação em geral, e suas Espécies*, em termos pouco elogiosos. Referido o conteúdo da *Dissertação* em apreço, refere o autor da recensão: "em toda esta Dissertação não encontramos nada de novo, e ousamos afirmar que he quasi huma mera tradução, ou resumo do que sobre o assumpto diz *Mr Fourcroy*". Mesmo assim, o autor da recensão recomenda a leitura da Obra, "pelas coisas interessantes que contém, e sobretudo pelas experiências, que trás acerca do Ether, feitas pelo author com muito cuidado e tino; as quaes fazem esperar que poderá algum dia dar à luz composições mais perfeitas e vir a ser com o tempo, assídua applicação e repetidas experiências, hum excellente químico". Mas critica duramente a terminologia que a Obra utiliza: "assim ele se esmerasse mais na adopção dos termos, e não introduzisse em tão pequena obra tantos vocábulos bárbaros, como por exemplo, *acidez, acidificante, averdongada, alongada, cretosos, estrias,*

---

[77] *Idem,* Introdução, pp. I-II.

*filamentos, glúten, imiscível, lactênscia, lactescente, mucosidade, putre-
facção, pútrida, retrogredir, robur, ficidez, tartaroso e outros muitos"*[78].

As críticas havidas não foram suficientes para obstar a que a nova
terminologia química de Lavoisier se afirmasse e vingasse muito rapidamente na prática, ensino e estudo da química em Portugal, embora se
tenham continuado a registar divergências várias sobre alguns dos termos
propostos, ao longo das primeiras décadas do século XIX.

Em 1816, Thomé Rodrigues Sobral num trabalho *"Sobre os Trabalhos em
grande que no Laboratório Chimico da Universidade poderão praticar-se"*[79]
ao apresentar o Catálogo dum grande número de produtos químicos,
nomeados de acordo com a nomenclatura química de Lavoisier e ordenados por ordem alfabética que poderiam servir para a sua necessária
programação, em nota de rodapé, a propósito de alguns dos produtos
desse Catálogo, deixa-nos adivinhar as querelas que continuavam a propósito de certos nomes.

Assim, ao referir-se aos "acetato d´alumina, ou aluminoso", ao acetato
d´ammonia, ou acetato ammonial" e ao "acetato de baryta, ou barityco" faz
notar que "este modo de exprimir por substantivo ou adjectivo qualquer
sal he arbitrário; e he ordinariamente só a eufonia que regula a escolha.
Estes três exemplos bastão por todos". E, um pouco mais adiante, ao referir a "ammonia caustica" faz notar: "hoje preferiremos a denominação
*ammonia* e *ammoniaes* às de ammoniaca e ammoniacaes que se davam
ao alcale volátil e suas combinações[80].

Todavia, o confessado propósito de Sobral e a necessidade que teve
de elaborar nessa altura, a sua própria Memória sobre a nomenclatura
química a usar, depois da racionalização que dela fizera Lavoisier, essa
Memória a que nos referimos já, mostra-nos claramente que havia um
esforço enorme entre os mais influentes químicos portugueses de então
em impor, aperfeiçoar e utilizar a nova nomenclatura, deixando de vez

---

[78] *Jornal Encyclopédico*, Lisboa, Junho 1788, pp. 244-245.

[79] Thomé Rodrigues Sobral, *Sobre os Trabalhos em grande que no Laboratório Chimico
da Universidade poderão praticar-se* in Jornal de Coimbra, vol. IX (1816), Pt. I, pp. 293-312

[80] *Idem*, p. 299.

aquela que haviam usado iatroquímicos e flogistas que na sua falta de sistematização tornava dificílimo o estudo da extensa matéria da ciência química pelo filósofo nela interessado, com "um tempo de vida por demais curto para decorar tantos e tantos nomes insignificativos".

## 11. IMPORTAÇÃO CIENTÍFICA: A HISTOROLOGIA MÉDICA (1733) DE J. RODRIGUES DE ABREU*

## 1.Introdução

É bom e necessário conhecer o que há de bom no conhecimento científico dos outros, os outros do nosso tempo e os outros de outros tempos; é bom e necessário conhecer o que há de bom no conhecimento científico da nossa cultura e da nossa civilização, como o que há de bom no conhecimento científico de outras culturas e civilizações. É bom assimilá-lo bem e transmiti-lo eficazmente aos outros.

Por isso, o ensino por bons Manuais estrangeiros, seja usando o original, no caso de escritos em Lingua acessível aos formandos, seja usando uma boa tradução, não deixará de ser, só por esse facto, um ensino de qualidade, sobretudo quando nada ou muito pouco se possa apontar à actualidade científica e pedagógica dos Manuais adoptados.

Do mesmo modo, uma investigação científica desenvolvida no interior de bons Projectos de parceria com equipas de reconhecido valor científico de além fronteiras deve ser forçosamente tida como uma investigação de grande mérito enquanto refina e afirma a qualidade dos nossos investigadores que nela estão empenhadamente comprometidos.

Mas num caso e noutro, é um saber dominado pela importação, um saber desenvolvido na dependência do estrangeiro, em que a reprodução é favorecida em detrimento da produção. A sua qualidade poderá não estar em causa sob o estrito ponto de vista do saber. Também a qualidade de vida de um país que vive na dependência de bens importados pode ser satisfatória, mas será sempre um viver aquém e abaixo do limiar das próprias potencialidades, em atrofiamento que lhe não permitirá atingir o grau de desenvolvimento que, de outro modo, poderia alcançar, por direito próprio, no areópago dos povos desenvolvidos. E terá sempre à espreita, em ameaça constante, a escassez de recursos que permita a sua viabilidade e continuação no tempo.

Infelizmente, um saber dominado pela importação é uma constante da história do nosso desenvolvimento científico, ao longo dos séculos, como o é do nosso desenvolvimento económico. Politicamente, os nossos governantes sempre favoreceram muito mais a importação de toda a espécie de produtos básicos (vestuário, alimentação, materiais de construção, etc.) em detrimento da sua produção dentro de portas[1]. A nossa produção, quase sempre mantida por meio de privilégios proteccionistas, nunca foi capaz de se afirmar significativamente, nem para consumo interno, nem para exportação; é geral o desprezo que votamos aos nossos produtos em função da qualidade dos produtos estrangeiros. E um país que vive dominado pela importação dos produtos básicos, sempre se deu bem viver paredes meias e de mãos dadas com a importação do próprio saber. Com a mesma facilidade se importam Professores e Técnicos ou, no caso de serem nacionais, se providencia a sua formação e especialização no estrangeiro.

Vivemos de saber importado quando no ensino ministrado nas nossas Escolas Superiores a maioria dos Docentes pouco ou nada faz por produzir os seus próprios Manuais, debitando comodamente Manuais estrangeiros; e também quando a investigação que se desenvolve, ainda que realizada no país, se integra em Projectos de parceria com investigadores de outras Instituições além fronteiras, em que os grandes objectivos sejam fortemente marcados pelos colaboradores estrangeiros com quem se estabelece a parceria.

No século XVIII, os grandes princípios da Reforma Pombalina da Universidade pretenderam, mais do que nunca, minimizar e inverter este

---

[1] M. P. S. Diogo, *A Construção de uma Identidade Profissional*, Tese de Doutoramento (Universidade Nova de Lisboa, Lisboa, 1994), pp. 81-82.

tipo de situação. No quadro dela, embora já não no tempo do Marquês, ordenou a Rainha que os proprietários de cada cadeira elaborassem os seus próprios Manuais que servissem na leccionação que ministravam. Sabemos as dificuldades que a execução dessa ordem encontrou e como não foi cumprida no âmbito da maioria das cadeiras leccionadas. E a ordem caiu no esquecimento a muito curto prazo.

Habituados a viver na dependência do estrangeiro, com facilidade nos falta a persistência e a coragem necessárias para enveredar por caminho diferente. É o desenvolvimento das nossas potencialidades que está em causa.

Com Thomé Rodrigues Sobral (1759–1829), referindo-se à falta de uma boa "nitreira" no Laboratório Chimico tão necessária à preparação de pólvora a que subitamente se viu sujeito ao tempo das invasões francesas, e referindo-se também ao ferro que foi preciso importar da Suécia par fazer o gradeamento do Jardim Botânico construído em Coimbra, em detrimento dos nossos próprios produtos, deveríamos gritar muitas vezes para dentro de nós mesmos aquela exclamação de Linneu em carta dirigida a Domingos Vandelli: "Bone Deus, si Lusitani noscent sua Bona Naturae, quam infelices essent plerique alii!..."[2]. E deveríamos repensar muitas vezes as palavras de A. Balbi sobre o nosso país, no seu *Ensaio sobre o Reino de Portugal e do Algarve*, (1822):

"L´indifférence générale de la nation pour les sciences exactes et politiques; le peu de considération dont jouissent parmis les Portugais ceux qui s´y adonnent, porté au point que les gens du peuple considèrent un mathématicien comme un philosophe inutile, comme un homme maniaque et presque fou; l´opinion universellement répandue, que les connaissances les plus profondes et les plus étendues sont inutiles et même méprisables, desquelles ne proviennent point de richesses, (...) le manque absolu d´encouragement pour ceux qui se vouaient à l´étude des sciences naturelles et d´économie politique, de statisque et de géographie;

---

[2] Santo Deus, se os portugueses conhecessem as riquezas que a natureza lhes deu, como seriam infelizes tantos outros...", Lineu, Carta ao Dr. Domingos Vandelli, escrita em 12 de Fevereiro de 1775, de Upsala para Portugal *in* Domingos Vandelli, *Florae Lusitanicae et Brasiliensis Specimen*, (Imprensa da Universidade, Coimbra, 1788), Carta VIII.

la difficulté de se former dans les sciences pour l´étude desquelles il était presque impossible de se procurer les livres nécessaires"[3].

Todavia, não importar, sem delongas, para dentro de portas o que fora cientificamente se produz, redunda, por princípio, em atraso científico, sempre de consequências muito gravosas para o país em que acontece, e fatal, quando corresponde a uma situação de isolamento, sejam quais forem as causas que o determinem. Esse foi, em particular, o atraso científico que se viveu em Portugal sob o espartilho da Inquisição e que nos levou a viver muito para além do admissível, no que toca à Filosofia Natural, "na escura barbaridade dos termos abstractos" que os nossos "iluminados" do século XVIII, dentro e fora do país, não se cansaram de vituperar duramente.

Martinho de Mendonça de Pina e de Proença (1693-1743) foi um deles. O Systema científico de que se confessava adepto, aquele que mais o convencia e que gostaria de ver introduzido no nosso país era o sistema dos Mecanicistas. Porque considerava, todavia, muito importante a abertura dos Portugueses, no que toca à Filosofia, às correntes científicas por que enveredara a Europa culta, há já longas décadas, não poupou os mais altos encómios a quem considerou ser "um dos muitos que neste Reyno buscão a melhor Fysica na curiosa observação dos effeitos naturaes, e na sagaz indagação das suas causas"; e o "primeiro, que com generosa ousadia, e ingenua liberdade, sahio a publico (a defender esses princípios) sem temer as calumnias com que o vulgo blasfema quanto ignora, e se oppõe a quanto se funda em experiencias certas, ou em conexão evidente de ideas claras" .

Fê-lo em Agosto de 1732. Os encómios foram para José Rodrigues de Abreu (1682 - ?). A obra com que este vinha a público defender os ditos princípios era a *Historologia Médica* que sairia do prelo meses depois[4].

---

[3] A. Balbi, *Essai sur le Royaume de Portugal et d´Algarve, comparé aux autres États d´Europe*, 2. Vols. ( Chez Rey et Gravier Lib., Paris,1822), vol.II, pp. XIX-XX.

[4] J. Rodrigues de Abreu, *Historologia Medica Fundada, e Estabelecida nos Principios de George Ernesto Stahl, famigeradissimo Escritor do presente Século, e ajustada ao uso deste Paiz*. Tomo 1 (Officina da Musica, Lisboa Occidental, 1733); Id., *Historologia Médica, Tomo 2, Part.1* (Antonio de Souza e Sylva, Lisboa, 1739); Id., *Historologia Médica, Tomo 2, Part.2* (Francisco da Sylva, Lisboa, 1745).

O Systema que com ela o autor desejava introduzir em Portugal era o *Systema Animastico* defendido por Stahl.

Deixaremos aqui algumas notas de análise sobre esta obra, considerando-a como caso típico duma importação científica importante quando se trata de "reproduzir" saber feito, ainda que questionável quando se trata de "produzir" um saber que melhor sirva aqueles a quem é dirigido.

José Rodrigues de Abreu nasceu em Évora, em 1682. Não se sabe o ano em que terá morrido, mas terá sido, seguramente, depois de 1752, pois há notícia que neste ano ainda era vivo. Obteve o grau de Mestre em Filosofia, na Universidade de Évora, no ano de 1699. No ano seguinte, matriculou-se na Universidade de Coimbra, como estudante da Faculdade de Medicina. Uma vez formado, exerceu, por muito pouco tempo, em Lisboa, tendo partido para o Brasil, em 1705, com o Governador do Rio de Janeiro. No Brasil, percorreu as imensas terras do Rio, S. Paulo e Minas, colhendo notícias das virtudes medicinais das ervas e plantas que ali se produzem. Em 1714, regressou a Lisboa. Em 1716, foi nomeado Físico-Mor da Armada, ao serviço da qual participou em várias expedições. Pelos serviços prestados, foi agraciado com o hábito da Ordem Militar de Cristo e nomeado Médico da Câmara de sua Magestade.

"Doutíssimo Naturalista e sincero Medico", nas palavras de Manoel de Sá Mattos[5], José Rodrigues d´Abreu escreveu, durante o tempo que esteve no Brasil, um pequeno tratado para servir aos cirurgiões embarcadiços, precisamente com o titulo *"Luz de cirurgioens embarcadissos que trata das doenças..."* que foi publicado em Lisboa, no ano de 1711[6]. Escreveu também sobre as *Minas Brasilicas*[7] e sobre as *Perturbações verificadas nos Países Baixos ao tempo de Imperador Carlos V, Filipe II...*[8], escritos estes que nunca terão sido impressos. Impressos foram, sim, os volumosos

---

[5] M. Sá Mattos, *Bibliotheca Elementar Chirurgico-Anatomica*, (Off.António Alvarez Ribeiro, Porto, 1788), p.151.

[6] J. Rodrigues de Abreu, *Luz de Cirurgioens embarcadissos que trata das doenças epidemicas de que costumaõ enfermar ordinariamente todos os que se embarcaõ*

[7] J. Rodrigues de Abreu, *Historia das Minas Brasilicas*, Ms. (refª: D. Barbosa Machado, *Bibliotheca Lusitana*, Off. Ignacio Rodrigues, Lisboa, 1747, Tom.II, p.896).

[8] J. Rodrigues de Abreu, *Historia das Perturbaçoens dos Payses Baixos no tempo do Emperador Carlos V, Filippe II, Margarida de Parma e Duque de Alva*, Ms (refª: D. Barbosa Machado, *loc.cit.*).

escritos que constituem os dois Tomos da sua *Historologia Medica*, o primeiro publicado em 1733 e o segundo publicado seis anos depois, em 1739, e reeditado pelo autor em 1745[4].

Do propósito desta obra não há qualquer dúvida. O autor deixa-o bem claro nas palavras iniciais que dirige ao Leitor; e o Doutor Francisco Teixeira Torres reitera-o nas palavras que integram a aprovação do Paço:

"Offerecemos ao commum esta Historia Médica. Nella se comprehendem instituiçoens ao nosso parecer accommodadas para se poderem melhor instruir os Medicos Principiantes e com mais utilidade no uso da conveniente praxis deste Paiz. São fundadas no Systema do engenhoso e famigerado George Ernesto Stahl, doutrina do presente século, e nascida na Prussia, mas com tantos creditos ja em toda a Europa"[9].

"Depois de dar notícia de todos os Systemas, que tem havido na Medicina, conheceo (José Rodrigues d'Abreu) que o Systema Stahliano merecia preferencia entre os outros, porque conforme os seus Princípios, nelle se pode dar melhor razão dos phenómenos da Natureza Humana, tanto no estado da saude, como no tempo das enfermidades (...) Por todos estes motivos tomou a resolução de explicar a Doutrina daquelle Author, e o faz na lingua Portugueza"[10].


## 2. O Sistema da Filosofia Química e o Systema Animístico de Stahl

Professor de Medicina em Hall, Jorge Ernesto Stahl (1660-1734) gozava então, na Europa, da mais crescida reputação pelas brilhantes curas que se lhe atribuíam. Era muito conhecido entre os Médicos e assaz aplaudido por famosos Practicos como inventor do *Systema Animástico* a que se reconhecia "ser capaz de pôr em dúvida o Mechanico, e todos os mais a respeito das causas e effeitos das doenças". Merecia ainda a lembrança de todos "pela composição de muitas diss. Fysiológicas, e chirurgicas em que se distinguio, tal foi a *fístula lagrimal* em que pela introdução

---

[9] J. Rodrigues de Abreu, *Historologia Medica. Tomo 1, loc.cit.,* Ao Leitor (sem paginação).
[10] *Idem,* in F. Teixeira Torres, Licenças do Paço, b3 vs.

de um *delgado estilete*, parece que previnio o methodo com que depois se famigerou; outra, sobre o *Cancro*; e ainda, os seus *Elementos de Cirurgia* merecem louvor"[11].

No dizer do próprio Rodrigues de Abreu, o jus a essa fama vinha-lhe do facto de ser ele quem, no elenco das doutrinas de Gregos, Árabes, Indos, Chineses e Europeus, incluindo no rol destes Paracelso, J. B. van Helmont, Techenius, Mechanicistas, Andry, Moor, Leibnitz, e muitos outros, ter mostrado ser "mais verosímil pelos *sólidos, experimentaes* e *racionaes* fundamentos em que se estriba" na ponderação dos requisitos necessarios e precisos para um Medico Practico no exercício clínico e na reformação de muitas questões introduzidas na Medicina[12].

Nesta perspectiva, pugnar pela adopção e divulgação do sistema de Stahl no nosso País era para Rodrigues d´Abreu tarefa que se impunha a bem da sua actualização científica, num domínio tão sensível para o bem de todos qual o da Medicina.

A urgência dessa tarefa era de reconhecimento geral por parte de quantos se mantinham atentos aos novos rumos do desenvolvimento científico além fronteiras. Martinho de Mendonça quis deixar bem claro o mérito da tarefa a que o autor da Historologia Médica se abalançava:

"Pelo Author conhecerá o Orbe literário que sem razão imaginam os Estrangeiros, que os Portuguezes todos pelo que toca a Filosofia, nos conservamos na escura barbaridade de termos abstractos, a que não corresponde idea alguma real, quaes por meyo do tempo nos introduzirã os Arabes. Não saõ poucos os que neste Reyno buscão a melhor Fysica na curiosa observação dos effeitos naturaes, e na sagaz indagação das suas causas; entre estes he V. m. o primeiro, que com generosa ousadia, e ingenua liberdade sahio a publico sem temer as calumnias com que o vulgo blasfema quanto ignora, e se oppoe a quanto se funda em experiencias certas, ou em conexão evidente de ideas claras"[13].

---

[11] M. Sá Mattos, *o. cit.*, p. 95.

[12] J. Rodrigues de Abreu, *Historologia Medica. Tomo1, loc.cit.*, Argumento Prologómeno-Summario, p. 1.

[13] *Idem*, in Carta-prefácio de Martinho Mendonça de Pina e de Proença, parágrafo 2 (sem paginação).

Adoptar o sistema de Stahl era, de facto, optar por uma ciência estabelecida "em face de factos", num não claro a elaboradas construções apriorísticas, enredadas em muitos termos abstactos, por demais formalistas.

Há, todavia, que distinguir muito bem entre as doutrinas de Stahl no domínio da Química e as suas doutrinas no domínio da Medicina.

No domínio da Química, Stahl adoptou as explicações químicas tradicionais baseadas em formas, princípios e essências. Todas as coisas do universo em que vivemos seriam feitas de "princípios" de que se derivam as propriedades dos materiais que constituem. Esta é a matéria do seu Tratado *Fundamenta Chymiae Dogmaticae & Experimentalis* traduzido para inglês, em 1730, por Peter Shaw, com o título *Philosophical Principles of Universal Chemistry*[14]. Quaisquer explicações do tipo mecanicista eram para ele explicações inverosímeis, negando expressamente todo o tipo de explicações newtonianas baseadas em atracções intercorpusculares, considerando que num caso e noutro se estavam a multiplicar indefinidamente as entidades e se estava a postular a existência de partículas que não era possível nem provar, nem negar, por investigação experimental independente.

A explicação dos fenómenos químicos defendida por Stahl é aquela que defendera Becher e a maioria dos iatroquímicos adeptos das doutrinas de Paracelso, dominados por interesses empíricos e desconfiados da muita teoria. A abordagem essencialista que a informa era para Stahl uma abordagem absolutamente natural e adequada e ia bem com a formação escolástica que recebera na Universidade de Iena.

Daí as afirmações básicas com que abre o referido Tratado:

---

[14] G.E.Stahl, *Fundamenta Chymiae Dogmaticae & Experimentalis* (Nuremberg, 1723). Esta obra foi traduzida para inglês, em 1730, por Peter Shaw, com o título *Philosophical Principles of Universal Chemistry: or, the Foundation of a scientifical Manner of Inquiring into and Preparing the Natural and Artificial Bodies for the uses of Life: Both in the smaller way of Experiment, and in the larger way of Business. Design'd as a General Introduction to the Knowledge and Practice of Artificial Philosophy: or, Genuine Chemistry in all its Branches. Drawn from the Collegium of Dr. George Ernest Stahl* (London, 1730). Esta tradução propiciou a sua grande divulgação. No longo título estão explícitas as características básicas do Tratado. A esta tradução se reportam as referências nas presentes notas.

"A QUÍMICA Universal é a Arte de resolver os Corpos *mistos, compostos* ou *agregados* nos seus *Princípios*; e de compor os *mesmos Corpos* a partir desses *Princípios*" (...) "A *Teoria* Química adquire-se, no seu carácter geral, por *Informação*, axiomatica, demonstrativamente conseguida por via da síntese, *à priori*; mas analiticamente e *à posteriori*, no particular"[15]. Nesta base, para Stahl, o grande objectivo de todo o trabalho químico deveria ser sempre o *decompor* e *compor* das substâncias nos seus Princípios, que, na sua essência, sempre terá no laboratório o seu lugar natural. É no laboratório, por resolução e composição, que se procede às tentativas necessárias para encontrar a definição correcta de toda e qualquer substância na qual se exprima a sua essência e a partir da qual, por dedução, se poderão inferir outros dos seus atributos.

Na busca "experimental" dos *Princípios* das coisas, Stahl adoptou os quatro "princípios da teoria do seu mestre, Becher – a água e três terras (a *terra pinguis*, a *terra vítrea* e a *terra mercurial*). Relativamente a tais Princípios, os Corpos naturais poderiam ser simples ou compostos: os simples seriam os que não fossem constituídos de partes físicas e identificar-se-iam com os próprios Princípios; os compostos seriam os formados de partes físicas constituídas por dois ou mais Princípios simples ou por mistos resolúveis eles próprios em tais Princípios[16].

Ao adoptar as três terras do sistema químico de Becher, Stahl identificaria a *terra pinguis*, a terra inflamável, com o princípio sulfuroso dos iatroquímicos, dando-lhe o nome de Flogisto[17]. Na base deste princípio, construiu Stahl todo um sistema conceitual de explicação dos fenómenos químicos, a chamada química flogística, particularmente centrada no estudo e explicação dos processos de oxidação e redução. Um vasto conjunto de observações experimentais que pareciam satisfatoriamente explicáveis em termos desse princípio eram tidas como a melhor confirmação do sistema no seu conjunto. O Flogisto tido como o princípio da

---

[15] G.E.Stahl, Philosophical Principles of Universal Chemistry, loc.cit., 1-2.

[16] *Idem*, 3-4.

[17] G. E, Sthal, *Specimen Beccherianum* em Apêndice a J. J. Becher, *Physica Subterranea* (John Ludov. Gleditschium, Leipzig, 1703), p.94.

inflamabilidade mereceu a aceitação generalizada dos químicos de então e foi convictamente aceite e defendido por largas décadas e só viria a ser posto em causa pelas novas teorias de Lavoisier e seus sequazes, ao entrar do terceiro quartel do século XVIII.

No domínio da Medicina, as doutrinas de Stahl não tiveram o mesmo tipo de aceitação generalizada. De algum modo, podemos dizer que, neste domínio, a comunidade científica do século XVIII aparece-nos grandemente dividida entre Stahl e Boerhaave, em sistemas em que a integração dos saberes químico e médico é totalmente diferente. Boerhaave mantém-se, em Medicina, totalmente fiel às explicações mecanicistas que usava para interpretar os fenómenos químicos; Stahl na aplicação que faz da explicação dos fenómenos químicos, no domínio da Medicina, rejeita abruptamente as ideias provenientes da corrente iatroquímica em que, como dissemos, se inserem com naturalidade os seus *Princípios Filosóficos da Química Universal*, postulando que as actividades do organismo vivo são dirigidas por uma *anima*, com uma função bem definida. A existência desta alma dispensava os *archei* da tradição iatroquímica a que Paracelso e seus discípulos atribuíam os processos que ocorrem em qualquer organismo vivo. Por outro lado, essa mesma existência dá origem a uma inefável separação entre a área da Medicina, devotada ao estudo dos corpos vivos e a área da química, devotada ao estudo dos corpos não-vivos. Sem poder explicar os fenómenos vitais, a Química só interessaria à Medicina na preparação dos medicamentos; seria vã e mesmo perigosa qualquer tentativa que fizesse no sentido de explicar os fenómenos que ocorrem nos seres vivos em termos dos fenómenos químicos dos não-vivos.

As substâncias elementares e os agregados que compõem os corpos inorgânicos estão sujeitos a dissolução e corrupção pútrida e são totalmente indiferentes ao arranjo em que podem existir. No ser vivo, tudo se passa de modo muito diferente: as substâncias elementares e os agregados que o formam são dotados duma "disposição ordenada" sem a qual o ser vivo não subsiste. O ser vivo resiste à corrupção enquanto mantiver essa "disposição ordenada". E mantém-na por virtude da *alma* que o informa. Ela mantém o corpo liberto da corrupção através do movimento próprio que lhe imprime. Nos seus diversos aspectos, este movimento pode ser descrito em termos mecanicistas; todavia, a alma, o princípio desse movimento, está para além dessas mesmas leis porque, embora "substancial" (isto é, real) na sua natureza, ela é uma entidade imaterial a que faltam os requisitos necessários à aplicação dos princípios mecanicistas. O corpo e os movimentos do ser vivo enquanto ser vivo são meros instrumentos da alma, havendo uma diferença substancial entre o instrumento e a força responsável que causa a sua actuação. Manifestando-se através do movimento, a primazia da explicação da alma não se reduz à explicação desse mesmo movimento como tal, pois se trata dum princípio que está para além dele.

Esta é, muito sucintamente, a essência do que foi designado *Systema Animastico* ou *Animismo* de Stahl[18].

Do que fica dito conclui-se que Stahl defendia uma filosofia química da natureza divorciada da medicina. Todavia, todo o seu sistema conceitual, na Química, como na Medicina, tinha como alicerce inquestionável que qualquer explicação teórica deve buscar na experimentação o seu apoio incondicional.

## 3. A *Historologia Médica* no contexto do desenvolvimento científico do país

"Doutissimo naturalista, e sincero Medico"[5], ao importar Stahl para o nosso País, a Rodrigues d´Abreu interessaram muito mais as "instituiçõens para se poderem melhor instruir os Medicos Principiantes" contidas na obra do Professor de Hall, do que as suas considerações do domínio da Filosofia Natural. Muito embora, informadas, no quanto à metodologia da sua prática se reporta, pelos princípios filosóficos da química universal,

---

[18] D. Oldroyd, *An examination of G. E. Stahl´s Philosophical Principles of Universal Chemistry*, Ambix, **20**, 1973, 36-52; J. R. Partington, *History of Chemistry* (MacMillan Press, Ltd., London) vol. II, pp. 652-690; H. Metzger, *Newton, Stahl, Boerhaave et la doctrine Chimique* (Ed. Felix Alcan, Paris,1930), pp. 91-188; A. G. Debus, *The Chemical Philosophy* (Science History Publ., N. York, 1977) vol. II, pp. 463-469).; L. S. King, *Stahl and Hoffmann- a study in eighteenth century animism*, J. of the History of Medicine and Allied Sciences, 19, 1964, 118-130.

essas "instituições" são parte integrante do referido Systema Animástico. Todas as suas considerações se enquadram no estudo da "Medicina Theoretico-pratica", tendo por objecto a ponderação dos "requisitos necessários e precisos para hum Medico Pratico no exercício clínico". Nesta ponderação, refere-se apenas em termos muito sucintos às doutrinas dos Gregos, Árabes, Indos, Chinas, Paracelso, Severino, Helmoncio, Silvius, Mecanicistas, Leibnitz e vários outros, para se fixar devotamente no sistema Animistico de Stahl por ser este "o que se faz mais verosímil, não só pela sua autoridade, clareza e sólidos, experimentaes e racionaes fundamentos em que se estriba, mas também porque todos os dias nos está mostrando o tempo na pratica a sua utilidade"[12].

Expondo devotamente o Sistema Animástico de Stahl, Rodrigues de Abreu propõe-se com ele reformar "muitas questões introduzidas injustamente na Medicina, vendo-se com clareza as muitas cousas inuteis, que contém a Physica, Botanica, Anatomia, e Chimica"[12], quais sejam, por exemplo, o "saber-se se a Materia Prima he hum *quid extenso*, ou hum conglobado de átomos sumamente miudos", e também as questões sobre a natureza do vácuo, sobre os espaços imaginários, sobre a Forma, ou sobre a privação como Princípio Físico. Com Stahl, numa atitude de frontal oposição à filosofia Escolástica e também de oposição à filosofia dos mecanicistas com seu tratamento matemático da Natureza, interroga-se: "de que serve disputar das subtilezas da luz tanto torcida, como quebrada? Do pezo? Da aspereza? E de muitas outras mais em que se discorre com tanta variedade, que sufficientemente mostra a fallível conclusão que tirão"[19].

E continua: "da mesma sorte importa pouco ao Medico ajustar qual dos Systemas do Mundo prefira, se o *Copernicano*, ou se o *Tychoniano*? Pouco uso tem na Medicina a curiosa questão da essencia da Agua, se porventura consta de partículas anguillulas semelhantes às que existem sobre os globos ethéreos? De que serve considerar o Ar hum conglomerado de partículas plumosas ou ramosas? Que utilidade traz à Arte Medica a consideração da grandeza do movimento e distancia dos Planetas? Pouco

---

[19] J. Rodrigues de Abreu, *Historologia Medica. Tomo1. Liv. I, loc. cit.,* § 361, p.164.

importa conhecer as controvérsias dos cometas, Estrelas, Eclipses, Fogo Fátuo, etc.. Se o fundo do Mar seja hum e o mesmo em todos os lugares? Se provenha o fluxo e refluxo das marés dos movimentos da Lua, ou de outra alguma causa? Etc...Etc...". E tudo isto porque "o Médico não he ministro do Macrocosmo, mas do Microcosmo, e deve observar por (suas) instituiçoens *somente os fenómenos que se offerecem no homem*"[20].

Neste pressuposto, defende que o Médico não precisa mais que duma formação muito sumária e pragmatica no domínio da Botânica, da Anatomia, da Matemática e da Química.

No domínio da Botânica, entende que basta ao Médico contentar-se, como acontecia com os Antigos, "saber o nome, e virtude das plantas" sem qualquer necessidade de alinhar com a curiosidade dos Modernos que "tem passado a mais, incluindo a sua classificação". A sua tese é bem clara: "contente-se o Médico práctico e principiante com o conhecimento de todas as plantas, e se as conhecer com todas as suas virtudes, mais fará na praxis que todos os mais com suas flores Pentapétalas e Tetrapétalas"[21].

No que à Anatomia diz respeito, repetindo Stahl, defende R. de Abreu que "bastará ao Médico conhecer o número, sito e comunicação dos diversos órgãos. Conhecer as miudissimas fibras dos diversos vasos e seus ligamentos mais autoriza a Fysica do que a Medicina"[22].

Relativamente à Matemática, considera R. de Abreu que "para o fim clínico de nenhua cousa tirará utilidade pelo estudo da Matemática, da História ou da Geografia. O estudo destas é de louvar do ponto de vista científico, não propriamente por serem uteis à prática médica (...) as ditas sciencias, ainda que sirvam de ornamento ao Médico, nada fazem para conservar, e restituir a saúde"[23]. Porque "a Medicina consiste em huma attenta observação de todos os fenómenos que *vere* et *directe* pertencem ao fim salubre, e também Racional e verdadeira, o que foy

---

[20] *Idem*, § 362, pp. 164-165.
[21] *Idem*, §§ 365-368, pp. 167-169.
[22] *Idem*, §§ 369-372, pp. 169-171.
[23] *Idem*, § 404, p. 185-186.

e será sempre"[24], não será a aplicação dos princípios da química que permitirá ao Médico exercê-la melhor. Os "fenómenos que se offerecem no homem" têm a sua origem na alma que não é susceptível de qualquer análise por composição ou decomposição, a essência de todo o trabalho do químico no seu esforço de explicar os fenómenos químicos. A Química só é útil para o Médico por lhe permitir o conhecimento necessário dos medicamentos que deva prescrever. Posto que "os medicamentos não restituem a saúde perdida, mas dão somente ocasião à Alma para que preste no corpo estes, ou aqueles movimentos"[25], o melhor conhecimento dos princípios que o conhecimento químico determina servirá ao Médico apenas para prescrever os remédios que tenha por mais convenientes ao fim salubre. Ao fazê-lo, é-lhe "lícito fazer repetidas provas de remedios experimentados por outros, e não desprezá-los, excepto se *a fiel experiência mostrar que eles são menos suficientes* (...); faça-se primeiro a experiência, e depois se seguirá o juizo"[26]. A ciência química será a que melhor poderá ajudar nessa experiência e no juízo que se lhe deverá seguir, mas só por si não conseguirá nunca explicar a saúde.

No balanço e apreciação que faz das diferentes teorias e práticas químicas ao longo da história[27], Rodrigues de Abreu fica-se pela filosofia química de Stahl que considera ter a seu favor "ser a do presente tempo de maior respeito, e autoridade comprovada pela razão, e *ajustada com a experiência e observação*" e, consequentemente, "não parecendo justo, que tendo della notícia todos os demais Reynos da Europa, houvesse de ser este, o que não lograsse esta fortuna"[28].

Em todo este contexto, é com acentuado tom depreciativo que Rodrigues de Abreu se refere à filosofia de Descartes e à filosofia mecaniscista. Citamos: "entre as cousas de que mais se aproveitaram os Medicos pertencentes à Filosofia Cartesiana, tem o primeiro lugar a sua celebre, e

---

[24] *Idem*, §§ 406-408, pp. 186-187.

[25] *Idem*, § 345, p. 158.

[26] *Idem*, § 428, p. 196

[27] *Idem*, §§ 373-402, pp. 171-184.

[28] *Idem*, § 433, pp. 199-200

decantada Materia Subtilissima do Mundo a que chamaõ Alma do Universo; querem que encha todos os poros dos corpos, ainda de differente grandeza e figura"; "fingem para cada cousa seu Ether, hum para os metaes, outro para as pedras, outro para o pão, e assim para todas as cousas". No número dos defensores da filosofia mecanicista inclui os Corpusculares, com Pedro Gassendi à cabeça, que "defendem a existência, para além do espaço, duma matéria simplicíssima", "composta de átomos produzidos em tempo, e creados, porém, infinitos, móveis e indivisíveis", tidos como sendo os "verdadeiros Princípios, primeiros corpos e seminários de todas as cousas"[29]. Eles "fundaõ a sua Fysica, em princípios mechanicos" (...) e "animaõ mechanicamente o Macrocosmos por obra destes Princípios"[30]; "apeaõ a Alma do título de Governadora do Corpo e dão-lhe somente o exercício de meditar"; semelhaõ todas as humanas operações às de hum relógio, ou hum moinho" e "suppoem que a doutrina Atomista na consideração do seu Mechanismo, em que fazem o primeiro papel os Atomos, não necessita de admitir elementos"[31].

Com o que fica dito, podemos compreender melhor o teor do Proémio que Martinho de Pina e Mendonça escreveu, com data de 19 de Agosto de 1732, para esta obra de Rodrigues de Abreu. E podemos também avaliar melhor o impacto e o contributo que esta mesma obra poderá ter representado, ao ser publicada em 1733, para a desejada actualização do desenvolvimento científico do nosso país.

Compreendem-se de imediato as palavras com que abre o Proémio de Martinho de Mendonça: "Pelo Author conhecerá o Orbe literário que sem razão imaginam os Estrangeiros, que os Portuguezes todos pelo que toca à Filosofia, nos conservamos na escura barbaridade de termos abstractos, a que não corresponde idea alguma real, quaes por meyo do tempo nos introduzirão os Árabes. Não são poucos os que neste Reyno buscão a melhor Fysica na curiosa observação dos effeitos naturaes e na sagaz indagação de suas causas"[13]. Adoptando a metodologia de Stahl,

---

[29] *Idem*, § 270, p. 116.
[30] *Idem*, § 272, p. 117.
[31] *Idem*, § 272-275, p. 117-118.

no estudo dos fenómenos químicos, como no estudo dos "fenómenos que se offerecem no homem", uma metodogia *ajustada com a experiência e a observação*, em que "se observe o Mundo, e quanto nele se pode experimentar para só depois se discorrer sobre as causas do que se observou"; e fazendo-se apaixonado arauto dessa mesma metodologia, no desejo de que todos os curiosos do estudo da natureza a seguissem também, Rodrigues de Abreu assumia clara oposição à filosofia Escolástica que dominava ainda o nosso sistema de ensino, com seus mentores e a maioria de seus mestres sempre atentos e prontos a reprimir qualquer tentativa que dela se afastasse. Para se "modernizar" no ensino e estudo da Natureza, o nosso País precisava urgentemente de seguir esse caminho.

Neste ponto, a *Historologia Médica* de Rodrigues de Abreu, embora, possivelmente sem grande repercussão no meio universitário por o seu autor não estar nele integrado, deve ser considerada como contributo importante na ofensiva frontal contra as aulas em que se ensinava pelos tratados de Durand, Escoto e S. Tomás de Aquino. O lugar dado à experimentação e à observação seria a tónica fundamental da reforma do ensino das Ciências Naturais levada a efeito, alguns anos mais tarde, no nosso país, pelo Marquês de Pombal, primeiramente com a criação do Real Colégio dos Nobres de Lisboa, em 1761, e depois, com a Reforma da Universidade de Coimbra, em 1772.

É sabido, todavia, que a grande luta encetada nesse sentido, no segundo quartel do século XVIII, pelos iluministas portugueses que d´além fronteira vituperavam veementemente o atraso em que se encontrava o nosso ensino por referência aos países mais avançados da Europa, pugnava pela adopção de Descartes, Leibniz e Newton no ensino ministrado nas nossas escolas, tanto a nível do ensino secundário, como a nível do ensino superior. E aqui quer-nos parecer que a *Historologia Médica* de Rodrigues de Abreu se propôs cumprir uma missão em tempo que já lhe não era propício.

No ano em que foi publicada, um ano antes da morte de Stahl, eram cumpridos apenas dez anos sobre a primeira publicação dos *Fundamenta Chymiae Dogmatica & Experimentalis* (Nuremberg,1723) do Professor de Hall. Mas já lá iam trinta anos sobre a publicação de *Specimen*

*Beccherianum*, apensa à *Physica Subterranea* de Becher (Leipzig, 1703) em que Stahl lançara as bases do seu sistema químico. Nem por isso este perdera a sua actualidade. Em 1733 e até aos anos da revolução química de Lavoisier, nas décadas de 1770 e1780, ele continuou a ser tido como o que melhor se ajustava com a experiência e a observação e, por isso mesmo, a ser o perfilhado pela generalidade dos químicos de então.

Infelizmente, ao propor-se, em 1733, introduzir o sistema de Stahl no nosso país, não foi ao seu sistema químico que Rodrigues de Abreu deu grande atenção. O seu grande propósito e os seus grandes esforços centraram-se na conquista dos seus leitores para a causa do Sistema Anismístico defendido por Stahl. Este, porém, não só rejeitava como combatia a filosofia mecanicista que se começara a afirmar na última metade do século XVII. Considerando o Universo uma grande máquina, um relógio ou um simples moinho que Deus pusera a funcionar no acto criador, esta filosofia causava muitos receios à ortodoxia cristã alinhada com as doutrinas de toda a tradição platónica, para quem a distinção real entre o mundo do espírito e o mundo da matéria era inquestionável, traduzida no mundo das formas ou qualidades e o reino da quantidade.

Deste modo, o Sistema Animístico de Stahl nunca conseguiu o favoritismo da maioria dos Filósofos da Natureza, cujas preferências sempre foram para as teorias da filosofia mecanicista.

Não surpreende pois, que Martinho de Mendonça no mesmo Proémio, depois de louvar J. Rodrigues de Abreu pela sua atitude anti-escolástica, desvie por completo a sua atenção imediata do conteúdo da obra que aceitara prefaciar, para discorrer com algum pormenor sobre a sua própria formação filosófica, deixando claro que nunca tivera ocasião de se instruir nos princípios de Stahl: educado, em Coimbra, na Filosofia Escolástica, quando acabou o Curso conheceu a Filosofia de Pedro Gassendi que "l(eu) muitas vezes com reflexão". Saiu de Portugal, e "vagueando por quasi toda a Europa, de caminho procurey alcançar alguma notícia dos Systemas mais modernos". Na Saxónia, conversou com Wolfio; na Holanda, com Gravesande "cujas conferências me deraõ alguma luz dos engenhosos Systemas, e princípios de Leibnitio, e Nevvton, sem que tivesse ocasião de me instruir nos princípios de Stahl".

Continuando, confessa-se convicto dos "Principios Mechanistas", e diz ter-se aplicado "aos estudos mathemáticos e à lição dos melhores Mechanicos, Catato, Borello, Vrales, Huyghens, Vvreu, Nevvton e Leibnitio" que o "capacitaram na opinião de que poderiam bastar as Leys do Mechanismo para explicar os mais effeitos da Natureza"[32]. Só depois deste discurso sobre a sua própria instrução e posição de Filósofo natural, Martinho de Mendonça volta ao assunto da obra que apresenta. Fá-lo evitando tecer quaisquer juízos de valor sobre o próprio Sistema Anismástico. Limita-se a referi-lo como o *Systema das Substancias Immateriaes Activas* que Rodolfo Cuduvorth, no seu doutissimo Systema Intelectual, mostrara ter sido defendido "pelos mais antigos Filosofos: Pythagoras, Platão, Heráclito, Hyppocrates, Aristóteles, e os mais modernos Platónicos, muitos Paripateticos, e Paracelsistas, que debaixo dos nomes de Alma do Mundo, Natureza, Entechia e Archeo reconheceram nos corpos Naturaes hum espirito Vital, ou Principio Activo Immaterial". Claramente, não só não associa com o dito Sistema qualquer dos nomes que determinaram a sua formação pessoal, como de imediato refere as grandes dificuldades que o Sistema em causa tenta evitar, decorrentes da concepção do que seja a Vida sobre cuja essência não reconhece validade satisfatória a nenhuma das teses correntes.

Reconhecendo e louvando a validade da metodologia científica defendida por Stahl que Rodrigues de Abreu diligenciava introduzir no nosso País, Martinho de Mendonça apelava aos curiosos da natureza a quem a *Historologia Médica* se dirigia, a obrigação de discorrerem livremente e sem pertinácia sobre os Princípios nela defendidos: "os Systemas fysicos mais exactos, ainda quando satisfazem a todos os effeitos observados, não se podem julgar verdadeiros, e quando muito podem admitir-se como verosímeis, e igualmente verosímeis, os que igualmente satisfazem a todas as observações, sem que nunca da sua verdade possa haver evidencia (...). Por mais que um Systema Fysico satisfaça a todas as apparencias, dando causas sufficientes de todas as cousas Naturaes, ninguém poderá

---

[32] J. Rodrigues de Abreu, *Historologia Medica. Tomo I, loc.cit.*, in Carta-prefacio de Martinho de Mendonça, parágrafo 7 (sem paginação).

dizer ser verdadeiro, sem revelação do Soberano Architecto do Universo; e como este entregou o Mundo à disputa dos homens (...) devemos sem pertinácia discorrer nas causas Fysicas livremente"[33].

O animismo de Stahl não conquistou para a sua causa o "Mechanico" Martinho de Mendonça. E pensamos que o mesmo terá acontecido com a grande maioria dos intelectuais portugueses que ao tempo da sua introdução em Portugal por Rodrigues de Abreu, insatisfeitos com a Filosofia Escolástica, buscavam "uma melhor Fysica na curiosa observação dos effeitos naturaes".

Na Europa de então, no domínio da Medicina, ao Sistema Animístico de Stahl, contrapunha Boerhaave uma prática médica em que utilizava uma "filosofia corpuscular e mecânica" com as ideias de matéria e movimento de Boyle, e rejeitando abertamente a iatroquímica, com o seu macrocosmos vivo e o homem como uma réplica do mesmo. Se o sistema da química flogística de Stahl recolheu para a sua causa praticamente toda a comunidade química da época, o mesmo se não pode dizer do seu Sistema Animástico por mais que se reconhecesse ser ele "capaz de pôr em dúvida o Mechanico, e todos os demais a respeito das causas e effeitos das doenças".

De facto, no domínio da Medicina, a Escola de Boerhaave não deixava os seus créditos por poucas mãos, com tantos ou até muitos mais discípulos que o Sistema Animástico de Stahl.

Na defesa das reformas que se impunham no ensino da Medicina no nosso país, os sequazes da prática médica da Escola de Boerhaave levavam clara vantagem, com Ribeiro Sanches (1699–1783) à cabeça[34].

---

[33] *Idem*, parágrafo 8 (sem paginação)

[34] É de todos conhecida a influência que este "estrangeirado" teve nessa Reforma, como é de todos conhecida a sua estreita ligação a Boerhaave. Em Leiden, Ribeiro Sanches frequentara as aulas de Boerhaave. Impressionado pela pespicácia do aluno que tinha à sua frente, Boerhaave quisera conferir-lhe o grau de doutor; só ao comunicar-lhe este seu desejo soube que Ribeiro Sanches já era doutorado pela Universidade de Salamanca. Assombrado por tanta modéstia, Boerhaave fez questão de restituir-lhe as quantias que Sanches pagara para assistir às lições o que este recusou. Criou-se, todavia, desde então, entre ambos uma amizade muito forte que ficou para toda a vida. Seria por indicação do próprio Boerhaave que Ribeiro Sanches foi chamado, em 1731, pela Imperatriz da Rússia, para Moscovo, na qualidade de médico-chefe encarregado de examinar os médicos que iam praticar na capital. E de Moscovo passaria para a Corte, em S. Peterburgo, onde veio a fazer parte do Conselho de Estado até 1747, ano em que, devido à instabilidade política que se vivia na Rússia, resolveu ir fixar residência em Paris, onde passaria o resto de seus dias.

De facto, a *Historologia Médica* de Rodrigues de Abreu não parece ter conquistado para a causa do *Sistema Animástico* de Stahl sequazes suficientes que fizessem escola no nosso País. Nas suas opções, a Medicina Portuguesa preferia claramente Boerhaave a Stahl; o rei D. João V quis mesmo trazê-lo para a Universidade de Coimbra, tendo-lhe feito chegar convite para o efeito "com a promessa de uma larga pensão", convite esse que o ilustre médico de Leiden declinou, não por não achar condições de ensino no nosso país, mas "por preferir, a exemplo de Hipócrates, a utilidade pública de seus Nacionaes aos seus interesses particulares"[35]. A corrente dos Filósofos Mechanicos revelou-se mais forte que o Animismo de Stahl, e seria ela que acabaria por determinar o rumo dos acontecimentos que marcaram a Reforma do ensino da Medicina, em 1772. Nesta, não só prevaleceria a filosofia mecanicista, como se não reconhecia haver na Botânica, na Anatomia, na Matemática, na Física e na Química muitas coisas que fossem inúteis para a prática médica. Na dita Reforma, os estudantes de Medicina eram estudantes *Obrigados* do Curso Filosófico, isto é, o seu Curso de Medicina obrigava-os a "formarem-se" primeiro em História Natural, em Física e em Química, sem o que não poderiam prosseguir a sua formação médica.

Parece-nos pois, poder afirmar à guisa de conclusão, que a importação do Sistema Animástico de Stahl para o nosso país pela pena de Rodrigues d´Abreu não chegou a surtir a eficácia que se propunha. Não se lhe pode negar, todavia, o mérito de ter sido contributo muito importante na cativação dos seus leitores para uma prática científica baseada na "curiosa observação dos effeitos naturaes e na sagaz indagação das suas causas", que à época tão necessário se tornava para avançar pelos caminhos da nova ciência.

---

[35] Compêndio Histórico do Estado da Universidade de Coimbra (Regia Officina Typográfica, Lisboa, 1771), p.345.

## 12. A CULTURA ANTI-ATOMISTA DOS CONIMBRICENSES*

### 1. Introdução: o Curso dos Conimbricenses

1.1- "A produção filosófica originalmente portuguesa que teve verdadeiro impacto europeu foi, na segunda metade do século XVI, o chamado *Cursus Conimbricensis,* um conjunto de comentários do neo-tomismo tardio a obras de Aristóteles, produzido na Universidade de Coimbra"[1]. É por demais citada e conhecida a opinião de M. De Wulf sobre a natureza destes comentários: "trata-se de uma exegese mais ideológica do que literal, dividida em questões, claramente redigidas e agrupadas entre elas; ao mesmo tempo são um inventário dos comentários legados pela antiguidade"[2].

A história deste Curso está intimamente ligada à história do Colégio das Artes fundado pelo Rei D. João III, por *Regimento* datado de 16 de Novembro de 1547. Inspirando-se na experiência francesa, no seu propósito de reorganização cultural do Estado, fê-lo para permitir à Universidade Portuguesa, então sediada em Coimbra, dispor de *escolas menores,* onde os estudantes frequentassem os propedêuticos de acesso às *faculdades maiores.* Nele se devia ensinar Latim, Grego, Hebraico, Matemática, Lógica e Filosofia. O Colégio começou a funcionar em Fevereiro do ano seguin-

---

*A. M. Amorim da Costa in XIV Reunião da Rede de Intercâmbios para a História e Epistemologia das Ciências Químicas e Biológicas, Maio 2004, Bahia, Brasil; A. M. Amorim da Costa in International Conference on Chymia, Science and Nature in Early Modern Europe (1450-1750), Escoria Madrid, 2008.

[1] António Marques, *Observações sobre a recepção de Nietzsche em Portugal: de Pessoa aos nossos dias* in Envahonar, 35 (2002) pp. 67-75.

[2] Maurice de Wulf, *Histoire de la Philosophie Médiévale,* vol. II (Lovaina/Paris, 1925), p. 284.

te ao da sua fundação, sendo seu Principal Mestre André de Gouveia (1497-1548) que D.João III conseguiu trazer de Bordéus, onde, depois de ter dirigido o *Colégio de Santa Bárbara*, em Paris, em substituição de seu tio Diogo de Gouveia, exercia, desde 1534, as funções de Principal do *Colégio de Guyenne* e era tido como "le plus grand Principal de France".

Seguindo o programa traçado pelo Regimento que o criara, o ensino das diversas disciplinas que nele passaram a ser ministradas, distribuído por três anos e meio, representava, ao tempo, uma verdadeira renovação pedagógica e filosófica do sistema escolar que reinava em Portugal. Tendo embora por núcleo a explicação das obras de Aristóteles, marcavam-no notórias tendências renovacionistas do método escolástico-aristotélico.

Com a morte inesperada de André de Gouveia, em 1548, não tardou que os seus sucessores se vissem envolvidos numa profunda crise gerada por um ambiente de más relações entre duas facções do seu corpo docente, os *bordaleses* e os *parisienses*, com acusações mútuas de luteranismo e de reformismo, com o seu Principal a instigar processos de esclarecimento das suspeitas e mesmo com a denúncia de alguns deles à Inquisição, onde foram sujeitos à inquirição de vida e pensamento. Na sequência desta crise e após negociações entre o Infante D. Luís e o Padre Jerónimo Nadal da Companhia de Jesus, enviado a Portugal, em 1553, para tratar da publicação das Constituições da Companhia em Lisboa, D. João III ordenou, por carta de 10 de Setembro de 1555, ao então Principal do Colégio, Diogo de Teive (1514-1516), que entregasse o Colégio ao Provincial da Companhia de Jesus que já possuía, em Coimbra, o Colégio de Jesus, fundado em 1542, onde residiam os seus membros que na sua preparação missionária frequentavam aulas na Universidade. A entrega fez-se, conforme o determinado, no primeiro dia de Outubro desse mesmo ano de 1555. Poucos anos depois, por alvará de 5 de Setembro de 1561, D. João III, incorporava o Colégio na Universidade e dias depois, por alvará de 24 de Setembro, determinava que o Conservador da Universidade fosse também o Conservador do Colégio das Artes, conferindo assim à Companhia de Jesus que o detinha a responsabilidade última pelo teor e metodologia do ensino que o seu Regimento abarcava.

Até à entrega do Colégio das Artes aos Jesuítas, ele estava instalado na baixa de Coimbra, à rua da Sofia. Tomada a posse dele, os Jesuítas logo providenciaram a construção de um novo edifício junto do Colégio de Jesus e a ele ligado por um *passadiço*, para onde o transferiram em 1566. Substituíram o nome de Mestre Principal pelo de Reitor e aplicaram ao sistema de ensino nele professado as suas próprias Constituições. De acordo com estas, o ciclo escolar deveria incluir três cursos ou graus: o curso de Letras (*Humanidades*) contendo as linguas clássicas, sobretudo o latim, a Gramática e a Retórica; o curso de Filosofia (*Artes*) cujo núcleo seria a Lógica e a Dialéctica; e o curso de *Teologia*, análogo ao das Artes, com a duração de um triénio. Por conseguinte, da aplicação das suas Constituições ao plano escolar do Colégio, não saía prejudicado o cumprimento dos Estatutos régios da Instituição, conformando-se com o Regimento inicial que presidira à fundação do Colégio, acrescentando-lhe, todavia, os seus próprios estudos humanísticos e cadeiras de Teologia, de tal modo que os seus alunos passassem a ir à Universidade apenas pela chamada cadeira de Prima[3].

Para conciliar devidamente a aplicação das Constituições da Companhia com os Estatutos do Regimento da Instituição, foi elaborada uma *Ratio Studiorum*, cujo primeiro texto analisado por todos os membros da Companhia foi tornado público em 1586, seguindo-se uma outra redacção rectificada, melhorada e considerada definitiva, em 1599, com o título *Ratio atque Institutio Studiorum*.

Embora destinada aos estudos internos do Colégio, esta *Ratio Studiorum* acabou por ordenar não só o conteúdo, como também a metodologia de todos os cursos ministrados no Colégio. Nela se consagrava que a formação geral para todos os alunos do Colégio comportava um biénio de formação em Línguas Clássicas, seguido de um quadriénio no Curso de Artes ou Filosofia.

---

[3] Pinharanda Gomes, *Os Conimbricenses* (Lisboa, Instituto de Cultura e Língua Portuguesa, Col. Biblioteca Breve,vol.128, 1992), cp. II, pp. 13-24; Mário Brandão, *Documentos Respeitantes à Universidade de Coimbra na Época de D.João III*, Vol.III ( Coimbra, Biblioteca Geral da Universidade, 1939), pp. 108-117; José S. Silva Dias, *A Política Cultural da Época de D. João III*, (Coimbra, Instituto de Estudos Filosóficos da Universidade, 1969).

No que se refere ao Curso de Artes ou Filosofia, deve notar-se que o seu objectivo era uma iniciação geral às ciências e o desenvolvimento da agudeza do engenho, mediante o ensino da arte de razoar e de raciocinar. Para além do domínio da enciclopédia das ciências, o aluno deveria obter o domínio dos argumentos para a confutação e para a refutação, com perspicácia, agudeza e engenho.

Para cumprimento das duas componentes deste objectivo, o plano curricular do curso compreendia a leitura comentada, pelos professores que leccionavam as diferentes matérias da ciência, das obras de Aristóteles: a *Dialéctica*, os *Predicamenta*, os primeiros sete *Libri Topicorum* e os primeiros quatro *Libri Ethicorum* (no primeiro ano); os *Analytica*, o oitavo *Liber Topicorum*, os restantes seis *Libri Ethicorum*, o *De Sophiticis Elenchis* e os dois primeiros *Libri Physicorum* (no segundo ano); os restantes seis *Libri Physicorum*, o *De Coelo* e *De Mundo*; o *De Generatione et Corruptione*, os quatro *Libri Meteorologicum*, os dois primeiros *Libri De Anima* e a *Introdução à Metaphysica* (no terceiro ano); e, para terminar, no quarto ano, o terceiro livro *De Anima*; o *Parva Naturalia* e a conclusão da *Metaphysica* [4].

Após a leitura e os Comentários no tempo de aula, todos os dias se procurava cerca de meia hora para a disputa ou controvérsia, num jogo de tese e antítese, sobre a matéria ouvida. E nas tardes de terça e de quinta-feiras, o curso reunia-se para uma disputa mais longa em que era obrigatório que os interlocutores respeitassem rigorosamente as regras instituídas pelo método aristotélico.

A matéria e a metodologia assim definidos pela *Ratio Studiorum* explicam o conteúdo e a metodologia dos Comentários sobre as obras de Aristóteles, contidos em oito livros, publicados de 1592 a 1606 sob o título geral *Commentarii Collegii Conimbricensis Societatis Jesu*, conhecidos por *Cursus Conimbricensis*. Neles se compendia o teor das lições do Curso filosófico ministrado no Colégio. A ideia da sua publicação partiu de Pedro da Fonseca tendo dela sido dada notícia a Roma, numa carta de Miguel Torres, em 9 de Fevereiro de 1560. Definido e aprovado o plano,

---

[4] Pinharanda Gomes, *o.cit.*, cp. III, pp. 25-31.

em 1561, no tempo do Reitor Manuel Álvares (1526–1582), foi constituído um grupo de quatro Professores para executar a obra: os portugueses Pedro da Fonseca (1528–1599) e Marcos Jorge (1524–1571) e os espanhóis Cipriano Soarez (?–1593) e Pedro Gómez (?–1600), prevendo-se que a publicação pudesse estar pronta por volta de 1564–1565. Porém, de acordo com palavras de Pedro da Fonseca numa carta ao seu confrade Jerónimo Nadal, datada de 14 de Janeiro de 1562, "a falta de livros que há na casa, e desocupações de outros, o que tudo era necessário para fazer coisa que fosse digna do que se pretende; e que entretanto se ventilariam mais as matérias, excitariam duvidas, e tornariam mais claras todas as coisas", fizeram com que não fosse possível cumprir com o prazo inicialmente previsto. A tarefa foi-se arrastando no tempo e a demora agravada com a escolha de Pedro da Fonseca, em 1572, para vogal da Congregação que reuniria em Roma, para escolher o novo Geral da Companhia.

Apesar de todas as razões com que justifica as dificuldades de cumprir com prazo previsto para a publicação dos acordados textos, Pedro da Fonseca publicou, em 1577, o primeiro volume duma vasta obra intitulada *Commentariorum in Libros Metaphysicorum Aristotelis*[5]. Seguiram-se-lhe três outros volumes, o último dos quais publicado treze anos depois da sua morte. Embora esta obra lhe tenha merecido o título de Aristóteles Português, não foi considerada como correspondendo ao projecto que se pretendia levar avante. De facto, Pedro da Fonseca foi acusado de imediato de estes seus Comentários não satisfazerem às necessidades reais do que lhe fora pedido e, dois anos depois, a Província voltava a pedir ao Geral que fizesse estampar o Curso, sem se esperar mais por Pedro da Fonseca, acusando-o, mais uma vez, de não cumprir com o que assumira, já por ser demasiado vagaroso, já por se achar demasiado ocupado e ter um plano pessoal que não coincidia com o esquema colegial inicialmente proposto. Pedro da Fonseca aceitou as críticas que deste modo lhe foram dirigidas e resolveu afastar-se do plano da publicação acordada, reconhecendo no segundo volume dos seus *Comentários aos*

---

[5] Pedro da Fonseca in *Commentariorum in Libros Metaphysicorum Aristotelis,* 4 vols. (Roma, 1577; Roma, 1589, Évora 1604; Lião, 1612)

*Livros de Metafísica de Aristóteles*, que o trabalho estava a ser levado a cabo por outros[6].

Face à situação criada com o abandono de Pedro da Fonseca da liderança do grupo inicialmente constituído para a publicação dos textos do Curso Filosófico, uns anos depois, sendo Provincial da Companhia Claudio Acquaviva (1543-1615), Luis de Molina (1535-1600) que fora professor no Colégio das Artes entre 1563-1567, e que emulava em tudo com Pedro da Fonseca, propôs ao Provincial que se imprimisse o texto ditado no curso que ele próprio regera naqueles anos de 1563-1567, convencido de que as suas glosas eram mais completas que as de quaisquer outros professores que haviam ministrado o Curso[7].

Entretanto, ao tempo em que recebeu esta proposta de Molina, face às pressões do Colégio e do Geral, já Acquaviva havia encarregado o Padre Manuel de Góis (1543-1597) de redigir o Curso que leccionara entre 1574 e esse mesmo ano de 1582. Melindrado, e após algumas trocas de impressões menos cordiais com o Provincial, Molina afasta-se do processo, e parte para Espanha, em 1591, acusando a Província de não ter em consideração a sua proposta pelo facto de ser tido e havido como estrangeiro, ser acusado de não escrever o latim tão bem como outros professores e, sobretudo, porque os portugueses queriam para eles o privilégio da autoria do Curso. De facto, o seu projecto foi posto totalmente de parte.

Com Pedro da Fonseca e Molina afastados do projecto, Manuel de Góis começou a organizar o material já existente desde 1582, avançando decididamente com o encargo que lhe fora pedido, contando com a colaboração de vários professores do Colégio, sendo três os que, com ele, assumiram a responsabilidade de formar documentalmente uma obra de cunho colegial: Baltazar Álvares (1560-1630), Cosme de Magalhães (1551-1624) e Sebastião do Couto (1567-1639). Aceite o carácter colegial dos volumes a publicar, eles apareceriam a lume sob a autoria do próprio Colégio Conimbricense da Companhia de Jesus. E assim foi.

---

[6] Pedro da Fonseca *o. cit*, vol. II (Roma, 1589), Prefácio.

[7] Luis Molina, *Carta de 29.8.1582* in Simão Rodrigues, *História da Companhia*, vols II, pp. 112-113.

O processo de aparecimento dos livros durou quatorze anos: o primeiro foi publicado em 1592; em 1593, os quatro seguintes; em 1597, o sexto; em 1598, o sétimo; e em 1606, o oitavo e último. São eles:

Volume I – *Commentarii Collegii Conimbricensis Societatis Jesu IN OCTO LIBROS PHYSICORUM ARISTOTELIS STAGIRITAE*. Coimbra, Typ. de António Mariz, 1592.

Volume II – *Commentarii Collegii Conimbricensis Societatis Jesu IN QUATOR LIBROS DE COELO ARISTOTELIS STAGIRITAE*. Lisboa, Typ. de Simão Lopes, 1593.

Volume III – *Commentarii Collegii Conimbricensis Societatis Jesu IN LIBROS METEORUM ARISTOTELIS STAGIRITAE*. Lisboa, Typ. de Simão Lopes, 1593.

Volume IV – *Commentarii Collegii Conimbricensis Societatis Jesu IN LIBROS ARISTOTELIS STAGIRITAE QUI PARVA NATURALIA APPELLANTUR*. Lisboa, Typ. de Simão Lopes, 1593.

Volume V – *IN LIBROS ETHICORUM ARISTOTELIS AD NICHOMACUM, ALIQUOT CONIMBRICENSIS CURSUS DISPUTATIONES IN QUIBUS PRAECIPUA QUAEDAM ETHICA DISCIPLINAE CAPITA CONTINENTUR*, Lisboa, Typ. de Simão Lopes, 1593. (NB/ este volume é o único que omite no título a sigla *Commentarii Collegii Conimbricensis Societatis Jesu*).

Volume VI – *Commentarii Collegii Conimbricensis Societatis Jesu IN DUOS LIBROS DE GENERATIONE & Corruptione, Aristotelis Stagiritae*, Coimbra, Typ. de António Mariz, 1597.

Volume VII – *Commentarii Collegii Conimbricensis Societatis Jesu In tres libros de Anima, Aristotelis Stagiritae*, Coimbra, Typ. de António Mariz, 1598.

Volume VIII – *Commentarii Collegii Conimbricensis e Societate Jesu IN UNIVERSAM DIALECTICAM Aristotelis Stagiritae*, Coimbra, Typ. de Diogo Gomes Loureiro, 1606.

**1.2** – Não é aqui lugar próprio para referir quaisquer questões sobre os autores principais que terão tido a tarefa de redigir os assuntos contidos em cada volume. Nem também, as questões ligadas à estrutura e à ordem de cada volume, ou sobre os lapsos de tempo que decorreram entre a publicação dos vários volumes, sobretudo entre os dois últimos. Não podemos deixar de referir, todavia, que nenhum dos oito volumes inclui a Lógica de Aristóteles. Sabe-se que Sebastião do Couto trabalhou num volume sobre este assunto, sendo sua intenção publicá-lo juntamente com um tratado metafísico para o qual juntara também bastante matéria. Após a publicação do oitavo volume, o Padre Fernão Rebelo considerava como ponto de honra a publicação de um nono volume contendo esses assuntos. Sobre o caso, refere Pinharanda Gomes: "o tratado da Lógica só se tornou realidade após o acidente da chamada *Lógica Furtiva*, que, sendo um acto de contrafacção, dá, porém, a medida do prestígio que os *conimbricenses* já tinham conquistado na Europa escolar e culta. Com efeito, um editor alemão aproveitou um compêndio de Lógica, ao que parece redigido trinta anos antes, e consumou uma fraude, imprimindo-o sobre a propriedade autoral do Colégio Conimbricense, e obtendo sucesso, pois fez quatro edições simultâneas em Francoforte, Hamburgo, Colónia e Veneza, em dois volumes intitulados *Collegii Conimbricensis Societatis Jesu Commentarii Doctissimi in Universam Logicam Aristotelis*[8]. Como o observa o autor desta citação, logo à partida, "o título apresenta dois defeitos: um, o não respeitar a estrutura nominal – *Commentari Collegii Conimbricensis* -, o outro, o propagandear-se a si mesmo, com a introdução do inciso adjectivo «doctissimi»"[9]. Segundo Frederico Stegmüller, os textos desta *Lógica Furtiva* seriam a reprodução das lições de Gaspar Coelho (1552–1593), proferidas em Évora em 1584, aproveitando as lições que Francisco Cardoso ditara em Coimbra no ano de 1571[10]. Gaspar Coelho fora, entretanto, expulso da Companhia de Jesus, tendo ingressado mais tarde na Ordem de Cister. Desta opinião discorda João Pereira Gomes que, apoiando-se em apontamentos de Sebastião do Couto, acha que essa *Lógica Furtiva* terá sido redigida por volta de 1575, isto é, cerca de trinta

---

[8] Pinharanda Gomes, *o. cit.*, p. 61.

[9] *Idem*, p. 61.

[10] F. Stegmüller, *Filosofia e Teologia nas Universidades de Coimbra e Évora* (Coimbra, 1959), p. 98.

anos antes da Lógica autêntica que ele estava a preparar, mas que nunca chegaria a fazer parte da série dos volumes editados directamente pelo Colégio das Artes de Coimbra, que ficou assim, de algum modo, como outras "capelas imperfeitas" da nossa memória cultural[11]. Sebastião do Couto opina que o texto que esteve na origem da *Lógica Furtiva* terá sido levado para fora do país por um estudante, italiano ou alemão, que teria cursado em Portugal[12].

Correspondendo ao programa das lições ministradas no Colégio das Artes depois que este passou das mãos dos bordaleses e pariesienses para as mãos dos Jesuitas, o Curso dos Conimbricenses, compendiado nos oito referidos volumes, é, no dizer de J. S. Silva Dias, o monumento mais acabado do humanismo cristão em Portugal, situando, temporalmente num período do Humanismo clássico anterior ao movimento de crítica filosófica e científica provocado pela Renascença e pelas Descobertas. Nesse período, os jesuítas de Coimbra estavam em dia com as tendências do Humanismo formal; conheciam profundamente e eram exímios cultores das letras clássicas. A filosofia que ensinavam era estritamente a filosofia de Aristóteles, que tentaram renovar e expurgar de acrescentos que muitos dos seus tradutores e comentadores, ao longo da Idade-Média lhe haviam introduzido indevidamente, na maior parte dos casos por deficiente conhecimento das traduções sobre que trabalhavam. Seguindo à risca a *Ratio Studiorum* da Companhia, estava-lhes vedado qualquer desvio de Aristóteles em questões de monta, a não ser no que fosse contrário ao que em toda a parte aprovavam as Universidades ou repugnasse à fé ortodoxa". Escrito para servir de texto no Colégio de que leva o nome, ele sofre das limitações naturais da sua origem. É obra de compendiação e não de inovação. Fornece, como convém nos livros escolares, o mapa dos conhecimentos adquiridos, mas não foge às teorias consagradas, nem entra no caminho das novidades discutíveis (...) Nada tem que recorde

---

[11] Pinharanda Gomes, *ob. cit.*, p.63.

[12] J. P. Gomes, *Os professores de Filosofia do Colégio das Artes* (Braga, 1955), pp. 192-196.

os conhecimentos e as preocupações da Renascença. As suas noções e análises não excedem o esquema científico da Antiguidade"[13].

Os *Commentarii Conimbricensis* serviram, na sua edição original, de manual para os diferentes Professores que no decorrer dos anos, se foram substituindo no ensino dentro do Colégio. Rapidamente, passaram a ser seguidos como lição magistral nos Colégios da Companhia em Évora[14], Braga e Porto[15]. Também, muito rapidamente, passaram a ser seguidos no Brasil, no Colégio de Todos os Santos, na Bahia[16], no Colégio de S. Paulo de Luanda (Angola) e no Colégio de S. Paulo de Goa[17]. Diz-se que o Padre Francisco Furtado os traduziu para chinês[18]. Mas foi na Europa que o seu sucesso foi maior, com várias edições na Alemanha, na França, em Espanha e na Itália, países em que várias escolas os adoptaram também como base dos seus cursos. De facto, os cursos universitários achavam nos *Commentarii Conimbricensis*, "senão a modernidade, uma alta lição de humanidades latinas, eloquentes e belas"[19]. O ecletismo do curso e a matriz filosófica em que assentava justificavam a geral aceitação e o geral reconhecimento. Nele estava estampado e reconstituído o Liceu aristotélico, reatribuindo à Filosofia o património da enciclopédia de todas as ciências[20]. Não tardaria, todavia, que com as inovações verificadas na cultura científica dos séculos XVI–XVII, a sua sobrevivência carecesse, também ela, de uma profunda inovação, sobretudo na área das ciências físicas, em que a observação e a experiência todos os dias concitavam

[13] J. S. da Silva Dias, *Portugal e a Cultura Europeia, secs. XVI-XVIII,* (Coimbra, Coimbra Editora, 1953), pp. 40-41, 38.

[14] J. Vaz de Carvalho, *A Universidade de Évora e a sua orientação Pedagógica* in Brotéria, 70 (1960), pp. 506-516.

[15] Pinharanda Gomes, *ob. cit.,* pp. 110.

[16] Serafim Leite, *O Curso de Filosofia e Tentativas para se criar a Universidade do Brasil do século XVII,* (Rio de Janeiro, 1948), pp. 109, 134.

[17] Domingos Maurício, *Para a História da Filosofia Portuguesa no Ultramar* in Rev. Port. de Filosofia, vol. I (1945), p. 182.

[18] C. Sommervogel, *Dictionnaire des Ouvrages et Pseudonymes publiés par les Réligieux de la Compagnie de Jésus depuis sa Fondation jusqu´à nos jours,* 2 vols. (Paris, Lib.Soc. Bibliog/Soc. Gen. De Lib.Catholique, 1884) vol. II, p. 1278.

[19] Pinharanda Gomes, *o.cit.,* pp. 110-111.

[20] *Idem,* pp. 122ss.

factos novos que não careciam de ser concluídos por raciocínio formal, mas por efectiva observação[21]. Embora alguns Professores que nas suas lições seguiam fielmente os *Commentarii,* tenham avançado com algumas obras de sua autoria, numa tentativa de actualização e reforma, estas não conseguiram fazer-se ao ritmo que se impunha e, consequentemente, com o avançar dos anos, os seus sequazes acabariam desactualizados e desacreditados. Basta notar que o ensino da Filosofia Natural dos Jesuítas, na Universidade de Coimbra, a casa mãe dos *Commmentarii,* nos inícios do século XVIII era o mesmo de há cem anos atrás. Aqui e ali, as suas teses começaram a ser atacadas com grande furor. E pouco a pouco, a sua defesa foi-se tornando cada vez mais precária. A partir da segunda metade do séc. XVII, a decadência do *Curso Conimbricense* é manifesta.

No processo de luta pela sobrevivência, não devem ser ignoradas algumas das obras com que alguns dos mais fiéis sequazes dos *Commentarii* foram tentando defender-se. Do número delas, destacaremos: a *Doctrina Philosophica* de Baltazar Amaral (1583–?) "com o suposto nome de Luís Dias Franco", no dizer de Barbosa Machado[22], publicada em 1618[23]; a *Summa Universae Philosophiae* de Baltazar Teles (1596–1675), publicada em 1641–1642[24]; o *Cursus Philosophicus* do Padre Francisco Soares Lusitano (1605–1659), publicado em 1651–52[25]; o *Cursus Philosophicus Tripartibus* de Agostinho Lourenço (1634–1695), publicado em 1688[26]; a *Nova Lógica Conimbricensis* do Padre Gregório Barreto (1669–1729), publicada em 1711 e reimpressa nos anos de 1734 e 1742[27]; as *Lucubrationes Philosophicae* do

---

[21] *Idem,* p.124.

[22] D. Barbosa Machado, *Bibliotheca Lusitana,* Tom. I (Lisboa Occidental, Off. António Isidoro da Fonseca, 1741), p. 441.

[23] Baltazar Amaral, *Doctrina Philosophica* (Lisboa, Off. Pedro Craesbeck, 1618). Sobre a autoria verdadeira desta obra, frequentemente atribuída a Baltazar do Amaral vid. Nota de J. Pereira Gomes in Verbo, Enciclopédia Luso-Brasileira de Cultura, vol. VIII, entrada Franco (Luis Dias).

[24] Baltazar Teles, *Summa Universae Philosophiae* (Lisboa, 1642).

[25] Francisco Soares Lusitano, S.I., *Cursus Philosophicus in Quatuor Tomos Distributus* (Coimbra, 1651; Évora, 1668–1669; e 1701–1703).

[26] Agostinho Lourenço, *Cursus Philosophicus Tripartibus* (Liège, 1688).

[27] Gregório Barreto, *Nova Logica Conimbricensis* (Lisboa, 1711).

Padre Francisco Ribeiro (?–1715)[28]; o *Cursus Philosophicus Conimbricensis* do Padre António Cordeiro, esboçado nos anos de 1676–1680, mas só publicado nos anos de 1713–1714[29], as lições do Padre António Vieira (1703–1768), homónimo do grande pregador da sua mesma Companhia, no século XVI publicadas em 1740[30]; e as *Disputationum Physicarum Adversus Atomisticum Systema* de Silvestre Aranha[31].

Consideraremos aqui como sistema doutrinal dos Conimbricenses o sistema constituído pelo conjunto doutrinal contido nos oito volumes da autoria colectiva do Colégio de Jesus sob a direcção dos Jesuítas e do tipo de obras como as mencionadas que, nos anos posteriores apareceram a público defendendo-o e nele se apoiando. É neste quadro que analisaremos de seguida a sua cultura anti-atomista.

## 2. A Física dos Conimbricenses

Seguindo, na sua generalidade, em seus Comentários, as teses defendidas por Aristóteles[32]. A Física dos Conimbricenses, a ciência da natureza enquanto tal, é a Física de Aristóteles. Nela se verificam os movimentos e as mutabilidades, categóricas e acidentais. Os elementos do movimento

---

[28] Francisco Ribeiro, *Lucubrationes Philosophicae Eborae,* Typ. Academia, 1723

[29] António Cordeiro, *Cursus Philosophicus Conimbricensis in tres partes distributus,* (Lisboa, Off. Regia Deslandesiana,1713–1714).

[30] Antonio Vieira, *Cursus Philosophicus* (Lisboa, 1742).

[31] Silvestre Aranha, *Disputationum Physicarum Adversus Atomisticum Systema quod defendendum suscepit R. P. Thomas Vincentius Tosca* (Coimbra, Typ. In Regio Artium Collegio Societate Jesu, 1747).

[32] Note-se aqui que o facto de os Conimbricenses em seus Comentários, defenderem, na generalidade, as teses do Estagirita, não significa que possam ser considerados seus totais subservientes, pois, muitas vezes se permitiram discordar dele, como o fez, por exemplo, o comentador dos *Libros Physicorum,* que nos seus comentários do Lib.VIII, explicando o movimento dos projécteis, defendeu a teoria do ímpeto, afastando-se da afirmação de Aristóteles para quem a causa desse movimento seria o agente do arremesso e não o impulso que esse agente transmitiu ao projectil, pois que, para o comentador, a acção à distância seria de todo impossível. E também Soares Lusitano, no seu *Cursus Philosophicus,* diz claramente que em várias matérias científicas se deve afastar das posições do Estagirita e preferir os autores modernos "por merecerem maior crédito nas coisas de que são aturados investigadores" (vid. J. Pereira Gomes, *A Filosofia Escolástica Portuguesa* in Brotéria, 35 (1942), pp. 420-430).

são a potência e o acto em relação um com o outro, mediante a perfeição. Por sua vez, a matéria é um real distinto e positivo que existe para além de toda e qualquer forma que a informe. O mundo é uma criatura, pendente do amor divino, criador e primeira causa de tudo quanto existe. Os corpos que o constituem são matéria concreta, ao contrário da alma, esse "acto primeiro substancial do corpo orgânico e com vida em potência" que criada do nada, é imaterial, simples, subsistente e imortal[33].

Nos seus *Libros Pysicorum*, ao tratar dos três princípios das coisas físicas (*Lib.I*) e ao tratar da natureza e causa dos seres naturais (*Lib.*II), Aristóteles sempre deixou clara a sua não aceitação das ideias dos atomistas, como o fez no seu tratado *De Coelo* ao discorrer sobre a quinta essência que, juntamente com os quatro elementos, constitui o universo visível, e ao discorrer, no mesmo tratado, sobre os elementos, terra, ar, fogo e água.

Na explicação dos fenómenos e da realidade natural, a doutrina dos Conimbricenses, como a doutrina de Aristóteles, desenvolve-se e compendia-se na *teoria das quatro causas*: o indivíduo, natural ou artificial, um homem ou uma estátua, nasce porque existe quem lhe dê *origem*; é feito de determinada *matéria*; tem uma certa *forma*; e subordina-se a um determinado *fim* que preside ao seu desenvolvimento natural ou artificial. As condições ou causas da sua existência são, pois, a causa eficiente, a causa material, a causa formal e a causa final. A causa material e a causa formal são os dois grandes princípios constitutivos de toda a substância. A forma é a constante actualização da matéria. A união da matéria com a forma é a passagem de potência a acto, ou seja, desenvolvimento.

Deste modo, a natureza manifesta-se como processo, crescimento, mudança, numa sequência em que cada uma das formas sucessivas é potencialidade relativamente à que se lhe segue. Em última análise, esta mudança é uma mudança cíclica e, por isso mesmo, o movimento circular é o movimento característico do perfeitamente orgânico.

No que à matéria diz respeito, há que distinguir entre as esferas celestes supra e sublunares, umas e outras em luta constante, para reproduzirem

---

[33] Pinharanda Gomes, *o.cit.*, pp. 100 ss.

em si a vida imutável do motor imóvel, impulsionadas pelo *eros*. Há, porém uma diferença substancial entre a matéria de umas e outras: os corpos existentes nas esferas supralunares são constituídos pela quinta-essência do universo, o éter celeste, onde não há lugar nem para a geração, nem para a corrupção; na região sublunar, todos os corpos são constituídos na base dos quatro elementos de que haviam falado Empédocles (490–430) e Platão (428–347), o ar, a terra, a água e o fogo, resultantes das quatro combinações possíveis das quatro qualidades sensoriais: o seco, o frio, o húmido e o quente. A terra é seca e fria; a água, húmida e fria; o ar, húmido e quente; e o fogo, quente e seco. Assim, a natureza de toda a matéria tem uma raiz qualitativa. E como tal é contínua; a sua explicação em termos de pequeníssimas partículas é de todo uma explicação insuficiente e contrária ao mais elementar sensualismo.

Nesta descrição sumária da Física de Aristóteles, defendida, nos seus princípios básicos pelos Conimbricenses, não há lugar para o atomismo, entendido este como designação genérica de diversas doutrinas que explicam a composição da matéria em termos de partículas pequeníssimas, partículas essas consideradas simples e indivisíveis, donde serem designadas por átomos. Na sua diversidade, não podemos dizer, de modo algum, tratar-se de doutrinas modernas. De facto, nesta matéria, já alguns séculos antes de Cristo, na Antiga Grécia, os filósofos e naturalistas se encontravam divididos em dois grupos bem distintos: os que consideravam a matéria contínua; e os que a consideravam divisível em porções sempre mais pequenas, logicamente até ao infinito, e, na prática, em porções muitíssimo pequenas, os referidos átomos. No número destes, são bem conhecidos os nomes de Anaxágoras (500–428), Leucipo (sec.V a.C.) e Demócrito (460–370), na Grécia, e Lucrécio (ca. 94–53), em Roma.

Demócrito defendeu a sua teoria recorrendo a vários exemplos para mostrar como a sua hipótese atómica poderia explicar diversas qualidades da matéria, por exemplo, a cor e o sabor. Aristóteles (384–322 A.C.) criticou-o severamente, considerando a doutrina que defendia de total inconsistência lógica, argumentando que se os átomos existissem e tivessem diferentes formatos, então teriam partes, o que significaria que seriam *matematicamente* divisíveis; e se poderiam ter diferentes tamanhos, então, na infinidade de seu número poderia haver átomos do tamanho do próprio universo, o que faria com que este não fosse composto de partículas indivisíveis.

No caso do atomismo, tal não se verificou, de facto. A Física dos Conimbricenses é toda ela anti-atomismo, combatendo este como Aristóteles combateu as ideias atomistas da sua época.

Os Conimbricenses fizeram suas, sem reticências significativas, estas posições de Aristóteles sobre a composição dos corpos. E também eles, como o fizera Aristóteles relativamente ao atomismo defendido por Leucipo e Demócrito, Lucrécio e Epicuro, combateram duramente as doutrinas atomistas que começaram a ser defendidas por grande número de filósofos e naturalistas de então, motivados pela nova "ars inveniendi", na peugada da revolução científica de Copérnico (1473–1543) a Galileu (1564–1642) e Newton (1642–1727), de Francis Bacon (1561–1626) a René Descartes (1596–1650). Em particular, as teorias corpusculares de P. Gassendi (1592–1655).

De facto, retomando as doutrinas atomistas dos antigos filósofos gregos, Gassendi rejeitou o carácter de eternidade que estes atribuíam às partículas indivisíveis de que toda a matéria seria constituída. Como tudo o mais no Universo, tais partículas teriam sido criadas, no tempo, por Deus. Levantava assim a grande barreira que tornava o atomismo desses filósofos antigos incompatível com a cristiandade que informava e conduzia todo o pensamento do mundo Ocidental de então. Mesmo assim, não lhe foi fácil impor a sua teoria corpuscular.

Apesar da tentativa de actualização e reforma do Curso dos Conimbricenses, patente, por exemplo, nos já referidos *Cursus Philosophicus* do Padre Francisco Soares Lusitano e *Cursus Philosophicus Conimbricensis* do Padre António Cordeiro, os Conimbricenses mantiveram sempre uma posição anti-atomista bem declarada.

Na versatilidade da sua argumentação, esta posição tem particular significado e acutilância no *Cursus Philosophicus Conimbricensis* de António Cordeiro e nas *Disputationum Physicarum Adversus Atomisticum Systema* de Silvestre Aranha, cujo discurso analisaremos explicitamente, quer porque nestas duas obras o assunto é abordado directamente, numa atitude apologética de rejeição, quer por se tratar de obras dum período tardio da escola a que pertencem, rodeada já, por toda a parte, pelas ideias da composição corpuscular da matéria, a cuja cedência procuravam resistir a todo o custo, lançando mão de todo o tipo de argumentação decorrente das teses que defendiam oficialmente.

## 3. O anti-atomismo do *Cursus Philosophicus Conimbricensis* do Padre António Cordeiro (1641–1722)

A doutrina dos atomistas é considerada por António Cordeiro na *Pars Secunda* do seu *Cursus Philosophicus Conimbricensis*, publicada em 1713 e devotada à Matéria Física, a páginas 137-140 (nºs 723-738), na discussão *"Dubium II: De Antiquorum et Recentiorum Sententiis, maxime atomisticarum"*.

Todavia, para melhor contextualização desta discussão, seja-nos permitido fazer antes algumas observações sobre o carácter geral desta obra do P. António Cordeiro.

António Cordeiro tomou conta do primeiro curso filosófico em Coimbra, no quadriénio de 1676–1680. Haviam decorrido setenta anos sobre a publicação do último volume dos *Commentarii Collegii Conimbricensis*. Os avanços da nova cultura científica no domínio da cosmologia e da física, apoiada em forte base experimental, torna-vam cada vez mais indefensáveis muitas das teses dos *Commentarii*. As cada vez mais aceites doutrinas de Mersenne, Gassendi e Descartes, entre outros, faziam sentir a necessidade urgente de proceder à sua reformulação que, em muitos pontos, teria de ser muito profunda. Os mestres do Curso Filosófico do Colégio das Artes e os Superiores da Companhia, dentro e fora do País, estavam conscientes desse sentimen-to que se ia generalizando, dia a dia. Para além das teses defendidas pelos *Commentarii*, o próprio envelhecimento dos exemplares existen-tes, muitos deles recheados de apostilas de sucessivos leitores, e o seu formato pesado e incómodo para o manuseamento diário, eram outras tantas razões a aconselhar a sua reformulação.

Nos meados do século XVII, o próprio sentido colegial do Curso Conimbricense foi posto em causa, com o beneplácito dos Superiores, com a publicação do já acima referido *Cursus Philosophicus* de Francisco Soares Lusitano, composto durante o ano de 1649 e editado em 1651.

Era pois, muito vivo o sentimento geral de reformulação do Curso ao tempo em que António Cordeiro dele foi encarregado. Ele estava bem consciente desse sentimento. Mas eram ainda muitas as dificuldades que se levantavam à reformulação profunda que seria de desejar. António Cordeiro sentiu-as em toda a sua extensão. E, se assim o podemos dizer, ficou-se por uma atitude de compromisso, com uma grande abertura às novas doutrinas, mas com maior fidelidade às teses clássicas da Escola em que ensinava, obrigado mesmo a retratar-se sobre o sentido de algumas das suas afirmações que se não conformavam bem com elas. Em resposta à censura que neste processo de retratação lhe foi feita, António Cordeiro deixou bem clara a sua posição: "é bom saber-se e ter-se notícia das novas doutrinas, para ao menos se saber responder a quem de fora nos vier com elas argumentar, como de facto estão já vindo cada ano aqui de Salamanca filósofos com opiniões novas que lá já são velhas"[34].

Como bem o faz notar Pinharanda Gomes, "António Cordeiro queria, sem dúvida, actualizar a doutrina, mas não queria revogar o espírito conimbricense"[35]. O teor geral do seu *Cursus Philosophicus Conimbricensis* é disso a prova mais cabal.

O Curso compõe-se de três partes, a Lógica, publicada em 1714, a Física, publicada em 1713 e a Metafísica, publicada em 1714[36]. O esquema que segue é o esquema escolástico: cada parte ou tratado está dividido em disputas, e estas em questões e artigos. Sobre o seu conteúdo, o próprio António Cordeiro esclarece no processo de retratação a que foi sujeito: "em nenhuma matéria deixo de pôr sempre e plenamente

---

[34] António Cordeiro, *Resposta às Censuras* ( Arq. Romano S. J., Gest.671), fl. 31.

[35] Pinharanda Gomes, *o. cit.* p. 142.

[36] António Cordeiro, *Cursus Philosophicus Conimbricensis, Pars Prima* (Lisboa, Off. Deslandesiana, 1714).

a doutrina e opinião comum com todos os seus fundamentos, e então, ou a sigo, confirmando-a (...) ou proponho outra doutrina que julgo mais provável e os fundamentos todos da comum"[37]. E sobre os autores que mais terão influenciado as posições doutrinais que defende, claramente se nota que segue muito de perto Francisco Soares Lusitano, Francisco Suarez (1548–1619) e os modernos jesuítas Honorato Fabri, Silvestre Mauro e Ignácio Derkennis. Mantendo-se fiel a Aristóteles e ao método conimbricense, nutre grande simpatia pelas ideias de Mersenne, Descartes e Gassendi.

Feitas estas observações sobre a obra de António Cordeiro, analisemos com algum pormenor, a sua posição face ao atomismo, claramente expressa, como acima o referimos, na discussão da sua *"Dubium II: De Antiquorum et Recentiorum Sententiis, maxime atomisticarum"*[38].

Nas considerações que sobre este assunto produz, ele separa muito claramente as teorias atomistas dos Antigos, o atomismo de Demócrito e seus sequazes, das teorias dos atomistas Modernos e Católicos. Seguindo a sua interpretação, os Antigos atomistas defendiam que todos os corpos materiais seriam constituídos de partículas indivisíveis e eternas, diferindo umas das outras pelo seu formato e originando os diversos corpos delas compostos, mercê de diferentes arranjos; na sua esteira, os atomistas Modernos defenderiam a mesma composição dos corpos materiais, mas com uma posição fundamental na concepção da natureza das partículas indivisíveis componentes: não seriam partículas eternas, mas sim partículas que começaram a existir no tempo criadas por Deus *ex nihilo*, tal como toda a matéria prima.

Feita esta distinção entre o atomismo dos Antigos e o atomismo dos Modernos, António Cordeiro rotula o primeiro de verdadeiro "delirium", totalmente oposto à Fé divina, considerando que admiti-lo era próprio dos ateus, pois que os átomos cuja existência admitiam, no seu movimento e composição, dispensariam por completo a acção de Deus, actuando

---

[37] António Cordeiro, *Resposta às Censuras*, (Arq. Romano S. J., Gest.671), fl. 11 v.

[38] António Cordeiro, *Cursus Philosophicus Conimbricensis, Pars Secunda*, (Lisboa, Off. Deslandesiana, 1713), nºs 723-738; pp. 137-140.

sobre acção duma simples simpatia mútua. Corrobora a sua posição de rejeição total desse atomismo remetendo para Santo Agostinho e para Tullius que nessa mesma base, o rejeitaram nas suas obras, o *De Civitate Dei* e o *De Natura Deorum*, respectivamente[39].

Relativamente ao atomismo dos Modernos e Católicos, António Cordeiro tem uma atitude muito mais complacente. Posto que eles, com Gassendi à cabeça, não têm os átomos como entidades eternas e porque só Deus pode criar *ex nihilo*, o atomismo destes filósofos não põe em causa a existência da matéria prima e das Formas substanciais e, por isso, aparece como uma doutrina verosímil e plausível. Não lhe repugna admitir que todas as coisas sensíveis possam ser formadas a partir de um número limitado de partículas indivisíveis que por sua figura diversa e diversa ordem e sítio na associação originem diferentes corpos, pois que de diferenças e alterações acidentais se trata. É como se de diferentes palavras se tratasse, todas elas feitas a partir das vinte e quatro letras do alfabeto, seja para um mesmo conjunto de letras dispostas por ordem diversa, v.g, *amor, Roma, mora, Maro, ramo*, ou por conjuntos de letras diferentes, v.g., *sono, pono*, etc...[40] Admitindo este atomismo como defensável e, consequentemente, que os filósofos Modernos e Católicos que o defendem não devem ser reprovados por essa defesa, claramente afirma que o não tem como doutrina mais provável, pelo que nem a segue nem a abraça: *"Ego tamen praedictam sententiam Atomisticarum, etiam Recentiorum, nec sequor, neque amplector"* [41].

Fiel à Escolástica dos Conimbricenses, António Cordeiro mantém-se fiel à teoria da Matéria prima e das Formas substanciais de Aristóteles na explanação da constituição e origem das coisas sensíveis. Interessante é analisar, deste ponto de vista, a sua exposição sobre as potências visiva, auditiva, olfactiva e sensorial. Discorrendo sobre os objectos e sobre as suas matérias de cada uma destas potências, António Cordeiro

---

[39] *Idem*, n°725, p. 138.
[40] *Idem*, n°s 726-733, pp. 138-139.
[41] *Idem*, n° 735, p. 139.

deixa bem claro, que a matéria de cada uma delas são qualidades de realidades substanciais. O objecto da potência visiva é o que é luminoso e colorido, o que tem luz, sendo esta o elemento corpóreo e substancial do fogo: "a luz é o fogo ou a chama arrarada"; e as cores, verdadeiras ou aparentes, "são qualidades acidentais da luz; são a luz modificada deste ou daquele modo, ou obscurada pela constituição permanente e intrínseca do objecto sobre que incide"[42]. Do mesmo modo, o objecto e matéria da potência auditiva é o som, "uma qualidade do ar impelido pelo choque de dois corpos"[43]. E assim por diante, quanto ao olfacto, a potência do odor, a qualidade que resulta de certa humidade com secura e calor predominantes[44], quanto ao gosto, a potência do sabor[45] e quanto ao tacto[46]. Como qualidades que são, nenhuma delas é susceptível de poder ser formalmente constituída por corpúsculos elementares e substanciais, quais seriam os átomos, embora pressuponham sempre partículas de matéria para a sua percepção, de acordo com a teoria dos eflúvios defendida pelos Antigos: a luz é um perene eflúvio do fogo; o odor um pleno eflúvio de evaporações, o som, um eflúvio de vibrações, etc...[47]. Analisando um pouco mais em pormenor o teor geral do *Cursus Philosophicus Conimbricensis* de António Cordeiro na sua fidelidade à Escolástica dos Conimbricenses, com alguma abertura às novas correntes de cultura filosófica do seu tempo, J. S. da Silva Dias faz notar que a afirmação do autor face ao atomismo dos Modernos, "*nec sequor, neque amplector*", "não é para ser tomada ao pé da letra, mas à conta de satisfação ao sílabo de Picollomini — cujos artigos 41, 42, 58 e 60, embora visem directamente o sistema de Gassendi, foram interpretados como implicantes com as doutrinas de Arriaga — e as proibições da 15ª Congregação Geral da Companhia de Jesus, reunida

---

[42] *Idem*, nºs 2325-2347.

[43] *Idem*, 2394-2413.

[44] *Idem*, 2451-2453.

[45] *Idem*, 2483-2484.

[46] *Idem*, 2496-2497.

[47] J. Pereira Gomes, *Doutrinas físico-biológicas de António Cordeiro sobre os sentidos* in Brotéria, 36 (1943), 293-304.

em 1706 (proposição 29ª: *nulla sunt formae substantiales corporeae a materia distinctae* – apud Astrain, Historia de la Compañia y España, t.7°, pg.13,nota 2)"[48].

De facto, não concordando com as teorias de Gassendi ou de Descartes, António Cordeiro deixou-se, todavia, impressionar fortemente pelas suas concepções corpusculares da matéria e pela sua lógica discursiva. Afastando-se das teses de Soares Lusitano e da respectiva escola, retomou, ainda que disfarçadamente, as teses de alguns peripatéticos modernizados que também o haviam feito, nomeadamente, Baltazar Teles e Arriaga. Na sua atitude de compromisso, nega, com os modernos, a existência das "formas substanciais materiais" no exacto sentido que os peripatéticos lhes atribuíam, para as afirmar como algo que faz acrescer à matéria prima a composição das qualidades primárias e dos acidentes. Diz textualmente: "nenhuma forma substancial material, ainda a dos animais mais perfeitos, é substância adequadamente distinta da matéria prima, mas somente algo que faz acrescer à matéria prima tal composição das qualidades primárias e dos acidentes"[49]. Esta sua identificação da forma substancial com a matéria prima abria espaço à inexistência das "formas substanciais corpóreas" e deixava aberta a porta da plausibilidade das doutrinas atomistas modernas.

António Cordeiro acabaria por ter de se retratar desta sua heterodoxia escolástica, nomeadamente das afirmações do tipo daquelas que acabámos de citar, em que as formas substanciais são identificadas com a matéria prima. Permitiu-lhe, contudo, desenvolver uma série de ideias que lhe mereceram, por parte de um seu contemporâneo, o epíteto de "singular filósofo peripatético", sem que se possa dizer que tenha sido um defensor da filosofia moderna, nem um defensor do atomismo[50].

---

[48] J. S. da Silva Dias, *o. cit.*, p. 60. nota 1.

[49] António Cordeiro, *Cursus Philosophicus Conimbricensis, Pars Secunda*, n° 770, p. 147.

[50] J. S. da Silva Dias, *o. cit.*, p. 62.

## 4. O anti-atomismo das *Disputationum Physicarum* de Silvestre Aranha (1689-1768)

Embora posterior a António Cordeiro, a posição anti-atomista de Silvestre Aranha face às teorias dos modernos atomistas é muito mais intransigente e dura.

Logo no começo da sua *Metafísica (Disputationes Metaphysicae in duas partes distributae*, Coimbra, 1740), Silvestre Aranha faz notar que a novidade da doutrina cartesiana alastrava dia a dia e que se ia desertando do Perípato para o atomismo. Em seu entender, sucedia isto por duas vias principais: a dos oratorianos, dirigidos por João Baptista (1705-1761), e a de um grupo de médicos, sob a chefia do doutor António Monravá.

Este alastrar das novas teorias suscitou uma contra-ofensiva intelectual por parte de vários peripatéticos ligados à escola Conimbricense, numa vasta campanha anti-modernista. Nesta campanha se insere o *Curso de Physica* do Padre Pedro Serra, ditado em 1738[51]; o *Cursus Philosophicus* do Padre João de Andrade, lente de Filosofia em Évora, cujo tratado de Física foi ditado de Outubro de 1740 a Outubro de 1741[52]; e a obra de Silvestre Aranha. Aqui, a nossa atenção vai para esta.

Crente que era um mau caminho aquele que os filósofos modernos estavam a trilhar, Silvestre Aranha consome quatro densas páginas das suas *Disputationes Metaphysicae* (pp.56-60) em discutir e criticar Descartes. Das críticas que tece parece poder concluir-se que não conhece directamente os escritos do autor do *Discours de la Méthode pour Bien Conduire sa Raison et Chercher la Vérité dans les Sciences* (1637) e das *Meditations Métaphysiques* (1641), como não conhece muito bem os escritos de Gassendi, Boyle ou Newton. Daí que na sua refutação das ideias destes filósofos naturais, como o faz notar Silva Dias, "os novos sistemas saem-lhe da mão algo irreconhecíveis, à força de deformados e confundidos"[53].

---

[51] Biblioteca da Ajuda, Cods. 50-III-35/37.

[52] Ms. 2475 da B.N.L.

[53] J. S. da Silva Dias, *o. cit.*, p. 176.

A ideia de combater as novas doutrinas levou Silvestre Aranha a dar ao quarto volume da sua obra um cunho de polémica até então quase desconhecido da filosofia portuguesa, escrevendo-o expressamente para refutar o sistema dos atomistas. Intitula-se *Disputationum Physicarum Adversus Atomisticum Systema"*. Destas *Disputationum Physicarum*, apenas saiu à luz *Pars Prima* que em si mesma, mais que uma refutação do sistema dos atomistas em geral, se apresenta como uma refutação do sistema atomista defendido pelo oratoriano espanhol, o Padre Tomás Vicente Tosca, como claramente o deixa expresso no título que dá a esta parte: *"Disputationum Physicarum adversus atomisticum systema R.P. Thomae Vicentii Toscae"*. Em todas as Questões e Artigos em que divide cada uma das seis Disputationes que compõem o Tratado, tal como nas suas *Disputationes Metaphysicae*, repassa-o uma animosidade militante a Descartes, a Gassendi e a todos os filósofos não-escolásticos, mas são os argumentos do P. Tosca em defesa do atomismo que são directamente atacados. O seu grande objectivo era tentar pôr cobro ao alastrar do anti--aristotelismo, defendendo com todas as razões a doutrina de Aristóteles e S. Tomás de Aquino[54].

Tendo confessado nas suas *Disputationes Methaphysicae* que por trás do crescente alastrar, em Portugal, das doutrinas anti-aristotélicas, estavam os oratorianos dirigidos João Baptista (1705–1761), Silvestre Aranha estava bem consciente que nestes assuntos, por trás de João Baptista estava Tomás Vicente Tosca (1651–1723). Por isso mesmo, assumindo uma atitude mais de apologeta que de filósofo, ele propõe-se refutar, um por um, os argumentos com que Vicente Tosca, no seu *Compendium Philosophicum*[55], defendera o atomismo da física gassendista, na certeza de que controvertendo o cartesianismo e o atomismo em geral, e a posição de Tosca, em particular, combatia directamente as teses que os oratorianos portugueses abertamente espalhavam e de que João Baptista

---

[54] J. Pereira Gomes, *A Filosofia Escolástica Portuguesa* in Brotéria, 35 (1942), 426-430.

[55] P. Tomás Vicente Tosca, *Compendium Philosophicum praecipuas philosophiae partes complectens*, (Valência, 1721)

era, em Portugal, apenas o mestre mais em destaque[56]. A refutação do atomismo em geral, e, em particular, do atomismo defendido por V. Tosca, era para Silvestre Aranha "um gesto tanto mais necessário quanto mais incontroverso lhe parecia o vínculo que ligava o atomismo de agora ao ateísmo de sempre"[57].

Apontadas todas as suas armas de combate sobre o P. Tosca, Silvestre Aranha nesta Pars Prima do seu tratado, a única, como dissemos já, que acabaria por ser publicada, acaba por abrir mão de qualquer luta directamente direccionada para o oratoriano português João Baptista, a quem Barbosa Machado, na sua *Biblioteca Lusitana* atribui "a glória singular de ser o primeiro que nesta Corte ditasse a Filosofia Moderna"[58]. De notar aqui que, tendo assumido, no domínio da física, uma atitude anti-escolástica na convicção de que a física de Aristóteles era uma física que se impunha actualizar, João Baptista manteve-se fiel à Lógica do Perípato. De facto, revelando conhecer bem Descartes e defendendo acerrimamente o atomismo, na perspectiva do seu confrade Vicente Tosca, João Baptista escreveu, para o efeito, entre outras obras, a *Philosophia Aristotelica Restituta* [59]. Publicada só em 1748, esta obra de João Baptista estava pronta já em 1743, ano em que começaram a correr as licenças para a impressão, e poderá ter sido iniciada pelos anos 1737-1738[60]. Veículo importante da cultura anti-escolástica, em Portugal, ela marca a adopção definitiva e integral da nova filosofia pelos padres de S. Filipe de Neri, os oratorianos. Nela, o autor refuta, a par e passo, as opiniões dos "peripatéticos recentes", em particular os Conimbricenses. Logo no prefácio, contrapõe-nos aos "filósofos modernos", dizendo que eles, arrimados à antiguidade e a Aristóteles, julgam de nenhum valor a Filosofia Nova. E de imediato critica também os "filósofos modernos" que, desvanecidos em

---

[56] J. S. da Silva Dias, *o. cit.*, p. 177.

[57] *Idem, o. cit.*, p. 177.

[58] D. Barbosa Machado, *Bibliotheca Lusitana*, Tom. II, (Lisboa, Off. Ignacio Rodrigues, 1747), p. 594.

[59] J. Baptista, *Philosophia Aristotelica Restituta et Illustrata qua experimentis qua ratiociniis nuper inventis,* 2 vols., (Lisboa, Off. Real Sylviana, 1748).

[60] J. S. da Silva Dias, *o. cit.*, pp. 146-147.

excesso com suas máquinas, experimentos e hipóteses, se excedem, sem razão, na censura que vivamente fazem de toda a doutrina dos antigos[61].

Como observa Silva Dias, um dos traços marcantes da *Philosophia Aristotelica Restituta* de João Baptista "é a ausência das subtilezas e digressões pseudo-metafísicas em que tanto se perdiam os manualistas anteriores. Outro é a preocupação de explicar os fenómenos naturais pelos princípios da experiência e da razão"[62].

Um olhar sucinto sobre o conteúdo das *"Disputationum Physicarum adversus atomisticum systema R.P. Thomae Vicentii Toscae* de Silvestre Aranha, mostra-nos com clareza a atitude anti-atomista em que se mantinham os mais ferrenhos discípulos do Curso dos Conimbricenses, quase em meados do século XVIII, totalmente fiéis ao mais puro aristotelismo, mesmo no domínio da física.

Apoiando-se no carácter *insensível* dos átomos afirmado por Vicente Tosca, na sequência dos atomistas antigos — "os átomos são corpúsculos insensíveis e invisíveis" — Silvestre Aranha põe em causa as três propriedades fundamentais que lhes são atribuídas, a extensão (magnitude), o formato (figura) e a mobilidade, considerando que não faz qualquer sentido considerá-las como propriedades metafísicas por se tratar de propriedades de corpos físicos. E como propriedades físicas, não o podem ser de corpos não sensíveis. Defende ainda, que essas propriedades, a serem reais, não seriam totalmente distintas entre si e, sobretudo, não seriam suficientes, nem necessárias, em particular no que diz respeito às diversas formas de átomos, para explicar as razões dos corpos naturais. A diversidade e distinção dessas propriedades, num corpo físico resultariam numa diversidade substancial específica dos átomos, o que entende ser totalmente absurdo face à homogeneidade substancial da natureza[63]. Refutada a natureza dos átomos afirmados e defendidos por Vicente Tosca, Silvestre Aranha, em total consonância

---

[61] J. Pereira Gomes, *João Baptista e os Peripatéticos* in Brotéria, 39 (1944), 121-137.

[62] J. S. da Silva Dias, *o. cit.*, p. 149.

[63] Silvestre Aranha, *Disputationum Physicarum adversus atomisticum systema R. P. Thomae Vicentii Toscae*, Disp. I, Quest. I-III, nºs 1-131.

271

com as doutrinas de Aristóteles e dos Escolásticos, defende que todo o universo é composto de elementos fisicamente simples, constituídos de formas substanciais entitativamente distintas da matéria[64], o fogo, o ar, a àgua e a terra, sobre cuja natureza discorre, um a um[65], do mesmo modo que expõe e defende a doutrina aristotélica das qualidades dos mesmos, o quente, o frio, o seco e o húmido[66]. E termina o seu Tratado com a defesa intransigente das formas substanciais entitativamente distintas de toda a matéria e a refutação implacável das doutrinas que negam a sua existência, particularizadas no sistema atomístico defendido por V. Tosca[67]. E conclui peremptoriamente: "dizer com o P. Vicente Tosca que os elementos formalmente permanentes são a matéria prima dos corpos naturais é totalmente falso e contra a doutrina de Aristóteles e de Tomás de Aquino" [68].

Compostos de formas substanciais entitativamente distintas da matéria, a corrupção dos elementos na geração dos mistos, dever-se-ia às suas formas modais, as suas qualidades, operantes por virtude das formas substanciais que os constituem. A matéria dos seres seria os elementos "in actu"; a sua forma seria, porém, uma forma substancial. Pela pena de Silvestre Aranha, repetindo e defendendo até à saciedade os escritos de Aristóteles e dos Escolásticos, este é o cerne, em pleno século XVIII, da cultura anti-atomista dos Conimbricenses.

Servindo-nos da terminologia aristotélica defendida e usada por Silvestre Aranha e pelos escolásticos conimbricenses em geral, numa sentença muito curta e conclusiva, podemos caracterizar o contraste imediato dessa cultura anti-atomista com as teorias gassendistas perfiladas, em particular, pelo P. Vicente Tosca, dizendo que os elementos "in actu", são de facto, a matéria dos seres, mas são também a sua forma. As formas substanciais não são entidades ontológicas distintas da própria matéria.

---

[64] *Idem,* Disp. II, Quest. I-II, nᵒs 132-206.

[65] *Idem,* Disp. III, Quest. I-V e Disp. IV, Quest. I-III, nᵒs 207-607.

[66] *Idem,* Disp. III, Quest. I-V e Disp.IV, Quest. I-III, nᵒs 207-607.

[67] *Idem,* Disp. VI, Quest. I-IV, nᵒs 1063-1756.

[68] *Idem,* Disp. VI, Quest. IV, Art. II-IV e Corollarium, nᵒ s 1637-1756.

# 5. Conclusão

Como Jesuítas que eram, fieis ao conteúdo e à metodologa dos Comentarios prescritos pela *Ratio Studiorum* que seguiam, os Conimbricentes não eram inteiramente livres para ensinar, expor e defender os seus pontos de vista pessoais em questões filosóficas. As questões teológicas, mais que nenhumas outras coarcatavam e ditavam essa liberdade. Deviam seguir com rigor o Syllabus que a Sociedade a que pertenciam lhes impunha, syllabus esse todo ele baseado e fiel nas doutrinas de Aristóteles e de S.Tomás de Aquino a que deviam fidelidade religiosa. Não obstante as restrições a que estavam obrigados, é notória a tentativa de alguns deles para compreender e até mesmo adaptarem-se às crescentes e reinantes posições anti-aristotélicas que à sua volta iam aparecendo. No domínio das questões metafísicas, essa tentativa foi um processo muito lento. A maioria deles manteve-se sempre fiel à doutrina aristotélica das formas substanciais e manteve-se fiel às suas posições anti-atomistas até serem proibidos de ensinar (1750-1773). Não podemos, todavia, deixar de notar que alguns dos textos de alguns dos jesuítas do século dezassete, como é o caso de alguns textos de Suarez, Pereira, Arriaga e Oviedo, podem e devem ser tidos como verdadeiras tentativas de se afirmarem como uma clara posição e doutrina alternativa à filosofia de Aristóteles nesta matéria. Nestas tentativas preocupava-os manterem-se afastados de um atomismo que lhes parecia não ser compatível com certos dogmas da sua fé, mas sem receio de adoptarem certas afirmações básicas compatíveis com alguma descontinuidade e indivisibilidade das partículas componentes da matéria e defender um atomismo ímplacapable of retaining its distance from impious atomism but, nonetheless, adopting certain central aspects concerning belief in discontinuity and indivisibility[69]. Um exame pormenorizado de alguns textos dos Conimbricenses Baltazar Telles, Francisco Soares Lusitano e António Cordeyro permitem-nos uma leitura que aponta nesse sentido. Não é pois, totalmente surpreendente que, apesar de toda a feroz oposição dos Mestres Jesuítas do seu tempo, os escritos de

---

[69] P. Rossi, *I punti di Zenone: una preistoria vichiana* in *Nuncius*, XIII, (1998), 377.

António Cordeiro apresentem significativos avanços relativamente à defesa estrita das teses do ensino oficial da Filosofia Peripatética que tinha por obrigação ensinar, compreendendo-se que o tenham considerado "um filósofo peritatético singular"[70].

[70] João Baptista de Castro, *Mappa de Portugal Antigo e Moderno*, Lisboa, Officina Patriarcal de Francisco Luiz Ameno, 1762-1763, Tom. II, p.177.

www.ingramcontent.com/pod-product-compliance
Lightning Source LLC
Chambersburg PA
CBHW050411280326
41932CB00013BA/1817